Katarina Schickling

MEIN LEBENSMITTELKOMPASS

Katarina Schickling

MEIN LEBENSMITTEL-KOMPASS

EINFACH
FAIR UND NACHHALTIG
EINKAUFEN

GOLDMANN

Penguin Random House Verlagsgruppe FSC® N001967

1. Auflage
Originalausgabe Februar 2023
Copyright © 2023: Wilhelm Goldmann Verlag, München,
in der Penguin Random House Verlagsgruppe GmbH,
Neumarkter Str. 28, 81673 München
Umschlag: Uno Werbeagentur, München
Umschlagmotiv: © Conny Stein
Redaktion: Antje Steinhäuser
Satz: Uhl + Massopust, Aalen
Druck und Bindung: GGP Media GmbH, Pößneck
Printed in Germany
EB · IH

ISBN 978-3-442-17955-8

Inhalt

Einleitung

Ich komme gerade vom Mittagessen. Es gab ein knuspriges sardisches Fladenbrot, mit Avocado und Parmaschinken. Sehr fein. Aber ist das nicht alles besonders klimaschädlich? Noch vor ein paar Jahren hätte ich mir darüber keine Gedanken gemacht. Inzwischen läuft sofort mein schlechtes Gewissen warm: Avocado – habe ich gerade aktiv dazu beigetragen, dass in Chile Flussläufe verpsteppen? Waren die Schweine in Parma glücklich, und stammt der Schinken überhaupt von italienischen Schweinen? Habe ich gerade die durch den Ukrainekrieg ausgelöste Weizenknappheit weiter verschärft? Und ist mein Brot von Sardinien zu mir geflogen oder mit dem Schiff gefahren?

Ich bin Dokumentarfilmerin und Journalistin. Meinen ersten Film über Lebensmittel habe ich vor mehr als einem Jahrzehnt gemacht – damals begann ich, gemeinsam mit dem Fernsehkoch Tim Mälzer, für die ARD dem Inhalt unserer Nahrung auf die Spur zu gehen. Je länger ich mich mit dem Thema befasste, mit den Informationen auf der Packung, mit den Lebensbedingungen von Nutztieren, mit Inhaltsstoffen und Zutaten, desto klarer wurde mir, dass bei unserer Art zu essen einiges gründlich schiefläuft. »Was essen wir da eigentlich?« ist seitdem immer wieder der

Leitsatz meiner Recherchen. Und seit einiger Zeit beschäftigt mich dabei auch zunehmend die Frage, wie wir unser Konsumverhalten so gestalten können, dass wir unserem Planeten dabei möglichst wenig schaden.

Wer isst, wird quasi automatisch zum Klimaschädling: Ungefähr 500 Kilogramm Lebensmittel vertilgt eine Durchschnittsperson in Deutschland im Jahr. Mit diesen Mahlzeiten verursachen wir etwa 15 Prozent unserer jährlichen Treibhausgas-Emissionen. Damit liegt unsere Ernährung gleichauf mit dem, was wir an Treibhausgasen fürs Heizen ausstoßen. Ohne Essen geht es nicht, klar, aber sollten wir die schädlichen Emissionen unserer Mahlzeiten nicht zumindest reduzieren?

Um die Frage, wie wir unseren Speiseplan möglichst klimafreundlich gestalten, geht es in diesem Buch. Muss ich komplett auf Fleisch verzichten? Sind Milchkühe Klimakiller oder Landschaftspfleger? Ist der Griff zu regionalen Lebensmitteln ein Ausweg? Oder, noch besser, gleich nur noch Bioware zu kaufen? Und wie kann ich herausfinden, was ich da eigentlich kaufe, ohne dass ich bei jedem Griff ins Regal erst mal ausführlich im Internet recherchieren muss?

Die schlechte Nachricht gleich vorneweg: Das ist gar nicht so einfach. Denn es ist kaum möglich, im Supermarkt einzuschätzen, wie etwa die Klimabilanz unserer Einkäufe ist. Eine CO_2-Kennzeichnung würde da helfen – aber wir haben in der EU ja nicht mal transparente Herkunftsbezeichnungen. Kann gut sein, dass in meinem

Joghurtbecher aus einer bayerischen Molkerei Milchkomponenten aus ganz Europa enthalten sind. Oder dass
die Dosentomaten made in Italy tatsächlich chinesische
Tomaten sind, die in Genua im Hafen lediglich einge-
dost wurden. Selbst wenn ich wild entschlossen bin, strikt
regionale Anbieter zu unterstützen, laufe ich ständig Ge-
fahr, einer Mogelpackung aufzusitzen, weil die Bezeichnungen so verwirrend sind.

Es ist aber auch deshalb nicht einfach, weil die Welt
nun mal komplex ist. Butter hat von allen Lebensmitteln
den größten CO_2-Abdruck, weil so viel Milch für ihre Herstellung benötigt wird. Und Rinder sind von allen Nutztieren ohnehin diejenigen mit der schlechtesten Klimabilanz. Also einfach keine Rinder mehr halten und auf dem
Weideland stattdessen Getreide anbauen? Klingt einfach,
funktioniert aber leider nicht. Denn oft grasen die Rinder
auf Böden, auf denen gar nichts anderes als Gras wächst.
Für uns Menschen wird dieses Gras nur über den Umweg
durch den Rindermagen zu einer verwertbaren Nahrungs-
quelle. Also stattdessen diese Böden brachliegen lassen?
Auch keine gute Idee: Eine beweidete Wiese kann zehnmal
mehr Wasser speichern als Brachland. Im Gebirge leisten
die weidenden Kühe im Sommer eine wichtige Lawinen-
prävention dadurch, dass sie an steilen Hängen, die sonst
keiner mähen würde, das Gras zu kurzen Borsten abfres-
sen und damit für eine raue Unterlage sorgen. Dann eben
einfach nur so viele Kühe halten, wie man sie zur Weide-
pflege braucht, ohne ihre Milch zu nutzen? Nun ja, wenn

die landschaftspflegenden Kühe so gar keinen Ertrag liefern und nur Arbeit machen, denn auch eine Kuh auf der
Weide braucht zumindest ein wenig Fürsorge, wer sollte
das dann leisten? Also doch Milcherzeugung, nur vielleicht etwas anders? Dazu mehr im Kapitel »Milch«.

Sie können dieses Buch einfach am Stück lesen – dann
haben Sie am Schluss einen guten Überblick darüber, wie
man nachhaltiger einkaufen kann. Sie können es aber
auch als eine Art Nachschlagewerk nutzen, wenn Sie gezielt auf der Suche nach Entscheidungshilfen zu einzelnen Lebensmitteln sind. **Teil 1** dieses Buches handelt vom
Grundsätzlichen: Wie funktioniert der Lebensmittelmarkt
mit all seinen Tücken? Es geht um schwierige Gesetze, um
Mechanismen, die gegen unser Bedürfnis nach Transparenz arbeiten, um Hintergründe. Zu vielen der Themen, die
dort angerissen werden, gibt es konkrete Tipps. In **Teil 2**
nämlich – darin sehen wir uns gemeinsam Warengruppe
für Warengruppe an: Wo liegen die Probleme? Wie können wir es beim Einkaufen besser machen? Der Lebens-
mittelkompass soll Sie mit dem Grundwissen ausstatten,
das Sie brauchen, um eigenständige Entscheidungen zu
treffen. Ohne dass Sie irreführenden Bezeichnungen und
Greenwashing auf den Leim gehen. Differenzierte Antwor-
ten auf die ganz große Frage der Menschheit – »wie retten
wir unsere Erde?« – in der Abteilung Ernährung. **Teil 3** ist
dann eine Art Lexikon – der Wegweiser durch den Kenn-
zeichnungsdschungel: Herkunftslabel, Lebensmittelsiegel,
Tierwohlkennzeichnungen – alles, was uns eigentlich bes-

ser informieren soll, oft aber gründlich desinformiert. Klar aufgeschlüsselt und einfach erklärt.

Während ich an dieser Einleitung schreibe, treibt der Krieg in der Ukraine gerade die Lebensmittelpreise in die Höhe. Wer sich sorgt, ob das monatliche Budget noch ausreicht, um die Familie satt zu bekommen, reagiert verständlicherweise genervt, wenn er jetzt auch noch die Klimafolgen seiner Einkäufe bedenken soll. Doch Klimaschutz ist kein Luxus für gute Zeiten. Die Erderwärmung findet jetzt statt, nicht irgendwann, nachdem wir Corona besiegt und Putin befriedet haben. Und selbst im Angesicht der massiven Preissteigerungen sind Lebensmittel bei uns immer noch außerordentlich billig: 1960 hätten wir für ein Kilogramm Schweinekotelett im Durchschnitt 156 Minuten arbeiten müssen. 2020 waren es nur noch 29 Minuten. Noch drastischer ist der Preisverfall bei Eiern: von 50 Minuten 1960 auf 7 Minuten im Jahr 2020.[1] Selbst, wenn man da die aktuellen Preissteigerungen draufrechnet, bezahlen wir gerade für tierische Produkte im Verhältnis deutlich weniger als unsere Großeltern.

Diese Entwicklung hängt leider eng mit der klimaschädlichen Wirkung unserer Ernährung zusammen: Lebensmittel, die früher etwas Besonderes waren, sind heute

---

1 Die Zahlen stammen von Christoph Schröder, Ökonom am arbeitgebernahen Institut der deutschen Wirtschaft (IW) in Köln. Dort berechnet man regelmäßig die Kaufkraft der Lohnminute – wie lange also in Deutschland für verschiedene Produkte und Dienstleistungen gearbeitet werden muss.

selbstverständlicher Teil unseres täglichen Konsums. Wir essen ganz lässig Obst aus Asien, Fisch aus Afrika und Fleisch aus Südamerika – weil der Transport so billig geworden ist. Die klimaschädlichen Folgen jedoch sind unglücklicherweise nicht eingepreist. Tomaten oder Auberginen, eigentlich klassische Sommerkinder, kommen ganzjährig auf unseren Tisch – inklusive ihrer Energiebilanz, weil ohne Sommersonne dafür natürlich Gewächshäuser geheizt werden müssen. Der Gedanke an den riesigen Rucksack an Umweltfolgen, die jede einzelne Zutat im Gepäck hat, schafft es dabei nur sehr langsam in unser Bewusstsein.

Wenn ich auf Lesungen mit meinem Publikum über Nachhaltigkeit diskutiere, kommt zwangsläufig immer dieses Argument zur Sprache:

»*Deutschland ist so ein kleines Land – was hilft es, wenn wir es besser machen, und die anderen nicht?*«

Stimmt! Das, was wir durch unsere einzelnen Taten ändern, scheint auf den ersten Blick kaum eine Wirkung zu entfalten. Aber eben nur auf den ersten Blick.

Zunächst mal ist Deutschland gar nicht so klein. Nach Einwohnern gerechnet sind wir weltweit die Nummer 17; gemeinsam mit unseren Mit-EU-Bürger:innen sind sogar nur China und Indien bevölkerungsreicher. Zudem hat unser Verhalten innerhalb der EU einen wichtigen Effekt. Unsere Volkswirtschaft ist die viertgrößte der Welt. Was bei uns funktioniert, hat Vorbildwirkung – wenn ein hoch-industrialisiertes Land wie unseres Klimaziele schafft, kann das enormen Signalcharakter entfalten.

Der zweite Einwand ist etwas schwieriger zu entkräften:

»Was kann ich kleines Rädchen mit meinen Konsumentschei-dungen verändern? Ich rette doch nicht die Welt, indem ich das Schweinekotelett weglasse oder meinen Morgenkaffee mit Hafermilch trinke!«

In der Tat: Das Abschalten eines einzigen Braunkohlekraftwerks spart extrem viel mehr CO_2 ein als mein Verzicht auf Flugmangos. Trotzdem ist es sinnvoll, denn wenn ganz viele Einzelne – wenn wir alle uns darauf besinnen, schonender mit unseren Ressourcen umzugehen, kann in der Summe doch etwas Nennenswertes erreicht werden. Dabei geht es mir nicht um Kasteiung oder Verzicht. Oft bedeutet die Entscheidung für klimafreundliche Produkte keineswegs zwangsläufig weniger Genuss. In vielen Fällen führt uns der Kauf von klimafreundlichen Lebensmitteln sogar zu geschmacklich und gesundheitlich besseren Zutaten.

Es wird Zeit, dass wir umdenken. Im November 2015 hat die Andechser Molkerei eine Studie präsentiert, wonach 43 Prozent der Menschen in der Stadt und im Landkreis München ausschließlich oder zumindest regelmäßig Bioprodukte kaufen, bei Lebensmitteln aus der Region waren es sogar 51 Prozent. Zu dieser Zeit lag der Marktanteil von Bio am gesamten Lebensmittelumsatz in Deutschland allerdings nur bei mageren 4 Prozent. Nun ist München eine wohlhabende Stadt und mag da Vorreiter gewesen sein. Aber generell klaffen unser Anspruch – »klar soll meine Milch von glücklichen Kühen stammen!« – und unser tatsächliches Konsumverhalten immer noch weit auseinander. Bis 2021 war der Bioumsatz gerade mal auf 6,8 Prozent gestiegen. Ich interpretiere diese Zahlen so: Offensichtlich haben viele Menschen ein Bewusstsein dafür, dass regionale Biolebensmittel die sinnvollere Wahl wären. Und dann kaufen sie doch oft anders ein, aus Kostengründen, oder weil sie unsicher sind, wie sie vertrauenswürdige Produkte finden. In einer Umfrage gibt man diese Diskrepanz natürlich ungerne zu …

Vielleicht sind die Verwerfungen von Corona und dem Ukrainekrieg ja ein guter Anlass, über unseren Umgang mit der Ressource Nahrung nachzudenken. Ist es tatsächlich sinnvoll, Lebensmittel als globalen Markt zu begreifen? Sollten wir nicht wieder viel mehr dazu zurückkehren, Essen überwiegend da zu produzieren, wo es verzehrt wird? Ist eine Landwirtschaft gut für uns, die von riesigen Düngergaben abhängt? Und die mit ihrem Pestizideinsatz und ihren Monokulturen ein Artensterben verursacht, gegen das das Aussterben der Dinosaurier harmlos war?

Ich will versuchen, Ihnen einen Wegweiser durch das Dickicht der Warengruppen und Kennzeichnungen an die

Hand zu geben. Es geht um die Strukturen, die unseren Lebensmittelmarkt so intransparent machen. Es geht darum, wie wir unser Konsumverhalten sinnvoll verändern können. Und es geht um Fakten, die Ihnen dabei helfen sollen, fundierte Entscheidungen beim Einkaufen zu treffen. Damit Sie Ihre Wahl treffen können, als mündige Verbraucher:innen.

Glossar

In der Debatte um die Rettung unseres Planeten kursieren zahlreiche Begriffe, die mir, als Nicht-Naturwissenschaftlerin, zunächst nicht immer ganz klar waren. Deshalb vorneweg ein kleiner Überblick über wichtige Schlagworte und was sich dahinter verbirgt. Sollten Sie in der Schule einst besser aufgepasst haben als ich: einfach weiterblättern!

Treibhausgase

Gasförmige Bestandteile der Atmosphäre, die den sogenannten Treibhauseffekt verursachen. Dabei absorbieren sie langwellige Strahlung, die von der Erdoberfläche, den Wolken und der Atmosphäre selbst ausgestrahlt wird, und strahlen sie wieder ab. Die wichtigsten Treibhausgase sind Wasserdampf, Kohlenstoffdioxid, Distickstoffoxid (Lachgas), Methan und Ozon. In ihrer Gesamtwirkung erhöhen sie den Wärmegehalt des Klimasystems.

CO_2-Äquivalent

Kohlendioxid (CO_2) ist das bekannteste, aber, siehe oben, eben nicht das einzige Treibhausgas in der Atmosphäre. So verstärkt beispielsweise eine Tonne Methan über einen Zeitraum von hundert Jahren gerechnet den Treibhauseffekt im gleichen Ausmaß wie 28 bis 34 Tonnen CO_2. Wird im Zusammenhang mit dem Klimawandel über Mengen dieser Gase gesprochen, werden sie zur besseren Vergleichbarkeit in jene Mengen Kohlendioxid umgerechnet, die die gleiche Klimawirkung entfalten würden.

Erneuerbare Energien

Darunter versteht man alle Energiequellen, die sich durch natürliche Prozesse mit einer Geschwindigkeit erneuern, die der Nutzungsrate entspricht oder diese sogar **übertrifft.** Windkraft, zum Beispiel, Sonnenstrahlung, Erdwärme oder biologische Ressourcen, wie etwa Biogas aus Gülle.

Nitrat

Nitrate sind Stickstoffverbindungen, die von Natur aus im Boden vorkommen und Pflanzen als Nährstoff dienen. Sie sind aber auch Bestandteil von Düngemitteln und Gülle und gelangen auf diese Weise vermehrt in den Boden. Das Problem dabei ist die Menge: Was die Pflanzen nicht aufnehmen, landet in Gewässern, wo dann Algenteppiche wuchern oder im Grundwasser, wo sich Nitrat zum gesundheitsgefährdenden Nitrit umwandeln kann. Der letzte Nitratbericht von 2020 bewertet die Belastung des Grundwassers in Deutschland »weiterhin als zu hoch«. An 17 Prozent der Messstellen wird der zulässige EU-Schwellenwert überschritten.

Nitrit

Was Nitrat für uns besonders problematisch macht, ist seine Umwandlung zu Nitrit in unserem Verdauungstrakt. Nitrit ist giftig und behindert den Sauerstofftransport im Blut. Deshalb soll man nitratreiches Gemüse wie Spinat nicht aufwärmen, die Wärme fördert die Nitritbildung.

Nitrosamine

Essen wir gleichzeitig nitrathaltige und proteinreiche
Speisen, können dabei Nitrosamine entstehen. Diese Ver-
bindungen sind krebserregend. In gepökelten Wurstwaren
sind Nitrosamine enthalten, deshalb sollte man diese
Würste besser nicht grillen und in Verbindung mit Käse –
etwa bei Pizza oder Toast – nur leicht bräunen.

Glutaminsäure

Diese Aminosäure ist in allen eiweißhaltigen Lebensmitteln enthalten, besonders viel beispielsweise in Weizen,
Tomaten und Milch. Glutamate sind Salze der Glutaminsäure; das bekannteste ist Mononatriumglutamat, das in
der Lebensmittelindustrie oft als Geschmacksverstärker
eingesetzt wird. Konzentriert man die Glutaminsäure aus
Lebensmitteln stark, erzielt man den gleichen geschmacksverstärkenden Effekt.

Teil 1

Wissen ist Macht – wie unser Essen erzeugt wird

Kürzlich habe ich mit einer Biobäuerin gesprochen, die Muttersauen hält und Ferkel erzeugt. Die Landwirtin war verwundert: *»Durch die Ukrainekrise sind die Kosten für konventionelle Schweinehalter massiv gestiegen; deren Fleisch kostet im Supermarkt jetzt deutlich mehr. Unsere Preise sind gar nicht gestiegen, aber trotzdem kostet unser Fleisch jetzt plötzlich auch mehr.«* Die Bäuerin war verärgert – das wäre doch jetzt eine Chance gewesen, mehr Biofleisch zu verkaufen.

Ich kann Ihnen nicht sagen, warum der Handel in diesem Fall so entschieden hat – möglicherweise aus der Ahnung heraus, dass Biokunden ohnehin bereit sind, mehr Geld auszugeben? Möglicherweise dann auch in Zeiten der Inflation? Aber die Geschichte illustriert, wie undurchsichtig unser Lebensmittelmarkt oft ist. Das liegt an der beherrschenden Marktmacht des Handels, an irreführenden Kennzeichnungsrichtlinien und an vielen Jahren erfolgreicher Lobbyarbeit insbesondere der Industrie. Es liegt aber auch daran, dass wir an vielen Stellen den Bezug zu Lebensmitteln und ihrer Herkunft verloren haben.

In den agrarisch geprägten Gesellschaften des vorindustriellen Zeitalters haben die Menschen viel mehr davon verstanden, wie ihre Nahrung entsteht – den größten Teil kultivierten sie schließlich selbst. Dieses Wissen blieb über die industrielle Revolution hinweg zunächst noch lange erhalten. Auch wer keinen Bauernhof betrieb, baute doch meist noch etwas Gemüse und Obst für den Eigenbedarf an. In den Bergarbeitersiedlungen des Ruhrgebiets waren Hühner- und Kaninchenställe als Lieferanten für den Sonntagsbraten Standard. Wer in den Fünfzigerjahren in Deutschland auf dem Land groß wurde, kann spannende Geschichten von Schlachttagen erzählen, an denen das ganze Dorf das Schwein des Nachbarn gemeinschaftlich verwurstete. Diese kollektive Expertise ist uns verloren gegangen. Lebensmittel sind Dinge, die wir abgepackt in Supermärkten kaufen. Wie genau diese Lebensmittel hergestellt worden sind, ist uns nicht wirklich klar. Gleichzeitig war noch nie in unserer Geschichte das Angebot an den verschiedensten Nahrungsmitteln derart groß.

Ich finde es schade, dass Lebensmittelkunde kein Schulfach ist. Wenn wir von Anfang an lernen würden, was da auf unseren Tisch kommt, wie diese Lebensmittel entstehen und welche Folgen für Umwelt oder Gesundheit damit einhergehen, wäre auf dem Weg zu einer klimafreundlicheren Ernährung viel gewonnen.

Klimafreundlich essen – wie geht das?

Im Grunde ist es gar nicht so schwierig, sich zu ernähren, ohne für schlimme Klimafolgen verantwortlich zu sein. Man muss sich einfach nur 100 Jahre zurückdenken. Mein Großvater väterlicherseits war 1923 10 Jahre alt und lebte in einem Dorf in der Nähe von Frankfurt. Seine Familie betrieb etwas Landwirtschaft, neben ihrem eigentlichen Broterwerb – Kriftel gilt als »Obstgarten des Taunus«. Was an Obst und Gemüse auf den Tisch kam, wurde entweder selbst angebaut oder auf dem Markt im benachbarten Frankfurt-Hoechst gekauft – ganz selbstverständlich handelte es sich hier immer um regionale Produkte, die gerade Saison hatten. Etwas anderes wurde auf dem Markt dort gar nicht angeboten. Um die Kirsch- oder Zwetschgensaison zu verlängern, wurde Obst eingemacht oder zu Marmelade gekocht. In meiner Kindheit gab es noch Regale im Keller meiner Großeltern, mit langen Reihen von selbst gemachten Konserven. Viele Lebensmittel ließen sich ohnehin gut lagern: Kartoffeln etwa – niemand hätte damals verstanden, warum man eine Knolle, die bei uns so gut wächst, aus Ägypten importieren sollte. Auch Äpfel wurden eingelagert und hielten als Vitaminquelle über den ganzen Winter. Allerdings schrumpelten sie mit der Zeit etwas zusammen und wurden süßer und weicher.

Meine Urgroßmutter hielt 1923 Hühner im Hof hinter dem Haus– deren Eier kamen ebenfalls auf den Tisch. Gelegentlich gab es gebratenes Hähnchen, denn natürlich mussten Hennen nachgezüchtet werden, und die Hähne, die dabei herauskamen, wurden mangels Eignung als Eierlieferanten zu Sonntagsbraten – sorry, Jungs! Außerdem hielt die Familie ein Schwein – das wurde überwiegend mit Küchenabfällen gefüttert, bis es schlachtreif war. Dann kam ein Schlachter auf den Hof. Keine Frage, dass das komplette Tier verarbeitet wurde – zu Kotelett, Würsten, Blutwurst, Fleischkonserven, und aus den allerletzten Resten wurde die sogenannte Metzelsuppe gekocht, die von der Familie und der ganzen Nachbarschaft zum Abschluss des Schlachttages verzehrt wurde. Insgesamt waren Fleischgerichte etwas für besondere Gelegenheiten. Die meisten Mahlzeiten der Familie waren mehr oder weniger vegetarisch.

Erst in den Fünfzigerjahren wurde es in Deutschland langsam üblich, einen Kühlschrank zu besitzen. Vorher hatten wohlhabende Haushalte möglicherweise einen Eisschrank, der mit Stangeneis kalt gehalten wurde. Bei meiner Krifteler Familie gab es das nicht. Ein kühler Vorratskeller musste reichen. Schon deshalb wurden zu jener Zeit insgesamt viel weniger Milchprodukte gegessen als heute. Milch holte man frisch, teilweise sogar mehrmals täglich, und natürlich kam auch die aus der Gegend, weil sie längere Transporte gar nicht heil überstanden hätte. Joghurt oder Dickmilch waren Möglichkeiten, die Verzehrfähigkeit der Milch etwas zu verlängern.

Auch mein Großvater kannte schon exotische Früchte, er hat mir davon kurz vor seinem Tod erzählt, als ich ein

Interview mit ihm machte, weil mich – ich habe nicht umsonst Geschichte studiert – die Welt seiner Kindheit interessierte. Orangen oder Ananas konnte man im sogenannten Kolonialwarenladen gelegentlich kaufen, als besondere Delikatesse. Auch Fisch war nichts für jeden Tag – entweder war der selbst geangelt, oder er stammte aus Fischzuchtbetrieben in der Gegend, wo Forellen und Karpfen gehalten wurden.

Die Zusammensetzung unserer täglichen Speisen hat sich seit Beginn der Industrialisierung massiv verändert, Veränderungen, die die Klimabilanz des Speiseplans deutlich verschlechtert haben. 1850 kamen in deutschen Familien pro Jahr etwa 228 Kilogramm Getreide und Kartoffeln auf den Tisch, knapp 20 Kilogramm Fleisch, 37 Kilogramm Gemüse und 20 Kilogramm Hülsenfrüchte. 1975 war der Anteil der Hülsenfrüchte drastisch kleiner, nicht mal mehr ganz ein Kilogramm. Getreide und Kartoffeln hatten sich auch deutlich reduziert, auf 158 Kilogramm, etwa zwei Drittel der Menge von 1850. Dafür gab es 1975 mit 66 Kilogramm fast doppelt so viel Gemüse und mit rund 68 Kilogramm sogar dreimal mehr Fleisch. Der jährliche Verbrauch von Südfrüchten verzehnfacht sich in diesem Zeitraum, von 250 Gramm auf 22 Kilogramm. Diese Zahlen hat der Münsteraner Wirtschaftshistoriker Hans-Jürgen Teuteberg gesammelt.[2] Die typische Kost einer wohlhabenden Industriegesellschaft.

---

2 Der Verzehr von Nahrungsmitteln in Deutschland pro Kopf und Jahr seit Beginn der Industrialisierung (1850–1975) – Versuch einer Quantitativen Langzeitanalyse, in: Unsere tägliche Kost, S. 225–279, Münster 1988.

Mir ist natürlich bewusst, dass wir die Vergangenheit nicht zu sehr romantisieren sollten. Keine Ahnung, wie tiergerecht das Schwein und die Hühner meiner Urgroßmutter lebten. Ich vermute, dass sie Auslauf hatten, aber ich habe in ähnlich traditionell wirtschaftenden Dörfern in Afrika Schweine in sehr kargen Verschlägen erlebt – kleinbäuerlich heißt nicht automatisch gut. Doch der grundsätzliche Ansatz, dass eine Gemeinschaft vorrangig die Lebensmittel verzehrt, die in ihrem Umfeld und unter Nutzung ihrer örtlichen Ressourcen herstellbar sind, finde ich als Grundgedanken schon mal richtig. Auf jeden Fall war die Ernährungsweise vor 100 Jahren dem Ziel der Klimaneutralität sehr viel näher, als wir es heute sind.

Die Planetary Health Diet

Bei der Weltklimakonferenz von Paris wurden 2015 verbindliche Ziele festgelegt, wie die internationale Staatengemeinschaft durch die Reduktion ihrer Treibhausgasemissionen die Erderwärmung dauerhaft begrenzen soll. Wie schon erwähnt spielt die Erzeugung von dem, was wir täglich essen, dabei eine maßgebliche Rolle. Ein konkretes Regelwerk, wie eine klimagerechte Ernährung der Menschheit künftig aussehen könnte, ist also eine ziemlich gute Idee.

Als Reaktion auf die Pariser Klimaziele bildete sich die EAT Lancet Commission, ein Zusammenschluss von 37 Wissenschaftlern aus aller Welt, Ernährungsexperten und Klimaforschern. 2019 hat diese Gruppe in der medizinischen Fachzeitschrift *The Lancet* einen Report veröffentlicht, zu der sogenannten »Planetary Health Diet«.[3] Darin entwerfen sie ein Ernährungskonzept, das dabei helfen soll, die Pariser Klimaziele zu erreichen.

Die Autoren der Studie schlagen dafür Standardmengen verschiedener Produktgruppen vor, die täglich auf unseren Tisch kommen sollten.

Ich habe die Zahlen der EAT Lancet Commission spaßeshalber mal mit denen des Münsteraner Historikers zu unserer Ernährungsweise im Jahr 1850 verglichen – im Prinzip wären wir mit dem klimaschonenden Ernährungskonzept der Studiengruppe ziemlich genau wieder da, wo unsere Vorfahren vor Anbruch der Industrialisierung schon mal waren.

Das sind die Mengen, die die Forscher empfehlen:

- 350 g Gemüse, davon 50 g stärkehaltig, z. B. Kartoffeln
- 250 g Milchprodukte
- 232 g Getreide
- 200 g Obst
- 50 g Hülsenfrüchte
- 50 g Nüsse
- 40 g Pflanzenöl
- 28 g Fisch
- 25 g Soja
- 13 g Eier
- 29 g Geflügel
- 7 g Schwein
- 7 g Lamm oder Rind

---

3 https://eatforum.org/eat-lancet-commission/eat-lancet-commission-summary-report/

Satt wird man davon allemal ... und man wäre, was die Auf-
teilung betrifft, ziemlich nah dran am Kindheitsessen meines Großvaters.

Entscheidungen, schwer gemacht

Mir ist klar, dass wir nun nicht plötzlich alle anfangen können, im Hinterhof Schweine oder Hühner zu halten. Ich
habe einen relativ geräumigen Keller, aber eine Vorrats-
haltung, wie sie meine Vorfahren betrieben haben, würde
schnell meine Möglichkeiten sprengen, mal ganz abgesehen davon, dass ich nicht so richtig weiß, wann ich das
viele Obst und Gemüse, das ich nirgendwo anbauen kann,
einkochen sollte.

Aber schon der Versuch, gezielt die Produkte einzukaufen, die wenigstens aus der Region kommen, muss zwangsläufig scheitern. Mal angenommen, Sie würden zwei Sorten Erdbeerjoghurt in Ihrem Supermarkt vorfinden – in
meinem Beispiel steht der Supermarkt in München, weil
ich da zu Hause bin: Joghurt Nummer eins wurde aus Allgäuer Milch hergestellt; die Erdbeeren kommen von einem
Obstbauernhof am Bodensee. Gesüßt wurde der Erdbeerjoghurt mit Rübenzucker aus Bayern. Joghurt Nummer
zwei besteht aus diversen Milchkomponenten: Die Sahne
stammt aus Frankreich, das Milcheiweiß aus Polen, der
Milchzucker aus Rumänien. Nächste Woche sind die Her-
kunftsländer womöglich schon wieder andere, das hängt
von der jeweiligen Preisentwicklung ab. Die Erdbeeren
hatten einen richtig weiten Weg: Sie sind tiefgekühlt in

Schiffscontainern aus China angereist. Die Süße stammt von brasilianischem Zuckerrohr. Nehmen wir mal weiter an, dass der heimische Joghurt etwas teurer ist, sagen wir 20 Cent mehr pro Becher.

Ich bin mir sehr sicher, dass der teurere Joghurt trotzdem gut verkauft würde. Und ich habe dafür auch einen Beleg: Es gibt in Oberbayern die Molkerei Berchtesgadener Land, die sehr nachhaltig wirtschaftet, in vielerlei Hinsicht: Sie sammelt nur so viel Milch ein, wie sie zuverlässig vermarkten kann – obwohl es viele weitere Bauern gäbe, die ihre Milch gerne dort abliefern würden. Sie bezahlt ihren Bauern einen fairen Preis – in den letzten Jahren war das regelmäßig der höchste Milchpreis in ganz Deutschland. Sie unterstützt ihre Lieferanten beim tiergerechteren Umbau der Ställe. Die Milch ist im Supermarkt meist die teuerste Frischmilch und schaffte dennoch 2021 in Bayern einen Marktanteil von stolzen 38,7 Prozent. Wir Kund:innen sind nämlich durchaus bereit, höhere Preise zu bezahlen. Aber wir möchten dann auch sicher sein, dass wir diesen Preis für bessere Ware bezahlen und nicht für die geschicktere Marketingstrategie.

Zurück zu meinem Erdbeerjoghurt: In einer idealen Welt würde ich beim Einkaufen erfahren, was ich da eigentlich kaufe. In unserer Welt jedoch erfahre ich nur, in welcher Molkerei der Joghurt schlussendlich in den Becher gefüllt wurde. Mir kommt der Joghurt also möglicherweise recht allgäuerisch vor, weil die Molkerei auf dem Becher mit ihrem Standort wirbt. Aber es gibt keine gesetzliche

Verpflichtung, die Herkunft der Zutaten irgendwie auszuweisen.

Die Bezeichnung »regional«, zum Beispiel, ist kein geschützter Begriff. Jedes Bundesland hat ein eigenes Regionalsiegel, mit vollkommen unterschiedlichen Kriterien – je nach Land müssen 100, 90 oder nur 60 Prozent der Zutaten tatsächlich heimisch sein.[4] Das EU-Siegel »Geschützte geografische Angabe« legt etwa beim Schwarzwälder Schinken nur fest, wie die Rezeptur aussehen muss und dass das Räuchern und Trocknen des Schinkens im Schwarzwald stattzufinden hat. Das Schweinefleisch kann aber, beispielsweise, auch aus Dänemark kommen, und verpackt wird der Schinken zumindest beim Marktführer nicht im Schwarzwald, sondern in Niedersachsen. Bis der Schwarzwälder Schinken in einem Freiburger Supermarktregal landet, kann er also schon ganz schön weit gereist sein...

Verwirrenderweise gibt es noch zwei weitere EU-Siegel, die täuschend ähnlich aussehen und jeweils etwas völlig anderes bedeuten:[5] Einmal die »geschützte Ursprungsbezeichnung« beim Parmaschinken, wo die Schweine tatsächlich aus festgelegten Gegenden unweit von Parma kommen müssen und der Schinken in der Gegend verarbeitet wird – das ist also tatsächlich ein aussagekräftiges Regionalsiegel. Dann gibt es aber auch noch die »garantiert

---

4 Detaillierte Informationen dazu, welches Regionalsiegel wie viel Regionalität garantiert, gibt's in Teil 3 des Buches auf den Seiten 252–253.
5 Auch dazu gibt es genaue Informationen auf den Seiten 254–255.

traditionelle Spezialität«, für die der so gelabelte Serrano-Schinken von überall herkommen darf, er muss nur auf die in spanischen Gebirgen[6] übliche Weise hergestellt worden sein. Drei EU-Siegel mit täuschend ähnlicher Optik und komplett verschiedenen Kriterien – keine Chance für uns Kunden, das beim Einkaufen auf die Schnelle zu verstehen.

Beim Vermarkten ihrer Produkte haben Hersteller viel Spielraum für Irreführung. Vor einiger Zeit habe ich mal zu vermeintlich regionalen Lebensmitteln recherchiert. Bei dieser Gelegenheit bin ich auf einen Kräuterfrischkäse gestoßen, der sehr regional daherkam. Weiß-blaue Raute und »von hier«-Kennzeichnung am Regal im Supermarkt, die Molkerei, wo der Frischkäse produziert worden war, hatte ein bayerisches Gebirge im Namen. Gewürzt war der Frischkäse mit Kräutern wie Petersilie und Schnittlauch, Lauchzwiebeln und Knoblauch – alles Zutaten, die in Bayern wachsen. Anderswo wachsen sie allerdings billiger. Es brauchte mehrere Mails und dauerte geraume Zeit, bis sich die Pressestelle dazu bequemte, mir die Ursprungsländer ihrer Zutaten mitzuteilen. Der Knoblauch und der Schnittlauch kamen aus China, die Zwiebeln aus den USA. Ganz schön viele CO_2-relevante Schiffskilometer, die mein vordergründig so bayerischer Frischkäse auf der Uhr hat, bevor er das Münchner Kühlregal erreicht.

---

6 »Serrano« leitet sich von »sierra«, dem spanischen Wort für Gebirge, ab und bedeutet sinngemäß »auf Gebirgsart«, weil der ursprüngliche Serrano-Schinken in Gebirgsluft trocknete.

Staatlich verordneter Etikettenschwindel

Ich bin keine Freundin von reflexhaftem EU-Bashing. Aber manchmal frustriert es mich schon, wie sehr man dem Regelwerk der EU in Bezug auf Lebensmittelkennzeichnung die Arbeit hochbezahlter Lobbyist:innen anmerkt.

Ich habe für einen Film über regionale Lebensmittel vor einigen Jahren in der Schweiz gedreht. Die Verbraucherschützerin, mit der ich dort zu tun hatte, war bis zu meinem Besuch der Ansicht, dass die Herkunftskennzeichnung in der Schweiz äußerst kritikwürdig sei. Dabei sind die Vorschriften bei den Eidgenossen viel transparenter als bei uns: Produzenten müssen die Herkunft einer Zutat angeben, sobald sie mindestens 50 Prozent des zubereiteten Produkts ausmacht, etwa die Milch bei einem Joghurt. Bei Fleisch ist die Kennzeichnung bereits ab 20 Prozent verpflichtend, zum Beispiel das Rindfleisch in einer Lasagne. Auch für eine sogenannte »wertgebende« Zutat muss der Hersteller die Herkunft angeben, etwa das Ursprungsland der Haselnüsse in einer Tafel Schokolade, obwohl die nur einen recht kleinen Prozentsatz ausmachen. Die Verbraucherschützerin störte sich an den Prozentsätzen – und staunte, als ich ihr die viel verbraucherfeindlichere Rechtslage in der EU schilderte.

In der EU können wir nämlich von einer solchen Klarheit nur träumen. Bei verarbeiteten Lebensmitteln muss die Herkunft einzelner Zutaten nur sehr begrenzt dargelegt werden. Als »Ursprungsland« gilt das Land, in dem der letzte

Verarbeitungsschritt stattgefunden hat. Seit 2020 muss zumindest die sogenannte »Primärzutat« dann gekennzeichnet werden, wenn sie nicht aus dem Ursprungsland stammt und die Verbraucher:innen durch die Aufmachung des Produkts getäuscht werden könnten. Sie sind jetzt etwas verwirrt? Grämen Sie sich nicht, Sie sind in bester Gesellschaft! Ich habe auch eine Weile recherchieren müssen, bis ich verstanden habe, was damit gemeint ist. Diese angebliche verbraucherfreundliche Neuregelung ist in der Praxis genauso kompliziert, wie es beim ersten Lesen klingt.

Nehmen wir mal das Beispiel Dosentomaten. Auch wenn der Hersteller in Italien sitzt, stammt der Inhalt der Dose mit einer gewissen Wahrscheinlichkeit aus China. 2019 produzierte das Land laut UN-Landwirtschaftsorganisation 40 Prozent der weltweit geernteten Tomaten, und das überwiegend für den Export. Diese Tomaten kommen gehäutet in Containern beispielsweise in Genua an. Dort werden sie in Dosen umgefüllt und sind damit – als verarbeitetes Produkt mit letztem Verarbeitungsschritt auf italienischem Boden – Tomaten mit Ursprung »Italien«. Dass sie gar nicht in Italien geerntet wurden, muss nur dann angegeben werden, wenn eine italienische Flagge auf der Dose diesen Eindruck erwecken würde. Oder wenn explizit »Tomaten aus Italien« auf der Dose stünde. In diesem Fall würde aber auch »Herkunft: Nicht-EU-Land« genügen. Oder »Herkunft der Tomaten nicht aus Italien«. Wenn aber einfach nur der Genueser Fabrikant mit seiner Adresse auf der Dose genannt wird, muss die Herkunft des Inhalts nicht deklariert werden. Haben Sie jetzt verstanden, in welcher Dose ganz sicher keine chinesischen Tomaten sind? Nein? Kein Wunder – das sind Regeln für juristische Proseminare, aber nicht für einen schnellen Abendessenseinkauf.

Wenn also die vorhin schon mal erwähnte Allgäuer Molkerei ihren Frischkäse mit dem Label »Ursprung: Allgäu« versieht, macht sie juristisch dennoch alles richtig. Denn die Milch, aus der der Frischkäse besteht, wurde in der Molkerei »hergestellt«. Die Herkunft einzelner Milchbestandteile ist nicht kennzeichnungspflichtig. Die Herstellerseite wehrt sich gegen mehr Transparenz oft mit dem Argument, dass es in einem globalisierten Markt so ungeheuer schwierig sei, alles immer korrekt aufzuschlüsseln. Meine Erfahrung bei solchen Recherchen ist jedoch, dass die Industrie eigentlich immer erstaunlich präzise sagen kann, wo sie die einzelnen Zutaten eingekauft hat. Also warum diese Informationen nicht mit uns teilen?[7]

Auf den ersten Blick ganz einfach ist die Rechtslage bei unverarbeiteten Produkten. Da muss der Herkunftsort immer angegeben werden. Oder vielmehr: fast immer. Eine Reihe von Obst- und Gemüsesorten[8] sind davon aus-

---

7 Hier ist die EU übrigens kein Argument für Intransparenz: Es steht Mitgliedsstaaten frei, strengere Kennzeichnungsregeln zu erlassen. In Italien, zum Beispiel, muss bei Milchprodukten ausgewiesen werden, aus welchen Ländern die Milch stammt.

8 Die vollständige Liste der Erzeugnisse des Obst- und Gemüsehandels ohne Vermarktungsnorm, wie es auf EU-Deutsch so schön heißt, finden Sie hier: https://www.ble.de/SharedDocs/Downloads/DE/Ernaehrung-Lebensmittel/Vermarktungsnormen/VermarktungsnormenObstGemuese/Liste_Warenarten_ohne.pdf?__blob=publicationFile&v=5

genommen, darunter Früh- und Speisekartoffeln, frische Bananen und Kokosnüsse. Warum? Keine Ahnung, vielleicht waren da gut aufgestellte Lobbyvereine am Werk ... Ein richtig guter Grund, warum diese Regel Sinn ergeben sollte, ist mir auch bei längerem Nachdenken nicht eingefallen, und ich habe bei meinen Recherchen auch niemanden gefunden, der mir das hätte erklären können.

Dafür ist zumindest die Definition des Ursprungslandes klarer als bei verarbeiteten Produkten: Bei Obst und Gemüse etwa bezeichnet »Ursprung« den Ort, wo geerntet wurde. Möglicherweise haben die EU-Verantwortlichen beim Erstellen dieser Regel indes nicht mit dem Einfallsreichtum mancher Produzenten gerechnet. Vor einiger Zeit machten mein Sohn und ich für eine ZDF-Reportage einen Selbstversuch. Wir wollten uns einen Monat lang nur von regionalen Lebensmitteln ernähren. Weil mein Sohn keine bayerischen Champignons im Supermarkt bekam, brachte er eine Packung Pilze von der Schwäbischen Alb mit. Ursprung Laichingen, das schien uns von der Entfernung zu München her noch vertretbar. Umso verblüffter war ich, als ich dann den Betrieb besichtigen durfte, wo unsere vermeintlich regionalen Champignons herstammten. Der Besitzer präsentierte mir seine Champignonbeete und erzählte, dass die vor 48 Stunden noch über 600 Kilometer weiter nördlich in den Niederlanden gestanden hatten. Kurz vor der Ernte wurden die mobilen Beete auf LKW geladen und zum »Ursprungsort« transportiert. Diese Praxis ist mittlerweile sogar höchstrichterlich

abgesegnet. Die Wettbewerbszentrale hatte dagegen ge-
klagt, wegen Irreführung, und schließlich vor dem EuGH
verloren. Die Richter konstatierten, dass das in der Tat für
die Kundschaft etwas irreführend sei. Weil aber die Kennzeichnung dem geltenden Zollkodex der EU entsprach,
hatte die Pilzfirma nichts falsch gemacht.

Jetzt kann man natürlich diskutieren, ob es nicht der
Produktqualität nutzt, wenn die abgeschnittenen Champignons kurze Wege in den Supermarkt und auf unsere Teller haben – je frischer, desto besser schmeckt es. Eine Ver-
treterin der Verbraucherzentrale Bayern erzählte mir mal,
dass Ähnliches bei Kräutern üblich sei – die würden in
Polen gezogen und dann zum frisch Ernten nach Deutschland gekarrt. Der Ökobilanz jedoch nutzt das alles eindeutig nicht. Und wenn wir eine Chance haben wollen,
unseren Klimarucksack beim Essen zu reduzieren, dann
brauchen wir Informationen, die uns dabei helfen und für
möglichst große Transparenz sorgen. Felix Helvetia …

Klimafreundlich essen – Das Wichtigste in Kürze:

🛒 Die »Planetary Health Diet« ist eine gute Richtschnur für eine klimafreundliche Ernährung: wenig Fleisch, dafür viel Gemüse und Hülsenfrüchte.

🛒 Kurze Wege schonen das Klima – deswegen nach Möglichkeit regional einkaufen.

🛒 »Regional« ist kein geschützter Begriff. Anders als bei »bio« gibt es kein festes gesetzliches Regelwerk, das die Kriterien festlegt.

🛒 Auch auf Herkunftsbezeichnungen ist nicht immer Verlass. Deshalb genau hinschauen. Steht auf der Dose explizit »italienische Tomaten«, dann muss das auch so sein. Bei schwammigen Formulierungen lieber Finger weg!

🛒 Wer seinen Speiseplan konsequent nach den Jahreszeiten ausrichtet, vermeidet Energieverbrauch beim Heizen von Gewächshäusern oder Beeten und wird mit einem höheren Nährstoffgehalt belohnt.

Wer verdient an unserem Essen?

Stellen Sie sich einmal Folgendes vor: Ein Automobil-
konzern baut ein Auto. Das fertige Fahrzeug kostet
20 000 Euro; darin sind die Materialkosten und die
Arbeitszeit enthalten, außerdem die Entwicklungskos-
ten und anteilig die Kosten fürs Fabrikgebäude und den
Grund, auf dem die Fabrik steht. Nun kommt der Auto-
händler und sagt, er möchte dafür aber nur 15 000 Euro
bezahlen. »Schade«, sagt daraufhin der Hersteller. »Dann
rechne ich Entwicklung, Grund und Gebäude eben nicht
mit, und es passt.« Ein Jahr später will der Händler nur
noch 10 000 Euro für das gleiche Auto zahlen. »Okay«, sagt
der Hersteller. »Dann bekommen eben alle Mitarbeiter nur
noch Mindestlohn, auch das Management. Und einen Teil
der Mitarbeitenden bezahlen wir einfach gar nicht, alle
die, die mit irgendjemandem in der Belegschaft verwandt
sind.« Ein weiteres Jahr später soll das Auto dann nur noch
9000 kosten. Jetzt geht's ans Eingemachte, aber auch diesen Preis akzeptiert der Autobauer.

Manchmal hilft es, die Perspektive zu wechseln, um
besser zu verstehen, wo etwas schiefläuft. In quasi jedem
Wirtschaftsbereich wäre oben genanntes Beispiel vollkommen absurd. Warum sollte jemand seine hochwertige
Ware freiwillig verramschen? Warum zum Selbstkostenpreis arbeiten oder gar darunter? Aber genau das ist es,
was seit vielen Jahren bei uns im Nahrungsmittelsektor

geschieht. Unsere Landwirtschaft – und selbst Lebens-
mittelmultis wie Nestlé – arbeiten unter dramatischem
Kostendruck.

Wie absurd die Folgen dieses Preisdrucks sind, wurde
mir zum ersten Mal bewusst, als ich beim Geflügelprodu-
zenten Wiesenhof für einen Dreh zu Gast war. Am Ende
unseres Betriebsrundgangs besichtigten wir die haus-
eigene Produktion von Fertiggerichten – Chicken Wings,
Hühnerpfanne und Co. Für mich war völlig klar, dass hier
Wiesenhof-Hähnchen verarbeitet werden. Doch weit gefehlt … das Hühnerfleisch, das bei Deutschlands größtem
Geflügelerzeuger zubereitet und verpackt wurde, kam damals aus Brasilien. In Deutschland ist Wiesenhof bekannt
dafür – böse Zungen sagen berüchtigt –, besonders kos-
tengünstig zu produzieren. Immer wieder prangern Tierschützer an, dass der Konzern nur so gerade eben die
gesetzlichen Mindeststandards einhält, mit unschönen
Konsequenzen für das Tierwohl. Doch für Convenience
Food, das den Preisvorstellungen deutscher Handelsriesen
genügt, ist selbst das noch viel zu teuer.

Die ungute Macht der Handelskonzerne

Das Thema Preisabsprachen wird, während ich dieses Buch schreibe, heiß diskutiert: Als Reaktion auf den
Ukrainekrieg hat die Bundesregierung einen Tankrabatt
beschlossen. Doch die Mineralölkonzerne gaben den zunächst nicht oder kaum an die Kunden weiter. Das funk-
tionierte, weil der Markt unter einigen wenigen großen

Playern gleichmäßig aufgeteilt ist. Und weil in einem Geschäft, bei dem diese wenigen Verkäufer ihre Ware direkt an die Kundschaft bringen, verdeckte Preisabsprachen gar nicht nötig sind: Man kann ja einfach nachschauen, was die Konkurrenz gerade so verlangt.

Im deutschen Lebensmitteleinzelhandel ist die Situation ganz ähnlich. Vier große Ketten – Aldi, Lidl, Rewe und Edeka – verkaufen drei Viertel der Lebensmittel, die auf unseren Tisch kommen. Edeka ist mit 24,5 Prozent Marktanteil am größten, gefolgt von Rewe mit 17,7 und der Schwarz-Gruppe, zu der Lidl gehört, mit 16,5 Prozent. Aldi kommt auf einen Anteil von 11,7 Prozent, ist aber traditionell schon deshalb machtvoll, weil der Discounter besonders schlanke Preise kalkuliert und damit oft die Rolle des Leitwolfs spielt.

Kein Lebensmittelhersteller oder -erzeuger kann es sich leisten, einen der großen vier als Abnehmer zu verlieren. Damit würde gleich ein richtig großer Batzen des Umsatzes fehlen. Also können die Handelsketten die Preise diktieren – und weil die Konkurrenz so hart ist, wird immer am unteren Rand des Möglichen kalkuliert. Auch hier funktionieren Preisabsprachen, ohne dass man dafür das Gesetz brechen muss. Erstaunlich oft kosten Grundnahrungsmittel wie Mehl, Zucker oder Milch der jeweiligen Hausmarken in allen vier Ketten auf den Cent genau das Gleiche. Diese sehr spezielle deutsche Situation hat übrigens den weltweit größten Lebensmittelverkäufer zur Verzweiflung getrieben: Der US-Handelsriese Walmart, überall sonst auf der Welt höchst erfolgreich, hat von 1997 bis 2006 versucht, den deutschen Markt zu erobern, und ist an dem System mit knappsten Margen krachend gescheitert.

Der Handel macht also Druck: Er will billigst einkaufen, um in der komplizierten Konkurrenzlage nicht ins Hintertreffen zu geraten. Das System der niedrigen Lebensmittelpreise in Deutschland hat viel damit zu tun, dass deutsche Großschlachtereien und Molkereien zu niedrigen Preisen liefern. Das wiederum können sie, weil sie zumindest teilweise ihre Mitarbeiter ebenfalls dumpen und weil sie den Druck an die Bauern weitergeben. Und das wiederum funktioniert deshalb so gut, weil Bauern in der Mehrzahl eine Ware anbieten, die man nicht einfach lagern kann, wenn der Preis gerade nicht stimmt. Der am Anfang genannte Autohersteller könnte so reagieren: Er könnte seine Autos auf die Halde stellen, bis er wieder einen angemessenen Preis bekommt. Aber was macht der Bauer mit seinen Mastschweinen, die ihr Schlachtgewicht erreicht haben und keinen Abnehmer finden? Oder mit seiner Milch, die jeden Tag weiterfließt?

Erzeuger in der Zwickmühle

Bauern müssen in langen Zyklen planen, und sie sind kleine Rädchen im Getriebe, gegenüber der Marktmacht einer Großmolkerei. Das Auto-Beispiel vom Anfang war nicht ganz willkürlich konfiguriert: Ich habe vor einigen Jahren bei einem Bauern gedreht, der seine Milch bei

Zott ablieferte, Deutschlands siebtgrößter Molkerei. Er hatte immer alles so gemacht, wie es der Bauernverband und konservative Agrarpolitiker seit Jahrzehnten gefordert hatten: investiert, vergrößert, rationalisiert. In seinem topmodernen Laufstall wurde automatisch gemolken und gemistet. So konnte er 120 Kühe versorgen, aushilfsweise unterstützt von seiner Frau und seinem Sohn. Ich habe ihn damals gefragt, welchen Milchpreis er bekommen müsste, damit sich der ganze Aufwand auszahlt. Er hatte das in einer betrieblichen Vollkostenrechnung ermittelt: das eingesetzte Kapital, seinen Grund und Boden, die Zinsen, Futterkosten, Strom. Seine eigene Arbeitskraft als Betriebsleiter kalkulierte er mit 10 Stunden Arbeit à 10 Euro am Tag – für eine gut ausgebildete Fachkraft mit Führungsverantwortung ein lächerlich geringer Betrag, und 50 Stunden pro Woche waren ohnehin eher konservativ gerechnet. Die Arbeitsleistung seiner Familie floss in diese Rechnung gar nicht ein. Resultat dieser Kalkulation: 42 Cent pro Liter hätte er einnehmen müssen, um nicht draufzuzahlen. Zur Zeit meiner Dreharbeiten zahlte die Molkerei ihm 27 Cent.

Der Landwirt hatte keine Wahl: Die Investitionen waren getätigt. Seine Kühe gaben jeden Tag Milch. Andere mögliche Abnehmer gab es nicht, bei ihm in der Umgebung sammelte nur Zott Milch ein, Folge des Konzentrationsprozesses der vergangenen Jahrzehnte, wo nur die Großmolkereien überlebt haben. In dieser Zwickmühle befinden sich die meisten Landwirte. Von ihren Abnehmern vor

die Wahl »friss oder stirb« gestellt, nehmen sie in Kauf, dass
sie oft gerade noch die Futterkosten fürs Vieh reinverdie-
nen.

Die Grünwäscher

Die großen vier im Handel haben natürlich auch bemerkt, dass ihre Kundschaft in den letzten Jahren sensib-
ler geworden ist, was Nachhaltigkeitsthemen angeht. Teilweise gibt es auch tatsächlich das Bemühen, am Angebot
etwas zu ändern. Zumindest in den großen Städten bieten
Aldi, Edeka, Lidl und Rewe mittlerweile ein ansehnliches
Biosortiment, frisches Obst und Gemüse gibt es immer
häufiger auch ohne Plastikverpackungen, das Angebot
an regionalen Waren ist größer geworden. Und immerhin
waren es die Handelsketten, die eine freiwillige Tierwohl-
kennzeichnung einführten – etwas, woran Generationen
von CDU- und CSU-Landwirtschaftsminister:innen gescheitert sind.

Allerdings, wo ein Geschäft winkt, ist die Versuchung
stets groß, dieses Geschäft mitzunehmen, auch wenn man
dafür Definitionen etwas biegen muss. Regional, zum Beispiel, der Schlüsselreiz, der uns zum Zugreifen bringt: Bei
Edeka wird der in Bayern mit weiß-blauen Fähnchen am
Regal bedient, mit der Aufschrift »Aus der Region«. Gemeint ist damit allerdings nur, dass die Herstellerfirma in
Bayern sitzt. Die Zutaten des so ausgelobten Produktes
können trotzdem aus der ganzen Welt stammen.

Oder das Thema Tierwohl … Im Sommer 2021 machte

Aldi Schlagzeilen. Bis 2030 werde das gesamte Frischfleisch-Sortiment auf die höheren Tierwohl-Haltungsformen Stufe 3 und 4 umgestellt. Die Konkurrenz zog sofort nach, mit ähnlichen Versprechen. Plötzlich überall nur noch Tierfreunde? Die Entdeckung von Ethik als Motiv für unternehmerisches Handeln? Sicher nicht. Eher die gut vermarktete Reaktion auf Entwicklungen, die unseren bisherigen Umgang mit der Ware Tier ohnehin verändern werden. Kurz zuvor hatte die EU-Kommission eine Gesetzesinitiative gestartet, die bis 2027 die Käfighaltung von Nutztieren komplett unterbinden soll.[9] Außerdem hatte die deutsche »Zukunftskommission Landwirtschaft« ihren Abschlussbericht[10] präsentiert, in dem sich die 31 Mitglieder aus den Bereichen Landwirtschaft, Wirtschaft und Verbraucher, Umwelt und Tierschutz, sowie aus der Wissenschaft darauf geeinigt hatten, dass eine deutliche Verbesserung der Haltungsbedingungen nicht nur ethisch geboten ist, sondern auch unter dem Aspekt Nachhaltigkeit unerlässlich.

Jetzt könnte man ja sagen, egal, Hauptsache es tut sich etwas. Wie immer muss man jedoch genau hinschauen: Das »Frischfleischversprechen« gilt nämlich weder für Tiefkühlware noch für Wurst oder den Bereich der verarbei

---

9   https://germany.representation.ec.europa.eu/news/end-cage-age-europaische-kommission-will-kafighaltung-beenden-und-registriert-zwei-weitere-2021-06-30_de
10 https://www.bmel.de/DE/themen/landwirtschaft/zukunftskommissionlandwirtschaft.html

teten Lebensmittel. Es reicht also im Grunde schon, den Schweinenacken zu marinieren, und er darf wieder aus einem der engen Stufe-1-Ställe stammen. Und bei diesen »Ausnahmen« reden wir von ziemlich viel Fleisch: 2021 haben wir pro Kopf etwa 55 Kilogramm Fleisch im Jahr gegessen, mehr als die Hälfte davon in Form von Wurstwaren. Streng genommen müssten die Schlagzeilen also heißen: »Die Handelsketten schaffen mehr Tierwohl bei der Erzeugung eines Drittels ihrer Ware.«

Lidl machte im Herbst 2018 mit der Ankündigung Furore, künftig nur noch fair gehandelte Bananen zu verkaufen. Das wäre eine wirklich sinnvolle Maßnahme – bei Bananen sind die Missstände besonders gravierend, und die gelben Tropenfrüchte sind nach Äpfeln bei uns das meistgekaufte Obst. Die britische Handelskette Waitrose macht das so schon seit 2007, auch die Niederländische Kette Plus, immerhin die Nummer drei bei unseren Nachbarn, verkauft schon länger nur Fair-Trade-Bananen. Die Reaktion auf die Lidl-Initiative: Die Konkurrenz senkte die Preise. Kleinlaut und mit sehr viel weniger Presserummel stellte Lidl die Initiative kurze Zeit später wieder ein.

Rewe hat 2021 mit einem vermeintlich nachhaltigen Produkt sogar den Goldenen Windbeutel der Verbraucherschutzorganisation Foodwatch »gewonnen«: Das Hähnchenbrust-Filet der Eigenmarke Wilhelm Brandenburg war damals mit einem »klimaneutral«-Logo geadelt worden. Nun ist Fleisch per Definition nie klimaneutral, pro Kilogramm fallen 3,5 Kilogramm CO_2-Äquivalente an. Die Handelskette hatte aber Zertifikate eines Klimaprojekts für nachhaltigen Paranussanbau gekauft, um diese Emissionen zu kompensieren: Mehr Bäume in Peru sollten die Klimaschäden durch die deutschen Hähnchen ausgleichen.

Nun ist das mit den Kompensationen so eine Sache – jemand anders Geld dafür geben, dass er unsere Umweltschäden durch umweltfreundliches Verhalten ausgleicht, hat für mich immer ein bisschen was von Ablasshandel und ist eher eine Notlösung. In diesem Fall, so Foodwatch, stimmte es jedoch nicht mal: In der Zeit, aus der die von Rewe erworbenen Klimaschutzzertifikate stammten, war der Waldbestand in der Gegend sogar zurückgegangen. Rewe hat schließlich die Vorwürfe von Foodwatch bestätigt und zugesagt, diese Zertifikate nicht mehr zu verwenden. Auf Nachfrage teilte mir die Rewe-Pressestelle mit, dass es aktuell kein klimaneutrales Wilhelm-Brandenburg-Hähnchenfleisch mehr gebe.

Ich könnte diese Liste noch lange fortführen. Über Verpackungen und deren Ökobilanz haben wir, zum Beispiel, noch gar nicht geredet. Ja, es ist gut, dass PET-Flaschen, dank Einwegpfand, eine so gute Recyclingquote haben. Wirklich nachhaltig jedoch wäre es, Mehrwegflaschen anzubieten. Die Mehrwegquote bei Aldi und Lidl ist ... null. Wie eingangs erwähnt: Nachhaltigkeitsversprechen sind ein gutes Geschäft, und von guten Geschäften verstehen die Handelsriesen unzweifelhaft viel.

Der wahre Preis der billigen Lebensmittel

Ausgerechnet das Land der Dichter, Denker und Premiumprodukte made in Germany hat es geschafft, bei der Lebensmittelerzeugung zum Billighéimer Europas zu werden. Dänische und niederländische Fleischkonzerne schaffen ihre Mastschweine zum Schlachten nach Deutschland, weil es bei uns so billig ist. Welche Folgen das hat, konnten wir im Sommer 2020 eindringlich erleben: Das Corona-Virus verbreitete sich rasend schnell und flächendeckend in Deutschlands Schlachthöfen. Leiharbeiter aus Rumänien, die in Schlafsälen leben, in Kleinbussen zur Arbeit gekarrt werden und dann Schulter an Schulter im Akkord arbeiten, können nicht so gut Abstand halten. Der Landkreis Gütersloh, wo der Großschlachter Tönnies sitzt, musste damals wochenlang in den Lockdown.

Doch es braucht nicht erst eine Pandemie: In vielen Gegenden Deutschlands steigen in den letzten Jahren die Wasserpreise, weil das Trinkwasser dort so aufwendig aufbereitet werden muss. Insbesondere die Großmastanlagen, aber auch generell der intensive Düngereinsatz sorgen dafür, dass die Nitratbelastung extrem hoch ist. Deutschland reißt die Nitrat-Grenzwerte der EU, seit sie vor 30 Jahren eingeführt wurden. Mehr als ein Viertel aller Messstellen melden eine Verletzung des Grenzwertes, der bei 50 Milligramm je Liter Grundwasser liegt. Weil vor allem dort fleißig gedüngt wird, wo viel Gülle anfällt, ist etwa Niedersachsen mit seinen großen Ställen besonders betroffen.[11]

Die Folge für uns: Wir kaufen zwar unser Kotelett billig ein, bezahlen dafür aber mehr fürs Trinkwasser. Eine ungerechte Milchmädchenrechnung, denn die Wasserpreise treffen auch die, die immer Biofleisch kaufen. Oder gar kein Fleisch. Besser wäre, wenn wir das Verursacherprinzip anwenden würden: Dann würden negative Umweltfolgen, die etwa bei der Produktion von Lebensmitteln verursacht werden, nicht mehr von der Allgemeinheit bezahlt, sondern direkt in das Produkt eingepreist. Ich fände das fair.

Der Augsburger Wirtschaftswissenschaftler Tobias Gaugler von der Universität Augsburg hat am Beispiel des Discounters Penny in einer Fallstudie ermittelt, was einige gängige Produkte kosten müssten, wenn man alle Umweltfolgen in den Verkaufspreis integriert. Diesen Ansatz nennt man »True Cost Accounting«. Bei konsequenter Anwendung dieser Methode würden alle Lebensmittel zunächst mal teurer – was schlimmer klingt, als es ist, weil wir dieses Geld im Moment ja auch bezahlen, nur nicht an der Ladenkasse. Bei Fleisch und Wurstwaren beträgt der Preisaufschlag bei konventioneller Ware eindrucksvolle

---

11 Deutschland und die EU stritten sich jahrelang bis zur höchsten Instanz vor Gericht darum, wie das Problem zu lösen sei. Jetzt hat Brüssel die deutschen Düngeregelungen akzeptiert, allerdings mit dem Ergebnis, dass künftig deutlich mehr Flächen als belastet gelten. Statt auf bisher zwei Millionen Hektar Land müssten Landwirte künftig auf 2,9 Millionen Hektar mit weniger Dünger wirtschaften. Das sind 45 Prozent mehr als bislang.

146 Prozent, bei Biofleisch wären es 71 Prozent. Konventionell erzeugte Milchprodukte müssten 90 Prozent mehr kosten, Biomilch und -joghurt 40 Prozent mehr. Bei Gemüse und Obst ist der Aufschlag weniger groß, weil auch die Klimaschäden bei der Produktion viel geringer sind: Konventionelles Gemüse müsste 25 Prozent mehr kosten, Bioprodukte in diesem Segment werden offenbar fast schon nach dem Verursacherprinzip bepreist: Sie müssten nur 6 Prozent mehr kosten.

Im Penny-Feldversuch war das Resultat, dass Lebensmittel aus ökologischer Landwirtschaft plötzlich billiger waren als die konventionelle Ware oder zumindest kaum teurer. Ein schlagenderes Argument für die großflächige Umstellung auf ökologische Landwirtschaft kann es kaum geben.

Wer verdient an unserem Essen? – Das Wichtigste in Kürze:

🛒 Die vier großen Handelskonzerne in Deutschland – Aldi, Lidl, Rewe und Edeka – können durch ihre marktbeherrschende Stellung großen Preisdruck auf die Landwirtschaft und die Lebensmittelindustrie ausüben. Das schadet der Produktqualität und im Zweifel auch dem Klima.

🛒 Gerade bei konventionellen tierischen Produkten arbeiten viele Bäuer:innen fast zum Selbstkostenpreis.

🛒 Fleisch ist auch deshalb so extrem billig, weil ein Teil der Umweltfolgen nicht bei der Erzeugung bepreist wird – Stichwort Nitratbelastung der Böden und des Grundwassers. Die Folgen bezahlt die Allgemeinheit über Steuern und Abgaben.

🛒 Nachhaltigkeitsversprechen sind ein gutes Geschäft – weil wir bereit sind, für solche Produkte mehr Geld auszugeben. Leider gibt es keine gesetzlichen Vorgaben, was als nachhaltig bezeichnet werden darf. Vorsicht vor Greenwashing!

🛒 Die Folgekosten für Umweltschäden sind bei ökologischen Lebensmitteln deutlich niedriger als bei konventionell erzeugten Produkten.

Landwirtschaft anders denken

Ich möchte noch mal auf mein Beispiel eines typischen deutschen Speiseplans vor 100 Jahren zurückkommen. Als mein Großvater ein kleiner Junge war, ernährte ein Landwirt vier weitere Personen. Heute sind es 137 Menschen, also 34-mal mehr.[12] Das hat viel mit dem Einsatz von Maschinen zu tun, mit besserem Saatgut, mit moderneren Methoden. Und grundsätzlich ist es eine gute Entwicklung, dass weniger Arbeitskräfte mehr Menschen versorgen können. Eine effiziente Landwirtschaft ist wichtig. Aber ist das, was wir mit unseren Feldern und unseren Nutztieren anstellen, wirklich effizient?

Vielleicht ist das Problem, dass in den vergangenen Jahren immer nur von einem kurzfristigen Kostenblickwinkel aus argumentiert wurde. Ich denke, das ist ein Irrweg. Besonders anschaulich wird das, wenn man sich den Bereich der Milchviehhaltung anschaut.

Die Wegwerfkuh

Ich komme durch meinen Beruf als Dokumentarfilmerin oft auf Bauernhöfe. Ich bin dabei noch nie einem Landwirt begegnet, der seine Tiere mit voller Absicht schlecht behandelt, auch wenn es diese schwarzen Schafe natürlich

---

12 https://www.ble.de/SharedDocs/Downloads/DE/BZL/Informationsgrafiken/211125_Ein_LW_ernaehrt.jpg;jsessionid=8DB7986CAE9F838D18DD72F99C72DCF2.2_cid325?__blob=publicationFile&v=6

gibt. Ich treffe allerdings sehr wohl regelmäßig Menschen, die an den Zwängen, mit denen sie arbeiten müssen, verzweifeln. Die wider besseres Wissen auf eine Weise arbeiten müssen, die sie selbst nicht richtig finden. Zum Beispiel Rolf Trede, Milchbauer aus Schleswig-Holstein, bei dem ich im Auftrag des ZDF zum Drehen war, für einen Film über die Verwertung von Kälbern. Sein Betrieb beherbergte 140 Kühe, damit gehört er schon zu den größeren, die deutsche Durchschnittsgröße lag 2021 bei 70 Kühen pro Hof.

In der Gegend, wo der Hof von Bauer Trede steht, gibt es nur noch eine Molkerei, die die Milch der örtlichen Bauern einsammelt – im Bereich der Molkereien hat über die vergangenen Jahrzehnte ein immenser Konzentrationsprozess stattgefunden. 1950 gab es bei uns über 3400 milchverarbeitende Betriebe – das bedeutete nicht nur kurze Wege, es schaffte auch eine Wahlmöglichkeit für die Höfe, auf der Suche nach angemessenen Konditionen für ihre Leistung. 2021 waren nur noch 212 Molkereien mit mehr als 20 Mitarbeitern übrig. Für Familie Trede ist das ungünstig: Die Molkerei in ihrer Gegend produziert für die Lebensmittelindustrie, dort ist der Milchpreis besonders niedrig.

Ihre Kühe dürfen trotzdem jeden Morgen auf die Weide. Weidegang bedeutet allerdings Personalaufwand und damit Kosten, die die Familie aus eigener Tasche finanziert. Wie gesagt: Kaum jemand *will* seine Tiere schlecht behandeln. Aber spätestens bei den Kälbern stößt auch dieser

Hof an seine Grenzen. Ohne Kälber keine Milch. Trinken darf der Nachwuchs die aber nicht – das wäre zu teuer, im Angesicht des niedrigen Milchpreises zählt jeder Liter. Stattdessen gibt es sogenannten Milchtauscher. Rolf Trede lässt die Kälber so viel trinken, wie sie wollen, und die Pulvermilch bei ihm besteht aus Vollmilchpulver. Schon wieder etwas, wodurch er höhere Kosten hat als viele seiner Mitbewerber und das er selbst bezahlt; üblich ist die strikt mengenbegrenzte Fütterung mit Pulver auf der Basis von Palmöl. Gesetzlich müssen Kälber nur die immunstärkende sogenannte Biestmilch von der Mutterkuh bekommen. Danach beginnt für Milchbetriebe ein ruinöses Ringen um Effizienz.

Im Kälberstall steht ein zartes schwarz-weißes weibliches Kälbchen in einer Box. Zur Nachzucht braucht der Bauer das Tier nicht, er hat im Moment ausreichend Milchkuhnachwuchs. Also wird er es verkaufen. Der Marktwert: 10 Euro. Ich bin mit einem sehr schweren Herzen aus diesem Stall gegangen: Mir tat der Bauer leid, der seine Tiere so verramschen muss. Mir taten die Kälber leid, deren Aussicht auf ein Leben unter vertretbaren Bedingungen angesichts der ökonomischen Realitäten gering ist. Und ich habe mich gefragt, an welcher Stelle wir so dramatisch falsch abgebogen sind.

Kühe müssen regelmäßig kalben, damit sie Milch geben. Aber die Kälber moderner Milchkühe setzen kaum Fleisch an. Seit Jahren hält sich hartnäckig das Gerücht, dass manche Milchbauernhöfe schwache Kälber einfach verenden lassen, weil schon ein Tierarztbesuch mehr kostet, als das Kalb später einbringen wird, von Futter oder Arbeitseinsatz gar nicht zu reden. Ich habe das nie verifizieren können. Aber es ist offensichtlich, dass etwas schiefläuft, wenn Bauern überhaupt in eine Situation gelangen, wo der Tod eines Tieres die ökonomischere Lösung wäre.

Staatlich genehmigte Gesetzesbrüche

Bei Hühnern wurden jahrzehntelang ganz offen die männlichen Küken aus Legehennen-Zuchtlinien geschreddert oder vergast, weil die Mast dieser mageren Tiere – gezielt darauf hingezüchtet, dass jegliche Energie aus dem Futter in die Eierproduktion geht, nicht in einen Fleischansatz – sich wirtschaftlich nicht lohnte. Diese Kükentötung ist in Deutschland seit 1. Januar 2022 gesetzlich verboten.[13] Generell wäre auch zuvor in Deutschland die Tötung eines Tieres nur aus »vernünftigem Grund« zulässig gewesen. In der Auslegung des Gesetzgebers ist damit Fleischerzeugung gemeint. Schlechte Futterverwertung als Tötungsgrund fällt eindeutig nicht darunter. Die unter extremem Preisdruck operierenden Landwirt:innen haben also die Wahl zwischen Pest und Cholera: entweder Leistungseinbußen hinnehmen und draufzahlen. Oder sich am Rande

---

13 Ob die jetzt meist praktizierte Geschlechtsbestimmung im Ei (und anschließende Entsorgung der Eier mit Hahn drin) viel besser ist, ist in der Forschung umstritten: Es gibt keine gesicherten Erkenntnisse darüber, ab wann die Hühnerembryonen ein Schmerzempfinden haben.

des Gesetzesbruchs durchwurschteln. Im Fall der Küken gab es bis Ende 2021 Sondergenehmigungen.

Diese Situation ist Folge einer Fehlentwicklung, bei der es immer nur um Leistung und nicht um nachhaltiges Wirtschaften ging: 1855 gab eine Milchkuh in Deutschland 1150 Kilogramm Milch im Jahr.[14] Ihr Leben war damals zumindest von April bis November relativ nah an dem, was wir auch heute für tiergerecht halten würden. Wann immer möglich durfte sie auf die Weide, schon weil das die kostengünstigste und unkomplizierteste Weise war, sie mit Futter zu versorgen. Im Winter war sie mit hoher Wahrscheinlichkeit in einem Stall angebunden – das würden wir heute besser lösen –, aber ihr Futter stammte vom Hof, aus eigenem Anbau. Ihre Kälber hätte man auch damals vermutlich recht bald von der Mutter getrennt, aber zumindest wären sie ordentlich versorgt worden – weil sie als Masttiere oder als Milchkuhnachwuchs wirtschaftlich wertvoll waren.

Hundert Jahre später, 1950, hatte eine durchschnittliche deutsche Milchkuh laut statistischem Bundesamt ihre jährliche Milchleistung schon mehr als verdoppelt, auf 2349 Kilogramm Milch im Jahr – vor allem die Folge von verbesserten Zuchtmethoden. 2020 schaffte die Durchschnittskuh 8457 Kilogramm, mehr als das Dreifache der Fünfzigerjahre Kuh und fast achtmal so viel wie

---

14 https://buel.bmel.de/index.php/buel/article/view/53/Brade_Milcherz%20
-%2093%20-%20B%C3%BCL-html

ihre Ahnin im 19. Jahrhundert. Durch Zucht allein gelingt diese Steigerung nicht. Man muss die Kühe auch anders füttern.

Ich hatte vor einigen Jahren mal das zweifelhafte Vergnügen, die Eurotier in Hannover zu besuchen, die größte Nutztier-Messe der Welt. Dort wurden Rekordkühe präsentiert, die Milchleistungen von 15 000 Kilogramm und mehr schafften, blank gestriegelte Riesentiere mit monströsen Eutern. Die Kehrseite dieser Hochleistungszucht: Die Tiere sind nicht besonders robust. Eine ordentlich gehaltene Kuh kann problemlos 20 Jahre alt werden. Sie hat muskulöse Beine und eine gute Konstitution, weil sie sich viel bewegt, auf der Weide, und weil sie maßvoll das frisst, was die Natur für sie vorgesehen hat: Gras. Eine moderne Kuh steht viel rum – gut für die Milchmenge, weil so nicht unnötig Energie aus Futtermitteln durch Bewegung verbrannt wird. Und doch benötigt die Kuh, um die Milchleistung zu schaffen, Kraftfutter – nur mit Gras würde eine Hochleistungskuh glatt verhungern.

Wie nutzen wir unsere Ressourcen?

60 Prozent unserer landwirtschaftlichen Nutzflächen in Deutschland dienen dem Futteranbau für die Nutztierhaltung. Mehr als die Hälfte dieser Fläche wäre auch als Ackerland zu gebrauchen. Hier fängt unsere Art der Milchwirtschaft an, unnachhaltig zu werden: Mit dem Ertrag dieser Ackerflächen könnte man sehr viel mehr Menschen satt machen als über den Umweg durch die Kuh. Hinzu

kommt, dass die Turbokühe viel Eiweiß benötigen. Das stammt überwiegend aus Übersee: Soja, für das in Südamerika Regenwälder gerodet werden. Über das Ökosündenpotenzial dieser Praxis brauchen wir gar nicht zu reden: Verlust von CO_2-Speichern, Verschwinden von Biodiversität, die Energie beim Transport … das ist das Gegenteil von klimafreundlichem Wirtschaften.

Schlecht ist zudem, dass das billige Importsoja heimische Eiweißpflanzen verdrängt hat – Leguminosen wie die Ackerbohne oder Erbse, Lupinenarten oder Klee. Diese Pflanzen wären für eine klimaschonende Landwirtschaft besonders wertvoll: Als Teil einer klassischen Fruchtfolge bei der Ackernutzung verringern sie den Einsatz von Nitratdünger und tragen zur Humusbildung bei. Die Wurzeln von Leguminosen gehen darüber hinaus eine Symbiose mit Bakterien ein, die auf natürliche Weise Stickstoff aus der Luft binden – ein guter Nährstoff für die folgenden Pflanzen.[15] In der ökologischen Landwirtschaft, wo Importsoja nicht zugelassen ist, spielen diese heimischen Eiweißpflanzen eine wichtige Rolle, doch für die Produzenten von konventioneller Milch ist das selbst bei steigenden Milchpreisen nicht zu finanzieren.

15 Die Bundesregierung hat mittlerweile eine eigene Eiweißpflanzenstrategie zur Förderung heimischer Pflanzen. Im Bundeshaushalt 2021 waren dafür 4,8 Millionen Euro bereitgestellt. Zum Vergleich: Die Subventionen für den Flugverkehr, durch Steuerfreiheit von Flugbenzin und den Verzicht auf eine Mehrwertsteuer bei internationalen Flügen betrug 2016 11,8 Milliarden – so viel zu den Prioritäten …
Mehr Informationen dazu gibt es hier: https://www.bmel.de/DE/themen/landwirtschaft/pflanzenbau/ackerbau/eiweisspflanzenstrategie.html

Europäische Kühe im Jahr 1855 waren sogenannte Dreinutzungsrinder: Die Kühe gaben Milch, die Stiere wurden meist kastriert und dienten dann als Zugtiere oder zur Mast. Dass wir heute mit Maschinen pflügen und nicht mehr mit Ochsen, ist ganz sicher eine positive Errungenschaft der modernen Landwirtschaft. Weniger gut ist, dass unsere Rinder heute noch weiter spezialisiert sind: Die meisten Milchkühe in Deutschland, 59 Prozent, sind sogenannte Schwarzbunte – diese Rasse verwandelt alles, was man an sie hinfüttert, in Milch. Auch Familie Trede hält schwarz-bunte Rinder wegen der Milchleistung. Sonst käme noch weniger Ertrag rein. Doch mit der Konsequenz, dass sie ihre Kälber im Grunde verramschen müssen. Denn die Mast dieser Kälber, die kaum Fleisch ansetzen, lohnt sich für Mastbetriebe nur, wenn sie für die Tiere praktisch nichts bezahlen müssen.

Der verschwenderische Umgang mit der Ressource Tier geht noch weiter: Eigentlich erreicht eine Kuh erst beim fünften Kalb ihre Milchhöchstleistung. Diesen Zeitpunkt erleben die meisten Milchkühe jedoch gar nicht. 2016 schlugen Tierärzte in ihrer »Göttinger Erklärung«[16] deswegen Alarm: 60 Prozent der Kühe würden in den Perioden erkranken, während sie Milch geben, die Folge seien »frühzeitige Abgänge« spätestens zur dritten sogenannten Laktationsperiode.

---

16 https://www.wir-sind-tierarzt.de/download/AVA_GOE_Erklarung_April_
   2016.pdf

In normales Deutsch übersetzt heißt das: Die Kuh bekommt zwei, maximal drei Kälber und landet dann auf dem Schlachthof, weil die Leistung nicht mehr stimmt oder weil sie so oft behandlungsbedürftig krank ist, dass sich ihre Milch nicht verwerten lässt, etwa wegen der verabreichten Antibiotika. Ausgemusterte Milchkühe werden bei uns in aller Regel zu Hackfleisch verarbeitet.[17] Deshalb kann diese Fleischsorte auch so besonders billig vermarktet werden: Im Grunde geht es hier ja nicht vorrangig um Fleischerzeugung, sondern um eine Art Entsorgung. Wie gesagt: Eine »normale« Kuh kann 20 Jahre alt werden ...

Klimakiller Kuh?

Jetzt könnte man natürlich argumentieren, dass es doch gut ist, wenn unsere viele Milch von immer weniger Kühen erzeugt wird. Wo doch Kühe durch ihre schiere Existenz so eine enorme Klimabelastung darstellen. Ist es da nicht sinnvoll, das Produzieren von Milch dann wenigstens so effizient wie möglich zu tun?

Auf den ersten Blick wirkt das folgerichtig: Pro Kilo Milch werden 940 Gramm CO_2-Äquivalente freigesetzt. Zum Vergleich: Die gleiche Menge Kartoffeln setzt nur 199 Gramm CO_2-Äquivalente frei. Bei Erzeugnissen aus

---

17 Das gilt übrigens auch für die Hackfleisch-Patties des Burger-Riesen McDonald's – wenn man in Bayern einen Burger isst, hat man mit einer gewissen Wahrscheinlichkeit eine Kuh auf dem Teller, die ihr Leben angebunden in einem Stall verbracht hat. Laut Bayerischem Bauernverband wurden 2022 noch 30 Prozent aller Milchkühe im Land in Anbindehaltung gehalten. In diesem Fall ist »regional« also nicht unbedingt ein Gütezeichen...

ökologischer Landwirtschaft ist die Bilanz etwas besser, aber nicht maßgeblich: Das Kilo Biomilch kommt auch noch auf 883 Gramm.[18] Neben der eingesetzten Energie – Melkmaschinen, Traktoren, Futtermitteltransport – spielt hier auch die Verdauung der Tiere eine Rolle: Kühe pupsen Methan, ein Treibhausgas, dessen Wirkung noch schädlicher ist als die von Kohlendioxid. Und Kühe auf der Weide stoßen sogar noch etwas mehr Methan aus als ihre Schwestern im Stall mit Kraftfutter, weil die rohfaserreiche Nahrung die Verdauung anregt.

Aber beim Thema Nachhaltigkeit geht es eben nicht nur um die Emission von Treibhausgasen, sondern um ein sehr viel komplexeres Bild. Auf den meisten Kuhweiden könnten wir nicht einfach alternativ Kartoffeln anbauen, weil die Qualität der Böden das nicht hergibt. Außerdem speichert Grünland sehr viel mehr CO_2, als Ackerboden das vermag. Ein besonders guter CO_2-Speicher wird Weideland, wenn es mit Moorflächen kombiniert ist – die Trockenlegung von Mooren, um sie in Ackerflächen umzuwandeln, gehört zu den großen Klimasünden der Landwirtschaft. Das in Teilen rückgängig zu machen wäre ein wertvoller Schritt hin zu einem nachhaltigeren Wirtschaften.

Grünland ist also per se schon mal klimadienlich. Grünland mit Kuh ist unterm Strich, trotz der Methan-Pupse, noch klimadienlicher: Kühe auf der Weide sorgen für mehr Humus im Boden, durch das Zertrampeln der Gräser und

---

18 https://www.oeko.de/oekodoc/328/2007-011-de.pdf

die Düngung durch ihre Ausscheidungen, Urin und Kot. Der höhere Humusanteil verbessert die Durchwurzelung und Wasserspeicherfähigkeit des Bodens, außerdem wachsen mehr und dichtere Pflanzen, die dann wieder mehr CO_2 speichern. Die Kuhfladen sind eine Art Büfett für Insekten und Mikroorganismen – Artenvielfalt live … Es spricht also einiges dafür, Kühe zu halten, dort, wo man mit dem Boden nichts anderes anstellen kann. Allerdings viel weniger Kühe, als wir das heute tun. Selbst bei unserer heutigen Art, uns zu ernähren, mit viel mehr Fleisch und Milch als unsere Vorfahren, waren wir 2020 bei Milch in Deutschland bei einem Selbstversorgungsgrad von 112 Prozent. Bei Fleisch sind es sogar 118 Prozent. Wenn wir uns also einerseits auf traditionelle Ernährungsgewohnheiten besinnen würden und deutlich weniger konsumieren und andererseits nur noch das produzieren, was wir verbrauchen, dann könnten wir durchaus zu einem klimagerechten Umbau der Tierhaltung kommen.

Klimafreundlich Landwirtschaften

Beim Dreh für den Film über Kälber habe ich auch einen Betrieb besucht, der ganz anders arbeiten kann als der eingangs erwähnte Bauer in Schleswig-Holstein. Weil das Verhältnis zwischen Preis und Leistung dort stimmt. Marina und Albert Stürzer halten auf dem Hairerhof im bayerischen Wall 35 Kühe, sogenannte Zweinutzungsrinder. Diese Kühe verbringen den größten Teil des Jahres auf der Weide. Auch im Winter, wenn Schnee liegt, dürfen die Tiere manchmal raus, einfach so, weil es ihnen so großen Spaß macht. Wer daran zweifelt, dass Kühe nach draußen gehören, und meint, dass sie es in einem Stall genauso gut haben, dem empfehle ich das hier verlinkte Video von einem Weidegang der Kühe im Schnee![19]

Die Kühe behalten ihre Hörner – kein Problem, weil sie ihre Rangordnung entspannt und mit viel Platz aushandeln können. Zufriedene Kühe sind nicht aggressiv. Sie fressen das, was der Boden des Hairerhofs hergibt. Dadurch schaffen sie nicht die Turboerträge einer schwarzbunten Hochleistungskuh, aber es reicht, um den Stürzers ihr Auskommen zu sichern. Es reicht sogar, obwohl der Hof mit Mutterkuh-gebundener Kälberhaltung arbeitet: Das bedeutet, dass die Kälber ein paar Tage bei ihrer Mutter bleiben und trinken. Danach werden mehrere Kälber von einer sogenannten Ammenkuh gesäugt und haben täglich direkten Kontakt zu ihren Müttern. Das funktioniert deshalb, weil die Stürzers Demeter-Heumilch produzieren, für einen Abgabepreis, der mit 60 Cent am oberen Rand dessen liegt, was Bauern für ihre Milch erzielen können. Und es funktioniert, weil sich der Hairerhof in der Initiative Biokalb Oberland engagiert und so eine ökonomisch tragfähige Vermarktungsmöglichkeit für die überzähligen Kälber gefunden hat, vor allem für die kleinen Stiere, die nicht dauerhaft auf dem Hof bleiben können. In dieser Initiative haben sich 12 Landwirte aus der Gegend zusammenge-

---

19 https://www.instagram.com/p/Cb6pfYKoNbp/

schlossen, die ihre Kälber an Mäster in der Region geben und alles Fleisch, das anfällt, direkt vermarkten: Kalbfleisch, Jungrinder und auch »alte Kuh«, das Fleisch der Milchkühe am Ende ihres Lebens, das hier allerdings sehr viel länger ist als im durchschnittlichen deutschen Milchviehbetrieb. Bei diesen Verkaufsaktionen wird das Fleisch in gemischten Paketen verkauft, mit Edelteilen wie Entrecote oder Filet, aber auch mit Schmorfleisch, Hack und Gulasch. Dadurch ist der Preis absolut bezahlbar: 18 Euro pro Kilogramm – für Biofleisch in Demeter-Qualität und für das schöne Gefühl, dass die Fleischlieferant:innen ein wirklich gutes Leben hatten.

Massenproduktion geht so natürlich nicht. Aber vielleicht ist das ja auch gerade gut. Denn die Weise, wie wir mit unseren Ressourcen umgehen, geht nicht nur zulasten von Tierwohl oder von Bodenqualität. Die Welternährungsorganisation FAO geht davon aus, dass Farmarbeiter:innen eines konventionellen Betriebs durch ihren Kontakt mit Pestiziden im Schnitt einen gesundheitlichen Schaden davontragen, den die FAO mit 3000 Euro in 10 Jahren beziffert. Ebenfalls aufs Konto der Pestizide geht der Verlust von etwa drei Vierteln unserer Insekten-Biomasse. Im Moment wirtschaften wir extrem unnachhaltig, und es ist offensichtlich, dass wir uns das nicht unbegrenzt werden leisten können. Am eindeutigsten in Deutschland ist das beim schon erwähnten Problem mit der Gülle. Unser Bauernhof von 1850 hätte die perfekte Kreislaufwirtschaft betrieben: Die Gülle aus dem Stall nährt die Pflanzen auf dem Acker, ein Teil der Ernte landet wieder im Futtertrog der Tiere. Auf Biohöfen, wo nur so viele Tiere gehalten werden dürfen, wie der eigene Boden ernährt, funktioniert das bis heute. Wer jedoch die Besatzzahl hochtreibt, durch Importfutter, der erzeugt große Überschüsse an Gülle, die dann unser Grundwasser mit gesundheitsschädlichem Nitrat belasten. Kein Zufall, dass die Problemregionen in Deutschland fast alle Gegenden mit großen Tiermastbetrieben sind ... Es ist schon bemerkenswert: Viele Konzepte, mit denen Studienprojekte gerade Probleme wie Erosion und Versteppung bekämpfen wollen, klingen schwer nach »zurück in die Zukunft«. »Agroforst« zum Beispiel, was die Technische Universität Cottbus gerade in der Lausitz erprobt, war früher der Normalfall: Bäume und Sträucher zwischen zwei Feldern. Übrigens ist die oben genannte Kreislaufwirtschaft ein Grund, warum vegane Landwirtschaft von einigen Experten für nicht sonderlich effektiv gehalten wird: Ohne tierischen Dünger, neben Gülle sind das zum Beispiel Hornspäne, funktioniert Landwirtschaft nur dort, wo die Böden von guter Qualität sind und wo nicht starker Regen regelmäßig Nährstoffe aus dem Boden wäscht.

Ein Team um den Nachhaltigkeitsforscher Michael Clark von der Universität Oxford hat 2020 in der renommierten Fachzeitschrift *Science* eine alarmierende Studie veröffentlicht.[20] Der Forscher stellt darin eine interessante

20 https://www.science.org/doi/10.1126/science.aba7357

Rechnung auf: Selbst wenn wir sofort jegliche Verbrennung fossiler Brennstoffe außerhalb der Lebensmittelerzeugung einstellen würden – Kohlekraftwerke, Autos mit Verbrennermotor, Flugzeuge und, und, und – würden wir die Begrenzung der Erderwärmung auf 1,5 Grad dennoch nicht schaffen, wenn wir unsere Nahrung weiter so produzieren wie heute. Die Forscher zeigen allerdings auch auf, wie das verhindert werden kann: weniger tierische Produkte, Lebensmittelverschwendung halbieren, effizienter Landwirtschaft betreiben. Nicht alles davon können wir mit unseren Konsumentscheidungen steuern, manches aber eben doch.

Wir reden hier nicht von ein paar »Nice to have«-Anstrengungen. Der Umbau unserer Landwirtschaft ist überlebensnotwenig für die Zukunft unseres Planeten, und das gilt übrigens nicht nur für die Tierhaltung, sondern auch für den Ackerbau, mit seinen Monokulturen, dem undifferenzierten Düngemitteleinsatz, den Pestiziden.

Wer an unserem Essen verdienen sollte

Was mich vielleicht am meisten stört an der aktuellen Art und Weise, wie unsere Landwirtschaft funktioniert oder besser gesagt nicht funktioniert, ist die fehlende Gerechtigkeit bei der Verteilung der Erlöse. Um noch mal auf mein Beispiel vom Anfang zurückzukommen: Ich möchte, dass die Menschen, die meine Lebensmittel erzeugen, fair bezahlt werden, ob auf dem Milchhof im Allgäu oder der

Kaffeeplantage in Nicaragua. Leider sind Handelspreise dafür nicht unbedingt ein Indikator. Die Milch der Marke Weihenstephan aus dem Molkerei-Imperium Müllermilch gehört zu den teureren Produkten, der Milchpreis, den die Molkerei an die Höfe weiterreicht, liegt eher im unteren Bereich.

Und dabei ist Milch noch ein Lebensmittel, bei dem gemäß Erhebungen des Bundesinformationszentrums Landwirtschaft vergleichsweise viel vom Verkaufserlös bei den Landwirten landet, nämlich 35 Prozent. Wirklich ernüchternd an diesen Zahlen ist auch hier wieder die historische Entwicklung: Bei Fleisch waren es 1970 immerhin 44 Prozent vom Verkaufspreis, die an den Bauern gingen, heute sind es noch 21. Noch extremer ist die Veränderung bei Kartoffeln, in 50 Jahren von 63 auf 26 Prozent.[21] Ausgerechnet diejenigen, die mit ihrer Arbeit unsere Versorgung sicherstellen, bezahlen also die Zeche für unsere billigen Lebensmittel.

Mit dem Unbehagen darüber bin ich offensichtlich nicht allein: Forscher der Uni Göttingen haben 2016 am Lehrstuhl »Marketing für Lebensmittel und Agrarprodukte« erhoben, dass die Kundschaft den Bäuer:innen gerne mehr Geld zukommen lassen möchte.[22] In Schweden, so die Studie, werde dieser Wunsch an der Ladenkasse erfüllt:

---

21 https://www.ble.de/SharedDocs/Downloads/DE/BZL/Informationsgrafiken/220114_Lebensmittel-Preise.jpg;jsessionid=8DB7986CAE9F838D18DD72F99C72DCF2.2_cid325?__blob=publicationFile&v=1
22 https://www.sciencedirect.com/science/article/abs/pii/S0167487016301453

Dort könne jeder beim Einkauf freiwillig 10 Cent mehr bezahlen; zwei Drittel machen das demnach. Der deutsche Discounter Netto, der zur Edeka-Gruppe gehört, hat schon 2008 das »Ein Herz für Erzeuger«-Label eingeführt: Bei so gekennzeichneten Produkten geht ein Aufschlag von 10 Cent an die teilnehmenden landwirtschaftlichen Betriebe. 2019 waren das immerhin 2,9 Millionen Euro. Die Verbraucherinitiative Label Online stellt dem Siegel ein gutes Zeugnis aus: Die Kriterien seien transparent und nachprüfbar.

Wir können mit unserem Einkaufsverhalten direkt etwas ändern. Und dabei nicht nur der Landwirtschaft, sondern auch dem Klima helfen.

Landwirtschaft anders denken – Das Wichtigste in Kürze:

🛒 Der Anbau von Futtermitteln für die Nutztierhaltung, auf Böden, die für Ackerbau nutzbar wären, ist Ressourcenverschwendung.

🛒 Ebenfalls ein großes Problem: Soja aus Übersee, für das Regenwälder gerodet wurden.

🛒 Ein großes Problem in Bezug auf Nachhaltigkeit sind die spezialisierten Rassen bei Rindern und Hühnern. Wer gezielt Produkte von Zweinutzungsrassen kauft, handelt nachhaltiger.

🛒 Milchviehhaltung ist nicht automatisch eine Klimasünde. Für manche Böden ist das die beste Nutzung.

🛒 Klassische Fruchtfolgen sind besser für die Bodengesundheit als Monokulturen.

🛒 Es trägt zur Nachhaltigkeit der Landwirtschaft bei, gezielt nach Produkten zu suchen, die zu fairen Preisen gehandelt werden.

Kampf der Lebensmittelverschwendung

Wenn man selbst etwas ausgefressen hat, ist eine beliebte Strategie, jemand anders zum Sündenbock zu machen. Zum Beispiel in der Debatte ums Thema Lebensmittelverschwendung. Seit über 10 Jahren appelliert das Bundesministerium für Ernährung und Landwirtschaft an uns Verbraucher:innen, dass wir doch bitte, bitte nicht so viele Lebensmittel wegwerfen sollen. Unter dem Slogan »Zu gut für die Tonne«[23] werden Tipps gegeben, wie wir alle sorgsamer mit Nahrung umgehen können; diese Kampagne hatte im Bundeshaushalt 2016 immerhin ein Jahresbudget von einer Million Euro.

Die schlechteste Klimabilanz haben jene Lebensmittel, die erzeugt und dann nicht mal gegessen werden, das ist so weit richtig. Doch bei aller Sympathie für gemeinsame Anstrengungen ärgert mich diese Art der Kommunikation. Denn sie mogelt sich darüber hinweg, wo aus meiner Sicht das richtig große Ärgernis liegt: Warum ist es noch immer so, dass Bauernhöfe einen erheblichen Teil ihrer Ernte nicht vermarkten können, weil er nicht den gängigen Handelsvorgaben entspricht?

---

23 Da solche Tipps unabhängig von der politischen Agenda dahinter natürlich eine gute Idee sind, hier die Adresse: www.zugutfuerdietonne.de

Zu hässlich für den Handel

Zum ersten Mal bin ich dem irrsinnigen Beauty-Contest auf deutschen Bauernhöfen bei einem Zwiebelbauern in der Oberpfalz begegnet. Eigentlich war ich dort, um von seinem Problem mit der Billigkonkurrenz aus China zu berichten, darüber, wie er seine bayerischen Zwiebeln bei der Industrie deshalb nicht loswird. Beim Dreh schlenderten wir durch eine große Halle mit riesigen Haufen von Zwiebeln und Kartoffeln. »*Ah, Ihr Lager*«, sagte ich, ohne mir groß etwas dabei zu denken. »*Keineswegs*«, sagte der Landwirt. »*Das hier geht alles in die Biogasanlage.*« Wir reden hier nicht von minderwertiger Ware. Die Zwiebeln und Kartoffeln wären problemlos verzehrbar. Sie hatten nur nicht die der Handelsnorm entsprechende Form. Oder die richtige Größe. Haben Sie sich schon mal gewundert, wie es sein kann, dass alle Möhren in einem Kilogramm-Beutel praktisch gleich groß und kerzengerade sind? Hier ist die Erklärung: Die Möhren, die dieses Schönheitsideal nicht erfüllen, haben es nie bis in den Laden geschafft. Ähnlich läuft es mit praktisch allen Erzeugnissen vom Acker. Obst können die Höfe wenigstens noch an Saftproduzenten verschleudern, mit deutlichem Preisabschlag. Wasserhaltiges Gemüse, etwa Gurken oder Zucchini, verlässt den Acker gar nicht erst, sondern wird schlicht wieder untergepflügt, weil der Brennwert für die Biogasanlage nicht ausreicht.

Jetzt ist es aus meiner Sicht eh fragwürdig, dass wir einen erheblichen Teil unserer Ackerfläche – 2017 war es ein Fünftel! – für sogenannte Energiepflanzen nutzen, anstatt für Pflanzen, die anschließend jemand isst. Und dann noch verzehrfähige Lebensmittel, weil der Handel sie nicht will? Unsere Nachbarn in Dänemark machen vor, wie es auch bei uns anders gehen würde: Dort verarbeiten die Biogasanlagen in erste Linie Gülle, Mist und organische Abfälle aus Restaurants und Industrie. Verschwendungsvermeidung also statt organisierter Verschwendung. Die Anlagen erzeugen damit ein Viertel des dänischen Gasbedarfs; in einem Interview mit der Deutschen Welle erklärte ein Betreiber, dass sie das leicht auf das Vierfache steigern könnten. 100 Prozent Gas aus echten Abfallprodukten – so geht Unabhängigkeit von russischem Gas auch …

Aber zurück zum zu krummen Gemüse: Vielen wird jetzt die Gurke einfallen, die in Europa nur gerade wachsen darf. Kaum etwas hat der EU so anhaltend schlechte Presse eingebracht wie die berüchtigte Verordnung Nr. 1677/88/EWG: Sie normierte von 1988 bis 2009 den Krümmungsgrad von Gurken und ordnete sie bestimmten Handelsklassen zu. Unter anderem legte die Verordnung fest, dass eine Gurke der Handelsklasse »Extra« maximal eine Krümmung von 10 Millimetern auf 10 Zentimetern Länge aufweisen durfte. Diese Regelung war keineswegs eine Schnapsidee irrer EU-Bürokraten. Es war der ausdrückliche Wunsch des Handels. Gerade gewachsene Gurken lassen sich besser stapeln. Wie oben erwähnt gilt diese Verordnung schon lange nicht mehr – möglicherweise wollten sich die zuständigen Beamten nicht mehr länger bashen lassen. Der

Handel lief gegen die Abschaffung Sturm. Die wichtigsten Großhändler arbeiten bis heute mit den alten Vorgaben, als interne Normierung, und selbstverständlich würden Händler immer argumentieren, dass sie uns damit einen großen Gefallen tun, weil der Kunde das genauso will und lieber hübsches Gemüse kauft. Dabei ist die Krümmung der Gurke für uns total egal, wir stapeln ja nie 50 Gurken auf einmal.

Traue keiner Statistik

In der langjährigen Kommunikationsstrategie der deutschen Verantwortlichen sind nicht blöde Regeln schuld an der Verschwendung, sondern wir, die Kundschaft. Bei uns zu Hause. 52 Prozent der Lebensmittel, so das Bundesministerium für Ernährung und Landwirtschaft, werden im Haushalt verschwendet, 75 Kilogramm pro Kopf und Jahr. Mir kam diese Zahl immer schon sehr hoch vor – ich werfe definitiv keine 200 Gramm verdorbene oder überzählige Lebensmittel am Tag weg. Des Rätsels Lösung: Dinge, die man gar nicht essen kann, die wir aber mitkaufen, zählen auch mit. Der Kotelettknochen, zum Beispiel. Oder die Walnuss-, Eier-, Mandarinen- und Kürbisschalen. Oder der Strunk der Ananas. Teile, die vielleicht in besagter Biogasanlage nutzbar wären, aber ist es wirklich Verschwendung, wenn ich keine alternative Nutzung für die Zitronenschalen gefunden habe? Muss ich ab sofort literweise Limoncello produzieren, um den schwarzen Peter der Verschwenderin loszuwerden?

Ich fände es enorm spannend, mal eine Studie zu lesen, für die ungenießbare Bestandteile unserer Lebensmittel aus dieser Statistik rausgerechnet würden. Dann stünden Landwirtschaft, Handel und Lebensmittelindustrie gleich erheblich schlechter da. Und wir wären in einem Bereich, wo sich mit gesetzlichen Vorgaben schnell viel erreichen ließe. Hier geht es mir gar nicht nur um Nachhaltigkeit – das Einkommen vieler landwirtschaftlicher Betriebe wäre gleich viel auskömmlicher, wenn sie ihre gesamte Ernte ökonomisch sinnvoll vermarkten könnten.

Im Koalitionsvertrag der Ampel kommt das Thema Lebensmittelverschwendung vor. Dort heißt es: *»Die Reduzierung der Lebensmittelverschwendung werden wir gezielt weiterverfolgen und dabei die gesamte Wertschöpfungskette einbeziehen. Für die Reduzierung vermeidbarer Lebensmittelabfälle in der Lebensmittelwirtschaft werden wir mit den Beteiligten Zielmarken vereinbaren. Die Initiative ›Zu gut für die Tonne‹ wird mit den Ländern zu einer nationalen Strategie weiterentwickelt. Wir werden das Mindesthaltbarkeitsdatum überprüfen, um die Verschwendung von Lebensmitteln zu vermeiden.«*

Ich hoffe sehr, dass damit die Klöckner'sche Ära der freiwilligen, völlig fruchtlosen Selbstverpflichtungen der Industrie endgültig beendet ist! In Frankreich sind etwa Supermärkte mit einer Ladenfläche von mehr als 400 Quadratmetern schon seit 2016 verpflichtet, unverkaufte Lebensmittel an örtliche Tafeln oder andere gemeinnützige Organisationen zu spenden. Tun sie das nicht, droht eine Geldstrafe von mindestens 3750 Euro. Auch das Unterpflügen essbarer Feldfrüchte könnte man schlicht verbieten. Ich bin gespannt auf die Vorschläge des (gar nicht mehr ganz so) neuen Bundeslandwirtschaftsministers.

Adieu, Mindesthaltbarkeitsdatum

Als erster Schritt gegen die sinnlose Vergeudung von Lebensmitteln würde ich mir die Abschaffung des Mindesthaltbarkeitsdatums wünschen. Viele Lebensmittel sind viel länger gut konsumierbar. Das Greenpeace-Magazin hat vor einiger Zeit mal einen Selbstversuch gestartet und 12 abgepackte Produkte über den Ablauf des Datums hinaus gelagert. Der Käseaufschnitt war 22 Tage später noch verzehrfähig, ein Kräuterfrischkäse 70 Tage später. Der Test endete ein halbes Jahr nach dem Einkauf, zu diesem Zeitpunkt waren ein Naturjoghurt im Becher, ein eingeschweißter Käse am Stück, eine Packung Tofu und Tortellini mit Käse immer noch gut essbar, obwohl das Mindesthaltbarkeitsdatum längst verstrichen war. In den heimischen Vorratsschränken stöberte das Redaktionsteam unter anderem Erbsen von 2011 und Korinthen von 2014 auf, laut Laborbefund ebenfalls noch problemlos essbar. Und den Geschmackstest bestanden die Schrankfunde auch. Eigentlich gar nicht so erstaunlich: Es heißt ja »mindest«. Trotzdem verunsichert dieses Datum beim Einkauf und veranlasst viele dazu, nach dessen Ablauf die Lebensmittel wegzuwerfen. Ganz offensichtlich werden diese Daten von der Industrie sehr knapp gesetzt. Ich kann das nachvollziehen: Lebensmittelhersteller wollen eben unbedingt verhindern, dass ihre Kundschaft schlechte Erfahrungen mit ihren Produkten macht.

Die EU-Kommission arbeitet gerade an einer Reform der entsprechenden Regelungen. Und beseitigt bei der Gelegenheit hoffentlich auch gleich das Verbot des sogenannten Containerns: Schlimm genug, wenn Supermärkte verzehrfähige Lebensmittel wegwerfen. Warum das Herausfischen dieser Lebensmittel aus dem Müll dann aber strafbar sein soll, verstehe ich wirklich nicht.

Kampf der Lebensmittelverschwendung – Das Wichtigste in Kürze:

🛒 Lebensmittel wegwerfen ist besonders klimafeindlich: Ressourcen nutzen und dann nicht mal verwenden geht gar nicht.

🛒 Das Mindesthaltbarkeitsdatum sagt nicht viel darüber aus, ob ein Produkt noch essbar ist.

🛒 Wer gezielt Waren kauft, deren Mindesthaltbarkeitsdatum kurz vor dem Ablauf steht, verhindert aktiv Lebensmittelverschwendung.

🛒 Unter den jeweiligen Produktkategorien finden Sie in diesem Buch Informationen dazu, wie man Lebensmittel am besten lagert.

🛒 Ab Seite 279: meine liebsten Essensretter-Adressen.

Die Einkaufsrevolution

Wir Verbraucher:innen haben viel mehr Macht, als uns bewusst ist. Mit jedem Einkauf stimmen wir gewissermaßen darüber ab, welche Art Ware wir haben möchten. Was sich nicht verkauft, wird auch nicht produziert. Ich möchte Sie ermutigen, diese Macht viel häufiger gezielt einzusetzen. Wir können mittelfristig an den Bedingungen schrauben, wie unser Essen produziert wird, indem wir Politiker:innen wählen, die einen nachhaltigen Umbau unserer Landwirtschaft vorantreiben. Aber wir können auch kurzfristig ganz direkt aktiv werden – indem wir diejenigen mit unseren Konsumentscheidungen unterstützen, die es heute schon gut machen. Und denen auf die Zehen treten, die intransparent oder unnachhaltig produzieren. Es ist allerhöchste Zeit für eine Einkaufsrevolution!

Nachhaltig einkaufen – eine Geldfrage?

Wenn ich eine Hitliste der meistgenannten Einwände gegen nachhaltiges Einkaufen schreiben müsste, wäre dieser hier klar auf der Eins:

> *»Klar, dass Sie Biolebensmittel kaufen können, Sie verdienen ja auch gut. Aber mit Hartz IV ist das nicht zu schaffen!«*

Im Angesicht der rasant steigenden Lebenshaltungskosten, infolge des Ukrainekriegs, liegt die Versuchung nahe, doch lieber wieder vor allem billig einzukaufen. Warum das für uns alle trotzdem teuer ist, habe ich weiter vorn schon geschildert. Und klar wäre es wünschenswert, dass der Gesetzgeber für realistischere Preise sorgt, die die Umweltschäden nicht vergemeinschaften.

Doch bis das irgendwann vielleicht mal Gesetz wird, müssen wir ja dennoch weiter einkaufen. Also doch lieber Schnäppchenjagd als Klimarettung? Weil es mit schmalem Budget nur so geht? In meiner Zusammenarbeit mit Fernsehkoch Tim Mälzer haben wir oft Biolebensmittel als positive Beispiele genannt. Und der Vorwurf, dass die ein Luxus für Gutverdiener seien, begleitete uns schon damals. Bis wir für einen unserer ARD-Filme ein Experiment machten: Eine fünfköpfige Familie bekam von uns das damals geltende Hartz-IV-Budget für Lebensmittel.[24] Sie durften nur Bioware einkaufen und nichts aus den vorhandenen Vorräten nutzen. Als wir nach einer Woche Kassensturz machten, hatte die Familie sogar noch 7 Euro übrig. Der Weg dahin war relativ einfach und entspricht genau den Spielregeln, die auch für eine klimaschonende Ernährung gelten: kaum verarbeitete Lebensmittel, nur Obst und Gemüse aus der Region, das gerade Saison hatte – und deutlich weniger Fleisch. Besonders in Erinnerung ist mir

---

24 Wir hätten den Test damals übrigens noch lieber mit einer Familie gemacht, die tatsächlich von Hartz IV lebt. Das scheiterte daran, dass wir diese Familie für ihren Aufwand nicht hätten entschädigen dürfen – das hätte als Zuverdienst gegolten und wäre ihnen von ihren Hartz-IV-Einkünften wieder abgezogen worden … irgendwie konnte ich verstehen, dass sich daraufhin niemand fand.

die Szene geblieben, als die Hausherrin Chili con Carne kochte, unter Anleitung von Tim Mälzer. Der reduzierte als Erstes den Fleischanteil: *»Ey, ganz ehrlich, ich bin Gastronom. Wenn ich da so viel reinhaue wie du, bin ich sofort pleite.«* 80 Gramm Hack statt 200 pro Person, wie die Mutter den Eintopf sonst zubereitet hätte – und es schmeckte allen genauso gut wie sonst.

DISCOUNTER	BIOSUPERMARKT
TK Pizza Salami	**Pizza Margherita, selbst gemacht**
1,65 pro Portion	1,20 pro Portion
Chili con Carne mit 200g Hack	**Chili con Carne mit 80g Hack**
2,50 pro Portion	2,35 pro Portion
Spaghetti mit Tomatensoße als Fertigpackung[25]	**Spaghetti mit Tomatensoße, selbst gekocht**
0,75 pro Portion	0,80 pro Portion

Nun ist dieses Experiment ein paar Jahre her, jetzt ist in Osteuropa Krieg, und alles ist teurer. Deshalb habe ich im Juli 2022 einen aktuellen Testeinkauf gemacht, mit ein paar Mustergerichten, um herauszufinden, ob klimafreundliches Einkaufen wirklich so budgetschädlich ist,

---

25 Hier muss ich noch etwas dazu loswerden: Als Maßzahl waren bei dieser Packung 5 Portionen bei 400 Gramm Nudeln angegeben. Ein schönes Beispiel dafür, wie die Industrie ihre Produkte verkauft. In jedem Rezept für Nudelgerichte wird mit 100–125 Gramm pro Portion gerechnet. Ich habe die Packung deshalb für vier Personen kalkuliert.

wie viele glauben. Auf der einen Seite steht der Preis im Discounter und, weil diese Produkte nun mal viel gekauft werden, teilweise unter Einsatz von Fertigzutaten oder -gerichten, auf der anderen der Preis für ein selbst gekochtes Gericht aus dem Biosupermarkt.

Sie sehen schon: Zwei Faktoren machen die Sache bezahlbar: weniger Fleisch und selbst kochen. Selbst gemachter Pizzateig lässt sich übrigens wunderbar portionsweise einfrieren und taut sehr schnell auf. In vielen Gerichten lässt sich der Fleischanteil reduzieren oder das Fleisch ganz weglassen, ohne dass das zulasten des Geschmacks geht. Bei Fleisch ist der Preisunterschied am größten – ungerechterweise, wie wir weiter vorn gesehen haben, daran kann nur die Politik etwas ändern. Doch wer unter der Woche öfter Fleisch weglässt, kann sich den Sonntagsbraten dann auch in Bioqualität leisten. Ich war vom Ergebnis meines Testeinkaufs ehrlich gesagt selbst positiv überrascht. Dass meine Biovarianten meist sogar billiger sein würden, hatte ich nicht erwartet. Und wir vergleichen hier die sprichwörtlichen Äpfel mit Birnen: Auf meiner selbst gemachten Pizza ist echter Mozzarella, auf der Tiefkühlpizza »Reibekäse«, was auch immer das sein mag. Die Nudel-Fertigpackung arbeitet mit Tomatenmark, in meiner Tomatensoße sind Tomaten … Um meine Recherchen auf noch etwas breitere Füße zu stellen, habe ich das Team der »Ökokiste« um Unterstützung gebeten – das ist der Dachverband vieler Anbieter, die Abokisten mit Ökoprodukten anbieten. Sie haben mir zwei regional-saisonal gepackte Musterkisten zusammengestellt, für den Sommer und den Winter, für jeweils 25 Euro. Gemüse, von dem zwei Personen 7 Tage satt werden.

DAS IST DRIN	DAS GIBT'S ZU ESSEN
650 g Topinambur	2 × Rosenkohlauflauf mit
500 g Zwiebeln	Feldsalat
1 kg Hokkaidokürbis	2 × Topinambursuppe
800 kg Rosenkohl	Ofenkürbis mit Feta
125 kg Karotten	Rucola-Pasta
1 Schale Kresse	2 × Rote-Rüben-Gulasch
100 kg Rucola	
250 kg Champignons	
800 kg Rote Bete	
100 kg Feldsalat	

Zu den 25 Euro kommen natürlich noch die Kosten für Nudeln, Mehl u.Ä. – aber wir sind hier bei weniger als 2 Euro am Tag pro Hauptmahlzeit. Mich hat diese Modellrechnung bestätigt: Auch mit kleinem Geldbeutel kann man nachhaltig erzeugte Lebensmittel kaufen. Es ist nur möglicherweise etwas unbequemer in der Beschaffung als der Gang zum Discounter um die Ecke.[26]

Wenn wir den Klimawandel aufhalten wollen, müssen wir an unseren Konsumgewohnheiten arbeiten. Wir haben es uns angewöhnt, sehr luxuriös zu essen: Immer nur die kurz

---

26 Den Inhalt der Sommerkiste und die Rezepte finden Sie unter https://mein-konsumkompass.de/allgemein/klimafreundlich-essen-fuer-wenig-geld/

bratbaren Teile vom Tier, küchenfertiges Gemüse … Kauft man etwa die Möhren im Bund, erhält man mit dem Möhrengrün die Grundzutat für ein wunderbares Pesto – das müssen dann allerdings wirklich Biomöhren sein, nur da kann man sich sicher sein, dass man nicht einen Schwung Pestizide mit-verpestot. Das Gleiche gilt für Radieschen. Kohlrabiblätter passen gut in Blattsalate. Auch die Blätter vom Blumenkohl sind essbar und schmecken geröstet richtig toll. *Nose to Tail* heißt der neudeutsche Fachausdruck für diese Herangehensweise bei Fleisch, *Root to Leaf* bei Gemüse. Eine sehr sinnvolle Strategie! Wenn wir unsere Lebensmittel effektiver nutzen, nutzt das unserem Geldbeutel und der Umwelt.

Wo gibt's die guten Sachen?

Ich betrete die Supermärkte der vier großen Handelsketten mittlerweile nur noch zu Recherchezwecken. Ich möchte mit meinem Haushaltsbudget nur ein System unterstützen, das einen positiven Nutzen für alle Beteiligten schafft. In deutschen Supermärkten und Discountern begegnet mir dieser positive Nutzen zu selten.

Bei der Suche nach der richtigen Einkaufsquelle habe ich ein ganz einfaches Entscheidungskriterium: Gibt es im Laden jemanden, der mir etwas über die Herkunft oder die Entstehung der Produkte erzählen kann? Wo nur Selbstbedienungstheken stehen, ist das schon mal sicher nicht der Fall. Doch auch der Versuch, an den wenigen verbliebenen Fleisch- und Wursttheken großer Supermärkte die

Geschichte eines Schweinekoteletts herauszufinden, läuft oft ins Leere. Ich kaufe deshalb grundsätzlich nur noch dort ein, wo es Mitarbeiter:innen gibt, die meine Fragen beantworten können.

Das nächste Kriterium: Wie steht es um die Art des Angebots? Ganz schlecht, zum Beispiel, wenn an der Frischetheke viel vorgeschnitten ist: Schinken, Schnitzel, Hackfleisch. Zu meinen erhellendsten Momenten beim Drehen gehörte ein Termin in einem Pinneberger Supermarkt, ein Heimspiel für Tim Mälzer, um die Ecke seiner alten »Hood«. Und so kamen wir sehr gemütlich ins Gespräch mit dem freundlichen Metzger hinterm Tresen. *»Wie viel werft ihr weg, abends?«*, erkundigte sich Tim. *»Och, so 20, 25 Prozent«*, war die Antwort. Ich habe es auf offiziellem Weg nie geschafft, von der Pressestelle einer Handelskette eine verlässliche Zahl dazu zu bekommen. Kann sein, dass in Pinneberg besonders viel übrig bleibt. Aber selbst wenn es nur 10 Prozent wären: Tiere schlecht behandeln, schlachten und dann nicht mal essen, sondern direkt wegwerfen, das ist nicht nur klimaschädlich, das ist schlicht unethisch! Bei Salaten oder Obst ist wenigstens kein Tier umsonst gestorben, aber auch da wächst der Ausschuss rapide, wenn viel Vorgeschnittenes verkauft wird. Vorgeschnittener Salat im Plastikbeutel ist nebenbei erwähnt oft eine richtige Keimschleuder, von der Ökobilanz der Plastiktüte gar nicht zu reden …

Damit wären wir dann auch schon beim Thema Verpackung: Wer sich klimafreundlich verhalten möchte, sollte dort einkaufen, wo er möglichst vieles unverpackt mit nach Hause nehmen kann. Bei Obst und Gemüse habe ich sowieso noch nie verstanden, warum man Produkte, die schon von der Natur super verpackt worden sind, noch mal zusätzlich verpacken muss. Ich kaufe auch nach Möglichkeit kein Obst mit Aufklebern. Haben Sie schon mal lieber zum Apfel gegriffen, weil da »ich bin ein Südtiroler« draufstand? Oder gar das Logo irgendeines Obsthandelskonzerns, das Ihnen sowieso nichts sagt? Eben! Unnötiger Müll, meistens sogar aus Plastik.

Am wichtigsten aber ist mir, möglichst wenige Stationen zwischen den Erzeuger:innen meines Essens und mir zu haben. Alles, was ich direkt ab Hof kaufen kann – gut! Damit stelle ich auch bis zu einem gewissen Grad sicher, dass es sich um saisonale Produkte handelt. Märkte sind eine gute Quelle, vorausgesetzt, es sind echte Bauernmärkte. Und nicht einfach rollende Einzelhandelsgeschäfte, die genauso auf dem Großmarkt einkaufen wie die stationären Läden. Ärgerlicherweise haben gerade Bauernmärkte oft nur vormittags offen. Ich kann mich an eine heftige Diskussion in einem Bauernforum erinnern, wo ich vorgeschlagen habe, doch lieber dann zu verkaufen, wenn mehr Leute Zeit dafür haben. Ich musste mir damals empörte Schimpftiraden anhören. Ja, kann sein, dass es für jemanden, der um 5 Uhr morgens seine Kühe melkt, praktischer ist, gleich anschließend seinen Marktstand aufzubauen, damit dann irgendwann Feierabend ist. Andererseits: Irgendwie müssen Ware und Kundschaft zusammenkommen – ich fände jedenfalls Erzeugermärkte am Nachmittag hilfreich.

Bei Bäckereien möchte ich sicher sein, dass nicht einfach nur Backmischungen angerührt werden, sondern mit Zeit und nach den Regeln handwerklicher Kunst gebacken wird. Auch das ist übrigens nur auf den ersten Blick teurer; traditionell gebackenes Brot hält nämlich sehr viel länger und reduziert so Ihren Ausschuss.

Es gibt mittlerweile zahlreiche Abosysteme, über die man sich Biolebensmittel aus der Region nach Hause liefern lassen kann. Das Preisniveau dieser Ökokisten liegt meist nicht weit entfernt von konventioneller Ware, weil der Zwischenhandel wegfällt und weil die Höfe verlässlicher planen können, wie viel Ware ihnen abgenommen wird. Und dann ist da ja noch das Internet, das gut dazu beitragen kann, unseren Zugang zu Lebensmitteln zu revolutionieren.

Online Lebensmittel kaufen – Licht und Schatten

Online Lebensmittel kaufen ist während der Corona-Lockdowns schwer in Mode gekommen. Ich habe ehrlich gesagt den Überblick verloren, wie viele Lieferdienste mich frisch und blitzschnell mit Lebensmitteln versorgen wollen. Weil das so ein hart umkämpfter Markt ist, wechseln die Anbieter ständig. Über die problematischen Arbeitsbedingungen vieler Fahrer:innen will ich jetzt gar nicht reden. Die Tatsache, dass hier jemand mit Ihrem Abendessen durch die Gegend fährt, muss jedenfalls erst mal nicht schlecht sein. Wenn Ihre Einkäufe mit dem E-Bike kommen, während Sie mit dem Diesel-SUV in den Supermarkt gefahren wären, ist die Ökobilanz des Transports sogar sehr viel besser.

Das Problem ist eher die Verpackung, besonders bei gekühlten Produkten. Styroporboxen, Kühlakkus, Plastiktüten mit Eis – alles zusätzlicher Aufwand mit ökologischen Folgen, der bei meinem individuellen Einkauf nicht angefallen wäre. Pfandsysteme? Fehlanzeige! Wenn es schnell gehen und frisch bleiben muss, entfällt auch der Vorteil, dass man auf einer Tour mehrere Kund:innen bedienen könnte.

Gegen die Online-Shopping-Angebote der etablierten Ketten sprechen alle Argumente, die ich gegen die Supermärkte genannt habe, im Netz genauso. Auch hier ist »regional« wieder ein gerne genutztes Marketingargument mit sagen wir mal flexibler Auslegung ... Ich habe beim Schreiben dieses Kapitels überprüft, was gerade als regional im Angebot war. Bei Bringmeister von Edeka galt da in München auch ein Mango-Vanille-Trinkjoghurt als regionales Produkt. Ebenfalls dort im Angebot: Münchner Weißwürste in der Dose. Jetzt würden sich dem Münchner Traditionalisten angesichts einer eingedosten Weißwurst aus Schweinefleisch ohnehin die Haare aufstellen: Traditionell besteht die Münchner Spezialität aus Kalb, aber das wäre natürlich teurer. Und eine Weißblechdose ist in jedem Fall weniger nachhaltig, als die Wurst frisch an der Theke zu kaufen, womöglich sogar in der mitgebrachten Mehrwegverpackung. Aber es geht ja um Regionalität. Auf der Bringmeister-Seite erfahre ich nichts über das verwendete Fleisch und auf der Seite des immerhin in Bayern, wenn auch über 100 Kilometer von München entfernt produzierenden Herstellers auch nicht. Also rufe ich dort an und erfahre, die Schweine kämen aktuell aus Deutschland, vereinzelt möglicherweise auch mal aus Bayern. Als ich wissen möchte, was »aktuell« genau bedeutet, räumt der freundliche Mitarbeiter ein, dass das Fleisch auch mal aus Europa kommen könne. Regional ist das in meinen Augen auf jeden Fall nicht.

Besonders oft begegnet mir in letzter Zeit Werbung eines neuen Players: Knuspr. Mit der Eigenwerbung »Supermarkt und Hofladen auf einen Klick«. Hofladen, das klingt verheißungsvoll. Beim Lammfleisch steht dieser Hof allerdings in Irland, beim Rinder-Hackfleisch »in der EU«, also schon mal ganz sicher nicht in Bayern oder auch nur in Deutschland. Nun ja …

Doch das Internet bietet jenseits des klassischen Lebensmitteleinzelhandels ganz wunderbare Möglichkeiten, direkt mit Erzeuger:innen ins Geschäft zu kommen, auch wenn deren Höfe nicht nur eine Fahrradtour von meinem Zuhause entfernt sind. Durch Zufall bin ich vor ein paar Jahren auf eine Orangenplantage in Spanien gestoßen, Naranjas del Carmen in der Nähe von Valencia. Ein paar junge Spanier:innen hatten die halb verwilderte Plantage ihres Großvaters geerbt und waren entsetzt, als ihnen klar wurde, wie wenig Geld es für die tollen Bioorangen vom Aufkäufer gab. Schon lange war deshalb nichts mehr nachgepflanzt worden, die Hälfte der Bäume war vertrocknet. Sie beschlossen, ihre Früchte selbst zu vermarkten, übers Internet. Bei Naranjas del Carmen kauft man gewissermaßen einen Baum und dessen Ernte. Während der Saison kann man diese Orangen abrufen, in Kisten ab 5 Kilogramm. Je größer das Gebinde, desto niedriger die Transportkosten. Bei der 20 Kilogramm-Kiste liegt der Preis deutlich unter dem, was Bioorangen in München kosten würden. 20 Kilogramm, das klingt erst mal viel. Aber dadurch, dass die Orangen 48 Stunden vor ihrer Ankunft bei mir noch am Baum hingen, halten sie problemlos drei oder vier Wochen. Was wir im Laden kaufen, hat den größten Teil dieser vier Wochen in Zwischenlagern verbracht, kein Wunder, dass die Supermarktware schnell schimmelt. Und in meinem Bekanntenkreis gibt es immer dankbare Abnehmer. Während ich an diesem Kapitel sitze, erreicht mich eine Mail des Naranjas-Team, in der sie sehr anschaulich beschreiben, was sie geschaffen haben: »*Heute trägt diese Initiative zusammen mit 285 anderen Landwirten und 22 1750 adoptierten Bäumen in ganz Europa weiterhin Früchte. Die Landwirte bauen ihre Ernte an, weil sie wissen, dass sie verkauft wird, und wer genau sie essen wird. Nämlich Menschen, die einen wichtigen Beitrag zu einer nachhaltigeren Landwirtschaft in Europa leisten wollen. Ein Wandel, der auf Geduld, dem Schutz des Bodens und dem Respekt vor der Arbeit auf den Feldern beruht. Denn wer sich für eine Adoption entscheidet, kennt nicht nur die Geschichte sei-*

ner Lebensmittel, sondern eben auch die der Bauern, die sie an-
bauen.«

Andere Organisationen tricksen über das Netz alberne Vorschriften aus: In der EU gibt es für Obst und Gemüse die sogenannte Handelsklasse. Für uns Kunden ist die eigentlich ziemlich egal: Denn sie bescheinigt keineswegs Qualität oder Geschmack, sondern nur der Norm entsprechende Werte wie Gewicht, Größe und Form. Für den Handel ist diese vereinheitlichte Ware praktisch und erleichtert die Abläufe. Doch da Natur und Handelsklasse oft nicht zusammenpassen, hat das schwerwiegende Folgen für die Erzeuger. Zum Beispiel für die Orangenbauern der Region Argolida auf dem Peloponnes. Die durften Jahr für Jahr ungefähr 20 bis 35 Prozent der Ernte nicht in andere EU-Länder als Speiseorangen vermarkten, weil die Früchte gemäß der EU-Norm nicht hübsch genug waren. Denn die EU-Regulierung gibt exakt vor, wie Zitrusfrüchte für den Verkauf an Endkonsumenten auszusehen haben: orange, intakt, frei von Druckstellen oder starken Narben, mindestens 53 Millimeter Durchmesser. Kleinere oder speziell geformte Orangen darf man nur zu Saft verarbeiten, nicht aber als ganze Früchte für den Verzehr exportieren. Das hatte für die Betriebe fatale Folgen: Saftorangen bringen pro Kilo 8 Cent weniger ein – bei einem Kilopreis von 20 Cent für konventionelle Orangen ist das ein herber Verlust. Die Schweizer Handelsorganisation Gebana engagiert sich seit 1973 für fairen Handel auf der ganzen Welt und vertreibt unter dem Stichwort »weltweit ab Hof« schon lange die Erzeugnisse nachhaltig wirtschaftender Familienbetriebe. Sie hat in langen Verhandlungen einen Weg gefunden, wie die Navelina-Orangen aus Argolida trotzdem zu einem fairen Preis für die Bauern in den Handel kommen können. Seit Winter 2021 verschickt Gebana diese Orangen kartonweise auch nach Deutschland, mit einem eingelegten Zettel, dass die Orangen »zur Verarbeitung« bestimmt seien. Und bezahlt den Bauern trotzdem das, was sie für Bioorangen immer bezahlt.

Über das Internet finden Landwirt:innen Abnehmer für besondere Ware, zu Preisen, die für beide Seiten in Ordnung sind.[27] Ich habe beim Einkaufen die Möglichkeit zu erfahren, wie die Tiere gehalten wurden, deren Fleisch ich esse. Ich kann dafür sorgen, dass der Zwischenhandel mit all seinen Nachteilen ausgeschaltet wird. So genutzt ist Online-Shopping ein wichtiger Teil der Einkaufsrevolution für bessere Ware zu besseren Bedingungen.

Lassen Sie uns rebellieren!

Hersteller anrufen gehört mittlerweile zu meinen liebsten Tätigkeiten. Nicht bei der Pressestelle, als Journalistin. Das ist eher zäh: Regelmäßig werden Mails gar nicht erst beantwortet, telefonisch ist niemand zuständig – »wir rufen gerne zurück«. Es scheint in der Lebensmittelbranche mittlerweile eine bewährte Methode zu sein, Medien-

---

27 Ab Seite 279 gibt es eine ganze Liste von tollen Portalen und Initiativen.

anfragen zu ignorieren, in der Hoffnung, im Film oder Artikel dann nicht vorzukommen. Als ich vor Jahren die neun größten Molkereien Deutschlands um eine Drehgenehmigung bat, bekam ich von fünf Molkereien auch nach mehrmaligem Nachfragen überhaupt keine Antwort. Bei einer Recherche bei 64 Lebensmittelherstellern, bei der ich herausfinden wollte, wer Zutaten aus China verarbeitet, bekam ich 20-mal keine Antwort und 21-mal die Antwort, dass sie dazu keine Auskünfte geben wollen. Deshalb bin ich dazu übergegangen, als Kundin anzurufen. Das funktioniert erstaunlich gut. Bei großen Firmen gibt es meist eine Kundenhotline. Die Mitarbeiter:innen dort sind darin geschult, vorrangig die Werbebotschaften ihres Unternehmens zu verbreiten, aber mit etwas Hartnäckigkeit bekommt man dort eigentlich immer Auskünfte etwa zu Herkunftsländern von Zutaten. Bei kleineren Firmen landet man mit solchen Anrufen oft bei sehr erstaunten Gesprächspartner:innen. Der Herr vom Hersteller der »Münchner« Weißwürste etwa war hörbar verblüfft, warum ich das mit den Schweinen so genau wissen wollte. Aber erzählt hat er es mir trotzdem.

Ich würde mir wünschen, dass solche Anrufe viel öfter stattfinden, von Ihnen allen. Fragen Sie doch einfach mal bei »Ihrer« Molkerei, wo sie die Milch einsammelt. Ob die Kühe noch in Anbindeställen stehen. Und welchen Milchpreis die Molkerei bezahlt. Verlangen Sie beim Hersteller Ihrer Lieblingskonfitüre Auskunft über das Ursprungsland der Erdbeeren. Je häufiger solche Anrufe stattfinden, umso eher erkennen die Firmen, dass es da draußen einen Markt mit interessierter Kundschaft gibt. Die womöglich bereit ist, gezielt Produkte zu kaufen, vielleicht sogar für etwas mehr Geld, wenn deren Provenienz transparenter ist.

Ein gutes Beispiel dafür sind Eier. Seit 2004 gibt es eine EU-Verordnung, die regelt, wie Eier gekennzeichnet werden müssen. Seitdem muss jedes Ei, das in der EU vermarktet wird, einzeln beschriftet sein. Anhand einer Nummer kann der Kunde genau sehen, wo und unter welchen Bedingungen das Ei gelegt wurde. Diese Regelung führte zu einer Revolution: Binnen kurzer Zeit verschwanden Eier aus Legebatterien aus dem Angebot! Und das nicht etwa, weil ihr Verkauf verboten worden wäre: Das war in Deutschland erst ab 2010 und EU-weit ab 2012 der Fall. Die großen Handelsketten listeten Käfigeier vielmehr deshalb aus, weil sie plötzlich wie Blei in den Regalen lagen. 2004 kamen Käfigeier bei uns in Deutschland noch auf einen Marktanteil von rund 53 Prozent. Heute sind 17 Prozent der lose verkauften Eier in Deutschland aus Biohaltung, und immerhin 33 Prozent der Eier stammen von Freilandhühnern. Trotzdem kommen insgesamt nur 32 Prozent der in Deutschland erzeugten Eier aus diesen beiden Haltungsformen, mit Auslauf für die Tiere. Wie passt das zusammen? Ganz einfach: In der Industrie, in Bäckereien, in der Gastronomie werden weiter die billigeren Eier von Indoor-Hühnern verarbeitet. Doch auch da tut sich etwas: Der Anteil der sogenannten Kleingruppenhaltung, gewissermaßen das Nachfolgekonzept zum Käfig-Ei, ist in zehn Jahren von über 18 auf rund 5 Prozent gesunken, zugunsten von Freiland- und Bioeiern.[28] Weil sich die Presse und die Kundschaft immer wieder dafür interessiert haben, wie die Hühner leben, die die Nudeleier legen. Oder die Eier in den Keksen. Für Hersteller wurde es ein interessantes Werbeargument, mit besser lebenden Hühnern zu werben. Wie gesagt: Es wird das produziert, wofür es einen Markt gibt. Also müssen wir diesen Markt schaffen. Und der Industrie klarmachen, was wir wollen.

Ein anderes gutes Beispiel dafür ist das Thema Genfood. Viele genveränderte Produkte wären in der EU grundsätzlich erlaubt. Weil aber die Kundschaft in Deutschland auf den Begriff Genmanipulation extrem empfindlich reagiert, sind solche Produkte, die kennzeichnungspflichtig wären, bei uns quasi unverkäuflich. Und so gibt es sie auch nicht im Handel. Genverändertes Soja im Futter der Milchkühe ist nicht kennzeichnungspflichtig – aber auch da bedienen immer mehr Molkereien die Bedürfnisse ihrer Käufer:innen und verzichten bewusst darauf. Weil sich ihre damit beworbene Milch besser (und teurer) verkaufen lässt. Es lohnt sich also, unseren Lieferanten auf die Nerven zu gehen!

Eine tolle Initiative, die in diese Richtung geht, ist die

---

28 https://www.ble.de/SharedDocs/Downloads/DE/BZL/Daten-Berichte/ Eier/2021BerichtEier.pdf?__blob=publicationFile&v=2

Verbrauchermarke »Du bist hier der Chef« – eine Idee, die ursprünglich aus Frankreich stammt. Der Verein führt Umfragen zu Produktgruppen durch, um herauszufinden, was der Kundschaft wichtig ist – Tierwohl, Regionalität, faire Bedingungen usw. Mit dem so ermittelten Kriterienkatalog sucht die Organisation dann Erzeuger, die das erfüllen, und bringt entsprechende Produkte in den Supermarkt. In Hessen, Nordrhein-Westfalen und rund um Hamburg gibt es mittlerweile eine so entstandene Verbraucher-Milch, Verbraucher-Eier sind in Hessen erhältlich. Bis zum Jahresende 2022 wird es Kartoffeln und Naturjoghurt geben. Umfragen zu weiteren geplanten Produkten und Geschäfte, die die Verbraucher-Lebensmittel anbieten, findet man im Netz[29], inklusive einer Art Gebrauchsanleitung, wie man den Supermarkt seines Vertrauens dazu bringt, die Waren ins Sortiment aufzunehmen. Anstiftung zur Rebellion – das gefällt mir!

29 dubisthierderchef.de

Die Einkaufsrevolution – Das Wichtigste in Kürze:

🛒 Mit unseren Konsumentscheidungen haben wir mehr Macht, als uns oft bewusst ist. Die sollten wir nutzen!

🛒 *»Nose to Tail«* und *»Root to Leaf«* machen Biolebensmittel erschwinglich für jeden.

🛒 Kaufen Sie nur dort, wo Ihnen jemand etwas über die Herkunft und Entstehung der Lebensmittel sagen kann.

🛒 Versuchen Sie, so direkt wie möglich bei den Erzeuger:innen einzukaufen.

🛒 Nutzen Sie Direktvermarktungsmöglichkeiten im Internet.

🛒 Seien Sie anstrengend! Zeigen Sie der Industrie, dass Ihnen die Herkunft und Entstehung Ihrer Lebensmittel nicht gleichgültig ist.

Teil 2

Lebensmittel und ihr Klimarucksack

Eigentlich finde ich Essen einkaufen etwas total Schönes. Gerade deshalb ärgert mich, dass es so kompliziert ist, die richtig guten Lebensmittel zu finden, wenn man nicht quasi hauptberuflich Lebensmitteleinkäufer:in ist. Laut einer Umfrage der Verbraucherschutzorganisation Food-watch fühlen sich weniger als 10 Prozent der Befragten gut informiert darüber, ob ihr Abendessen nachhaltig erzeugt wurde. Ebenso wenige können erkennen, ob es sich um tiergerecht erzeugte Lebensmittel handelt. Weniger als 5 Prozent haben eine Ahnung, ob Landwirte einen fairen Preis für ihre Produkte erhalten oder ob die Arbeitsbedingungen der Beschäftigten zumutbar sind. Wie sagte Annalena Baerbock in ihrer Bewerbungsrede als grüne Kanzlerkandidatin 2021 so schön: »*Die Gesellschaft ist viel weiter als die Politik.*« Stimmt! Aber um mündige Konsumentscheidungen treffen zu können, brauchen wir verlässliche Informationen. Und weil wir die vom Gesetzgeber nicht bekommen, gibt es im zweiten Teil dieses

Buches detaillierte Informationen zu allen Warengruppen.

In den folgenden Kapiteln gibt es jede Menge Fakten darüber, wie unser Essen erzeugt wird, welche Umweltfolgen damit einhergehen können und wie Sie zu Kaufentscheidungen finden, die Tierwohl, faire Bedingungen für die Landwirtschaft und einen möglichst geringen CO_2-Fußabdruck im Auge behalten.

Immer Bio?

Meine Lieblingsfrage bei Interviews, und sie kommt wirklich quasi immer: *»Lieber Biogurke in Plastik oder konventionelle Gurke unverpackt?«* Weder noch – beides ist nicht gut. Der Hintergrund der Frage ist eigentlich immer eine gewisse Skepsis, ob es unbedingt immer Bio sein muss. Die nächste Frage ist dann meistens *»lieber Bio oder regional?«*

Die ökologische Landwirtschaft und ihr CO_2-Abdruck, das ist ein gutes Beispiel dafür, wie komplex das Thema Nachhaltigkeit ist. Denn tatsächlich haben Erzeugnisse aus ökologischer Landwirtschaft zuweilen eine schlechtere CO_2-Bilanz als ihre konventionell erzeugten Geschwister. Das Institut für Energie- und Umweltforschung ifeu hat in einer Studie die Umweltprofile zahlreicher landwirtschaftlicher Produkte untersucht.[30] Ein Kilogramm deutsche Freilandtomate kommt, wenn sie Saison hat, auf 0,4 Kilogramm CO_2-Äquivalente, die Biotomate aus Deutschland landet im Vergleich dazu bei 1,1 Kilogramm. Das liegt daran, dass Biolandwirtschaft pro Fläche weniger Ertrag liefert. Auch bei Fleisch ist Bio auf den ersten Blick weniger klimafreundlich, das konventionelle Kilogramm Schweinefleisch etwa kommt auf 4,6 Kilogramm CO_2-Äuivalente, Bio

---

30 https://www.ifeu.de/fileadmin/uploads/Reinhardt-Gaertner-Wagner-2020-Oekologische-Fu%C3%9Fabdruecke-von-Lebensmitteln-und-Gerichten-in-Deutschland-ifeu-2020.pdf

auf 5,2 – Biotiere leben länger, bewegen sich mehr und fressen deshalb auch mehr Futter …

Warum Bio besser ist

Guido Reinhardt, der Autor der ifeu-Studie, kommt dennoch zu dem Schluss, dass Bio die nachhaltigere Wahl darstellt. Weil in diesem Fall der CO_2-Abdruck nicht die richtige Maßeinheit ist. Bei landwirtschaftlichen Erzeugnissen spielen viele weitere Faktoren eine wichtige Rolle: Natur- und Biodiversitätsschutz, der Pestizideinsatz, Wasserschutz, Bodenqualität … Der Studienautor hat dem Greenpeace-Magazin übrigens auch eine gute Antwort auf die Frage nach der Gurke in der Plastikhülle gegeben: Mit Sicht aufs Klima sei das jetzt nicht die ganz große Stellschraube, was die CO_2-Bilanz des Stückchens Folie angeht. Viel effektiver sei es, ressourcenintensive Lebensmittel wie Reis oder Fleisch einzusparen und generell viel Gemüse zu essen, egal ob mit oder ohne Plastik.

Aber zurück zur Frage, ob es unbedingt Bioprodukte sein müssen. Das staatliche Thünen-Institut forscht fachgebietsübergreifend zur nachhaltigen Weiterentwicklung der ländlichen Räume, der Land-, Forst- und Holzwirtschaft und der Fischerei. 2019 wurde dort eine Meta-Studie[31] erstellt, die 528 Publikationen aus den Jahren 1990 bis 2018 und 33 Vergleichsparameter zwischen ökologisch

---

31 https://www.thuenen.de/media/publikationen/thuenen-report/Thuenen_Report_65.pdf

und konventionell wirtschaftenden Betrieben unter die Lupe genommen hat. Das Ergebnis war eindeutig: Beim Umweltschutz ist die Biolandwirtschaft der konventionellen weit überlegen, trotz der etwas schlechteren Klimawirkung. Diese Nachteile werden durch die Vorteile beim Gewässerschutz, bei der Humusbildung und in Sachen Artenvielfalt bei Weitem aufgewogen.

Nächster Einwand, der bei Publikumsdiskussionen praktisch immer kommt: *»Bei mir im Ort gibt es einen tollen Metzger, der seine eigenen Schweine verarbeitet. Er ist nicht biozertifiziert, aber ich sehe ja, wie gut es den Schweinen geht, wenn ich an seinem Hof vorbeilaufe.«* Herzlichen Glückwunsch, kann ich da nur sagen. Wenn Sie so jemanden in Ihrem Wohnort haben, sollten Sie ihn auch unbedingt unterstützen. Ich wohne in München-Schwabing, da gibt es außerhalb von Supermärkten praktisch gar keine Metzger mehr, und die wenigen verbliebenen halten ganz sicher keine Schweine im Hinterhof. Wenn es Ihnen ähnlich geht wie mir, hat Bio in Ihrem Einkaufsalltag einen Riesenvorteil: Es gibt Leute, die für Sie überprüfen, wie gut es den Kotelett-Lieferanten geht, und die dafür ein klares Regelwerk geschaffen haben.

Vertrauen ist gut, Kontrolle ist besser

Jetzt höre ich schon den nächsten Einwand: *»Aber bei Bio gibt es doch dauernd Skandale …«* Ganz ehrlich: Im Grunde bin ich über jeden Skandal froh. Denn die Berichterstattung über Missstände findet ja nur deshalb statt, weil sie zuvor entdeckt wurden. 2018 haben die Fraktionen der FDP und der Grünen Kleine Anfragen an die Bundesregierung zum Thema Kontrollen bei Tierhaltern gestellt. Die Ergebnisse werfen ein düsteres Licht auf die Prüfdichte in konventionellen deutschen Ställen. Es geht hier um sogenannte anlasslose Kontrollen – Besuche, bei denen tierärztliches Fachpersonal routinemäßig nachschaut, ob alles so läuft, wie es das Gesetz vorschreibt, ohne dass es irgendeine Verdachtsmeldung gegeben hätte. Von 2009 bis 2017 wurden Nutztiere haltende Betriebe in Deutschland im Durchschnitt nur etwa alle 17 Jahre kontrolliert. Sie haben richtig gelesen, 17 Jahre! Da kann man ziemlich lange die ohnehin schon sehr niedrige Latte in Sachen Tierwohl unterschreiten, ohne dass das irgendjemandem auffällt. Tierhalter in Schleswig-Holstein bekamen rechnerisch noch sehr viel seltener amtstierärztlichen Besuch: nur alle 37,3 Jahre. Schlusslicht war Bayern, dort musste man sogar nur alle 48,1 Jahre mit einem Kontrollbesuch rechnen. Dabei könnte man bei diesen Kontrollvisiten offenkundig einiges finden: Die Antwort der Bundesregierung ergab nämlich außerdem, dass es im Beispieljahr 2017 bei 29 845 amtlichen Tierschutzkontrollen zu 6127 Beanstandungen kam. Das bedeutet: Auf mehr als jedem fünften Hof, der einfach so, ohne Anlass, besucht wurde, war irgendetwas nicht in Ordnung. Aber wer kaum nachsieht, findet eben auch nichts. Zum Vergleich: Ein Biohof wird mindestens einmal im Jahr ohne Anlass kontrolliert.

Neben dem Umgang mit der Umwelt und dem Thema Tierwohl ist der Einsatz von Zusatzstoffen in verarbeiteten Lebensmitteln ein wesentlicher Unterschied zwischen bio und konventionell. In der EU sind mehr als 300 Zusatzstoffe erlaubt, bei Bioprodukten sind es nach der seit Januar 2022 gültigen EU-Öko-Verordnung nur 56. Farbstoffe und geschmacksverstärkende Zusatzstoffe wie Glutamat dürfen generell nicht eingesetzt werden. Die deutschen Öko-Verbände sind noch strenger: Bei Naturland sind nur 22 Zusatzstoffe zugelassen, bei Demeter sogar nur 19.[32] Bei Bioprodukten findet auch sehr viel weniger Trickserei mit Aromen statt. Hier dürfen nur natürliche Aromen verwendet werden, die zu mindestens 95 Prozent aus der namensgebenden Frucht bestehen müssen – Orangenaroma also aus Orangen, Erdbeeraroma aus Erdbeeren. Das hat mit Nachhaltigkeit nur indirekt zu tun – aber wir können beim Einkaufen davon ausgehen, dass wir tatsächlich Lebensmittel einkaufen und nicht eine Art Lebensmittelsimulation.

Supermarkt-Bio – ist das okay?

Der Marktanteil von Biolebensmitteln in Deutschland lag 2021 bei 6,8 Prozent, bei Eiern sind es sogar über 12 Prozent. Die meisten Menschen kaufen diese Waren mittlerweile in Supermärkten und Discountern; die Zeit der

---

32 Zum lebensmittelrechtlich entscheidenden Unterschied zwischen Zusatzstoffen und Zutaten und den Folgen für uns beim Einkauf und Verstehen von Inhaltslisten mehr im Kapitel Fertiggerichte, ab Seite 240.

Bioläden als neue Form des Tante-Emma-Ladens scheint endgültig Geschichte zu sein – der Preis des Erfolges ... Jetzt muss groß, nicht zwingend schlecht sein. Aber das Problem, das kleinere konventionelle Bauern haben, die ihre Produkte mangels Menge nicht an die großen Ketten loswerden, schwappt langsam auch in die Biobranche. In kleinen Läden und in gut geführten Biosupermärkten finden Sie in der Regel Personal, das Ihnen etwas zu den Erzeugern sagen kann. Bei Aldi und Co eher nicht. Das würde für mich eher gegen Bio aus dem konventionellen Handel sprechen.

Die Kriterien für ökologisch erzeugte Lebensmittel sind immer die gleichen, der Kontrollmechanismus auch, egal ob im Discounter, im Biosupermarkt oder im Naturkostladen. Aber trotzdem gilt weiter: Regional und saisonal ist Trumpf! Ägyptische Frühkartoffeln im Berliner Supermarkt werden auch als Bioware kein nachhaltiges Produkt.

Der Bio-Kompass

🛒 Es ist wissenschaftlich bewiesen: Ökologische Landwirtschaft ist dem konventionellen Landbau unter Umweltschutzaspekten klar überlegen.

🛒 Biohöfe werden sehr viel häufiger ohne Anlass kontrolliert. Das fällt ganz besonders bei der Tierhaltung ins Gewicht.

🛒 Im Supermarkt gelten bei Bio die gleichen Vorschriften wie im kleinen Bioladen um die Ecke. Trotzdem lohnt es sich, kleine Händler zu unterstützen – deren Lieferanten sind oft kleine Höfe, die mit viel Engagement nachhaltigen Landbau betreiben.

🛒 Ganz schön verwirrend, wie viele Siegel für Bioprodukte es gibt. Einen Wegweiser dazu gibt's in Teil 3 ab Seite 249.

Fleisch

Ich oute mich: Ich esse gerne Fleisch. Besonders gerne Rind. Und natürlich macht mich das angreifbar: Rindfleisch hat eine besonders schlechte Ökobilanz, nur Butter schneidet noch schlechter ab. Umso mehr empfinde ich es als Verpflichtung, bei Fleisch besonders genau darauf zu achten, was ich da eigentlich kaufe. Wenn man sich dafür entscheidet, Tiere zu halten, um sie zu schlachten, oder wegen ihrer Milch – und ich habe weiter vorn ja schon geschildert, warum es dafür gerade unter Nachhaltigkeitsaspekten gute Gründe geben kann –, dann muss man unbedingt dafür sorgen, dass diese Tiere bis zu ihrem Tod ein tiergerechtes Leben hatten. Ich finde nicht, dass es eine Art Recht auf Tierquälerei gibt, nur damit sich jeder jeden Tag ein Schnitzel gönnen kann. Und Tierquälerei ist das, was in den meisten deutschen Ställen geschieht, ohne jeden Zweifel.

Das Elend mit den Tierwohl-Labeln

Jahrelang scheiterten Bundeslandwirtschaftsminister:innen daran, ein staatliches Tierwohllabel auf den Weg zu bringen. Der erste grüne Amtsinhaber seit Langem, Cem Özdemir, hat nun eine Kennzeichnung auf den Weg gebracht. Zunächst nur für Schweine, sehr viel weniger weitreichend, als Tierschützer:innen erhofft hätten, aber immerhin verpflichtend für alle. Bis das irgendwann Gesetz wird, stehen wir im Supermarkt vor diversen miteinander konkurrierenden Systemen.[33]

Da wäre zunächst die Initiative Tierwohl – zu den Partnern gehören unter anderem die vier großen Handelsketten und Deutschlands größter Schlachter Tönnies. Man würde sich nicht wundern, wenn Tönnies auch deshalb stark an dieser Initiative interessiert war, um dadurch verschärfte Gesetze bei der Tierhaltung zu verhindern. Die Initiative Tierwohl gibt das vierstufige Siegel »Haltungsform« heraus; nur in der vierten, die weitgehend den Kriterien für Biofleisch entspricht, kann ernsthaft von Tierwohl die Rede sein. Daneben gibt es ein zweistufiges Label unter der Ägide des Tierschutzbundes. Beim Pressetermin, als dieses Label erstmals präsentiert wurde, erklärte mir der zuständige Fachberater bei ausgeschalteter Kamera, dass Stufe 1 selbstverständlich nicht tiergerecht sei. Auch hier ist nur Stufe 2 tatsächlich eine maßgebliche Verbesserung und entspricht grob den Biokriterien.

Ich habe vor einiger Zeit mal für einen Film Menschen schätzen lassen, wie viel Platz ein Schwein in den handelsüblichen Tierwohlkategorien zur Verfügung hat. Meine Testpersonen hatten alle eine Ahnung, dass es bestimmt zu wenig Platz ist, und lagen trotzdem mit ihren Schätzungen total daneben. Durch die Bank hätten sie in sämtlichen Kategorien ungefähr doppelt so viel Fläche vermutet, wie

---

33 Details zu den diversen Fleischlabeln und ihren Kriterien finden Sie in Teil 3 ab Seite 249.

tatsächlich vorgeschrieben ist. Michael Marahrens, stellvertretender Leiter des Instituts für Tierschutz und Tierhaltung am staatlichen Friedrich-Löffler-Institut, sagte mir schon vor Jahren in einem Interview, dass Tiere, die nach den gesetzlichen Mindestvorschriften gehalten werden, ausnahmslos nicht tiergerecht leben.

Der Schutz von Tieren hat in Deutschland Verfassungsrang. Eigentlich soll das deutsche Tierschutzgesetz dafür sorgen. Doch tatsächlich waren jahrzehntelang zahlreiche gängige Praktiken in der Nutztierhaltung klare Verstöße gegen dieses Gesetz: Das äußerst schmerzhafte Kürzen der Schnäbel von Puten, das Abschneiden der Ringelschwänze von Schweinen, die Haltung von Muttersauen in Kastenständen, das schon erwähnte Kükentöten – alles Rechtsbrüche, und das behaupten nicht nur radikale Tierrechtler, sondern das ist höchstrichterlich bestätigt. In Ausnahmefällen können solche Verstöße auf Verwaltungsebene trotzdem genehmigt werden, und offensichtlich ist den zuständigen Behörden die Definition des Begriffs Ausnahme nicht geläufig. Denn es war langjährig geübte Praxis, dass all diese Verstöße gegen das Tierschutzgesetz mithilfe von Sondergenehmigungen ermöglicht werden.

Die Ämter sind da in einer Zwickmühle: Würde man das Tierschutzgesetz ernst nehmen, wäre das das sofortige Ende der konventionellen Tierhaltung in Deutschland. Die fast schon großindustrielle Erzeugung von Fleisch funktioniert nicht anders. Am Beispiel der Ringelschwänze kann man das gut erklären: Schweine sind hochintelligente Tiere, unternehmungslustig und neugierig. In ihren winzigen, reizarmen Boxen ist ihnen schlicht langweilig. Also kommen sie aus purer Langeweile auf die gestörte Idee, ihren Mitinsassen die sich so lustig bewegenden Schwänze abzukauen. Ein Schwein mit genug Platz und Anregung würde das nie tun. Oder die Putenschnäbel: In einer überschaubaren Herde mit genug Raum handeln Puten ihre Rangordnung friedlich aus, der Begriff »Hackordnung« ist da eher irreführend. 5000 Puten in einem engen Stall, ohne all das, was ein Putenleben spannend macht – vom Auslauf über die Futtersuche bis zum gefundenen Wurm –, das bedeutet Stress für die Tiere. Also hackt man die Schwächeren blutig … Die Behörden haben also zwei Möglichkeiten: Massenhaft verletzte Tiere in Kauf nehmen. Oder Maßnahmen durchwinken, die den Tieren Schmerzen zufügen, dafür dann aber das System der Massentierhaltung durchführbar machen.

Die Kastenstandhaltung von Muttersauen ist inzwischen verboten, allerdings mit langen Übergangsfristen. Und was die Schweineschwänze angeht: Das routinemäßige Abschneiden von Schweineschwänzen ist durch EU-Recht bereits seit 1991 verboten. In seinem »Aktionsplan Kupierverzicht«, erlassen fast 30 Jahre später, erklärt das Bayerische Landesamt für Gesundheit und Lebensmittelsicherheit, wie es trotzdem weitergeht: *»Der Eingriff ist nur im Einzelfall zulässig, wenn er für die vorgesehene Nutzung des Tieres zu dessen Schutz oder zum Schutz anderer Tiere unerlässlich ist. Dies muss der zuständigen Behörde auf Verlangen glaub-*

haft dargelegt werden.«[34] Dieser Einzelfall ist bei Tieren, die nach den gesetzlichen Mindestbedingungen gehalten werden, leider die Regel.

Ein bisschen besser gibt's nicht

Ein System, das die Bedürfnisse der Tiere so grundlegend missachtet zugunsten der Wirtschaftlichkeit, gehört aus meiner Sicht abgeschafft. Kleine Verbesserungen bringen gar nichts, manchmal sorgen sie ironischerweise sogar für Verschlechterungen: Wie sinnlos das Drehen an kleinen Stellschrauben in Sachen Tierwohl ist, habe ich in einem Schweinemastbetrieb in Niederbayern erlebt. Der Mäster hatte ein paar Jahre zuvor auf Haltungsstufe 2 der Initiative Tierwohl umgestellt. Zu den vorgeschriebenen Verbesserungen gehört dabei Tageslicht im Stall. Das klingt sinnvoll – wenn ein Schwein schon sein Leben lang nie nach draußen darf, ist es ja vielleicht ganz schön für das Schwein, wenn es wenigstens durchs Fenster miterlebt, wie Tag und Nacht wechseln. Dachte ich ... bis ich die großen Pappkartons in der Stallecke entdeckte. Damit, erklärt mir der Mäster, verschatte er jetzt mittags immer die Fenster. Schweine mögen als kluge Tiere nämlich keine direkte Sonne auf ihrer Haut. In einem tiergerechten Umfeld würden sie deshalb einfach in den Schatten gehen. In einem Haltungsstufe-2-Stall geht das in den Boxen am Fenster nicht. Die sind so klein, dass sie zu bestimmten

---

34 https://www.aktionsplankupierverzicht.bayern.de/

Zeiten zwangsläufig komplett in der Sonne liegen. Also verhängt der Mäster jetzt jeden Tag für ein paar Stunden die Fenster, damit die Schweine nicht unter der direkten Sonneneinstrahlung leiden. Mein Fazit: Wenn eine Haltungsform im Grundsatz nicht dem Tier gerecht wird, machen es kleine Veränderungen nicht entscheidend besser. Wer mal gesehen hat, wie begeistert Schweine draußen herumtollen, wie sie sich im Schlamm suhlen, um sich eine Art natürlichen Sonnenschutz aufzutragen, der kann guten Gewissens kein Kotelett der Haltungsstufe 1, 2 oder 3 kaufen.

Tiere gehören nach draußen. Sie brauchen Platz. Sie brauchen Lebensbedingungen, die ihrer Natur entsprechen. Und sie sollten nicht zu degenerierten Wesen zurechtgezüchtet werden. Das ist bei Geflügel in besonders dramatischem Ausmaß der Fall. 1950 hat ein 28 Tage altes Huhn im Schnitt 316 Gramm gewogen. 55 Jahre später war es mehr als das Vierfache, 1396 Gramm. Bei jeglicher Tiermast ist es am ökonomischsten, wenn man das Tier in dem Moment schlachtet, wenn es ausgewachsen ist. Jedes weitere Gramm Futter bringt dann keinen zusätzlichen Gewinn mehr. Schnelles Wachstum ist also besonders ökonomisch, hat allerdings auch Konsequenzen für die Konstitution. Turbohühner sind auf Fleischzuwachs gezüchtet, besonders an der Brust. Die Knochen halten mit diesem Wachstum nicht Schritt. Im Maststall fällt das nicht so auf, da ist ja eh kein Platz, viel herumzulaufen. Im Endstadium hat ein Huhn ziemlich genau den Platz, der seiner Größe entspricht, und daneben sitzt dann schon das Nachbartier. Die

Enge ist ebenfalls ein Wirtschaftsfaktor, nicht nur, weil man dann kleinere Ställe bauen kann: Wer sitzt, statt herumzurennen, verbraucht keine der wertvollen Futterkalorien für Bewegung. Klingt alles ziemlich unerfreulich, oder? Doch es wird noch unerfreulicher: Wir haben für einen Film mal ausprobiert, was passiert, wenn man ein solches Tier doch länger leben lässt als die maximal 42 Tage, die im konventionellen Bereich schon als »Langmast« gelten. Jetzt werden die Knochen zum Problem; die können den überdimensionierten Körper nämlich nicht tragen. Hinzu kommen Herz-Kreislauf-Probleme. Aus Tierschutzgründen haben wir den Versuch damals relativ schnell abgebrochen und das geplagte Tier schlachten lassen.

Was muss Tierwohl kosten?

Ich kann jeden verstehen, der angesichts der Preisunterschiede zwischen konventionell und bio, insbesondere bei Schwein und Geflügel, erschrickt. Diese beiden Tiergattungen haben das Pech, dass man sie ganz besonders schlecht behandeln kann, und ihre Fleischqualität ist immer noch gut zu vermarkten. Deswegen ist bei diesen beiden Gattungen der Preisabstand besonders groß. Unglücklicherweise kostet alles, was das Leben von Masttieren lebenswert macht, Geld oder Personal oder beides. Ein moderner Stall hat sogenannte Vollspaltenböden. Die haben aus Betreibersicht den Vorzug, dass die Tiere ihren Kot mit ihren Hufen durch die Ritzen in die darunter liegende Güllegrube treten. Das ist ungefähr so ekelhaft, wie es sich anhört, und ein Grund, warum Ställe dermaßen unangenehm riechen – die Tiere verbringen ihr Leben gewissermaßen auf einem Plumpsklo. Früher wäre Stroh eingestreut gewesen, das Feuchtigkeit und Gerüche bindet, aber das bedeutet Ausmisten … Experten sind sich darüber einig, dass diese Böden für Tiere, die eigentlich auf Wiesen leben würden, zu hart und schädlich für ihre Gelenke sind. So gesehen ist es fast ein Glück, dass die Tiere sowieso so schnell wie möglich zur Schlachtreife gemästet werden. Doch selbst in der kurzen Zeit entwickeln besonders Schweine schlimme Gelenkprobleme.

Der Antibiotikaeinsatz in der Tiermast sinkt seit einigen Jahren. Das ist auch dringend nötig, denn die flächendeckende Verabreichung von Medikamenten schadet unserer Gesundheit ganz unmittelbar. So züchten wir Resistenzen heran, die dazu führen können, dass wir uns gegen bestimmte Keime gar nicht mehr zur Wehr setzen können. Beim Problem der Resistenzenbildung sind auch kleine Mengen schon ein Problem. Es ist zwar mittlerweile verboten, prophylaktisch Antibiotika an komplette Bestände zu verabreichen. Doch die Agrarexpertin Reinhild Benning erzählte mir in einem Interview, dass etwa die Kälber, die in Bayern zur Mast eingestallt werden, meist so viele Vorerkrankungen haben, dass 70 Prozent der Tiere sofort Antibiotika erhalten **müssen**. Wenn in einem Hühnerstall mit 30 000 Tieren fünf krank sind, bekommen natürlich alle das Medikament – alles andere wäre viel zu aufwendig. Da wären wir wieder beim Grundproblem: Tiere sind für unsere Form der industriellen Fleischerzeugung von ihrer Natur her nicht geeignet.

Ist das Fleisch oder kann das weg?

So ganz verstehe ich nicht, warum wir trotz all dieser offensichtlichen Missstände immer noch auf diese Weise Fleisch erzeugen. Zumal der »Ausschuss« enorm ist: Fast eine Million Schweine, etwa 220 000 Rinder und zwei Millionen Hühner sind 2021 etwa in Bayern schon vor der Schlachtung verendet oder anderweitig ums Leben gekommen. Das ist jedes fünfte Nutztier in Bayern! Diese Zahlen stammen aus einer parlamentarischen Anfrage des grünen Landtagsabgeordneten Paul Knoblach.[35] Die Tierkörperbeseitigung ist kostenpflichtig. Da frage ich mich schon, ob es sich nicht lohnen würde, von vorneherein weniger Tiere zu halten und die so zu behandeln, dass es nicht zu diesem Massensterben kommt. Auch hier offenbart sich übrigens mal wieder das Kontrolldefizit: Der Politiker wollte auch wissen, ob jemand in der Tierkörperbeseitigungsanlage eventuelle Tierschutzverstöße überprüft – es könnte ja Gründe haben, dass die Tiere schon vor dem geplanten Ende ihres kurzen Lebens gestorben sind. Die Antwort des Umweltministeriums: »*Im Tierschutzgesetz des Bundes gibt es keine Rechtsgrundlagen dafür, dass an Tierkörperverwertungsanlagen und Verwertungsanlagen tierischer Nebenprodukte ange-*

---

35 https://paulknoblach.de/wp-content/uploads/2022/06/20220531_SAN_ GRU-Tierkoerperbeseitigung_in_Bayern.pdf

lieferte Kadaver routinemäßig auf mögliche tierschutzrechtliche Verstöße kontrolliert werden können.« Da sehe ich einen Auftrag für den Gesetzgeber!

Es gäbe an vielen weiteren Stellen Regelungsbedarf: zum Beispiel bei den Transporten. Viele Tierärzte weigern sich mittlerweile, Transporte von überzähligen Kälbern oder ausrangierten Milchkühen in den Nahen Osten oder nach Zentralasien zu genehmigen – besser wäre, wenn wir diese Art »Verwertung« generell verbieten würden, am besten auf EU-Ebene. Schlachthöfe müssten viel gründlicher überwacht werden, das wissen wir nicht erst seit Corona. Solange aber auf gesetzgeberischer Ebene die entscheidenden Schritte nicht getan wurden, sind wir als mündige Kundschaft gefragt. Wenn nicht klar ist, dass das Tier, von dem das Fleisch stammt, ein gutes Leben hatte, dann kommt eben kein Fleisch auf den Tisch. So einfach sollte das sein!

Der Fleisch-Kompass

 Rind

Argentinisches Rind von einer Weide am anderen Ende der Welt hat eine bessere Ökobilanz als ein deutsches Mastrind aus dem Stall, das brasilianisches Soja gefressen hat. Noch besser jedoch ist die Gesamtbilanz eines heimischen Weiderindes, am besten einer Zweinutzungsrasse.

🛒 Kalb

Wer Milch will, muss auch Kalbfleisch essen – irgendwo müssen die vielen Stiere ja hin. Wegen der fragwürdigen Bedingungen in der Kälbermast allerdings unbedingt Biokalb essen, und das möglichst aus Mutterkuh-gebundener Haltung. Eine besonders helle Fleischfarbe ist ein Zeichen für Mangelernährung. Das Fleisch eines tiergerecht gefütterten Tieres ist dunkelrosa.

🛒 Schwein

In der konventionellen Haltung sind bei Schweinen die Bedingungen besonders schlecht. Wer da zugreift, hat das komplette Programm von eingekastelten Muttersauen über schwanzkupierte Ferkel bis hin zu Tieren, die in ihrem Kot liegend fressen und schlafen müssen, auf dem Gewissen. Man bekommt sie nicht oft, aber es gibt Schweine, die ganzjährig draußen gehalten werden. Diese Tiere haben beispielsweise eine völlig andere Fettstruktur.

🛒 Huhn

Am besten Tiere aus Brudertierhaltung kaufen, das sind die Brüder der Legehennen, oder Fleisch von Zweinutzungsrassen. Und immer das ganze Huhn kaufen: Wer nur zur Brust greift, ist mitverantwortlich dafür, dass deutsche Geflügelhersteller ihre Hähnchenreste, vor allem Karkassen und Flügel, nach Afrika verramschen und dort dadurch die heimischen Märkte zerstören.

🛒 Pute

Die Urpute ist ein Waldvogel, der gerne auf Bäume
flattert – dieses Bedürfnis ist der Mastpute erfolgreich
weggezüchtet worden, dafür wäre ihr Brustmuskel auch
viel zu schwer. Puten sind echte Problemtiere, wegen der
Zuchtlinien. Selbst Bioputen sind ein fauler Kompromiss,
die leben zwar besser, aber auch Biomäster arbeiten
mit den überzüchteten Rassen. Es gibt einzelne Modell-
projekte mit sogenannten Waldlandputen, bei denen die
Bedingungen halbwegs okay sind. Aber im Zweifel würde
ich auf Putenfleisch komplett verzichten, da gibt es aktuell kein wirklich nachhaltiges Konzept.

🛒 Lamm

Ähnlich wie beim Rind ist die Ökobilanz eines
neuseeländischen Lamms, trotz der weiten Reise,
erst mal besser als die des Lammfleischs aus Deutschland, sogar bei Bio. Das liegt daran, wie die Tiere dort
gehalten werden können: ganzjährig draußen, auf klas-
sischem Weidegrund. Liebhaber von Schafskäse sollten
trotzdem zum heimischen Lamm greifen, im Sinne der
Kreislaufwirtschaft. Ohne Lämmer keine Milch.

🛒 Gans

… gibt's bei den meisten nur einmal jährlich. Ungarische
und französische Gänse können das »Gehäuse« einer
Stopfleber sein und gehen deshalb unter Tierschutz-
Aspekten gar nicht, eine Kennzeichnungspflicht dafür

gibt es nicht. Gänse immer direkt beim Erzeuger kaufen, das geht zum Teil auch online, und mindestens aus »bäuerlicher Freilandhaltung«, besser bio.

🛒 **Wild**

... ist immer bio, sofern es aus heimischen Wäldern stammt. Tiefkühlwild aus Übersee kommt meist aus Gehegen aus Übersee, da stimmt die Ökobilanz dann nicht mehr. Am besten direkt vom Jäger kaufen.

🛒 **Und noch ein Tipp zum Schluss:** Fleisch muss man vor dem Verzehr nicht waschen! Krankheitserreger vernichtet man dadurch ohnehin nicht, die sterben erst beim Erhitzen ab. Wenn nötig, etwas trocken tupfen.

Wurst

Kennen Sie dieses leichte Unbehagen beim Thema Wurst? Die Frage, was da wohl verwurstet worden ist? Fleischabfälle? Separatorenfleisch? Irgendwie zusammengeklebt, mit vielen Zusatzstoffen? Wurst hat seit einiger Zeit ein Imageproblem. Und das leider nicht ganz zu Unrecht.

Wurst besteht aus Fleisch, hoffentlich zumindest, insofern gilt hier alles, was ich im vorherigen Kapitel geschildert habe. Ein paar Feinheiten kommen aber noch hinzu. Denn bei Wurst sind wir mitten im Wunderland des deutschen Kennzeichnungsrechts, mit all seinen Absurditäten. Gerade an der Wurst wurde in den vergangenen Jahrzehnten viel herumgepfuscht, und das mit ausdrücklicher Erlaubnis des Gesetzgebers: Die Leitsätze des Deutschen Lebensmittelbuchs gestatteten lange Zeit besonders aberwitzige Tricksereien – Hirschsalami oder Gänsepaté zum Beispiel, die zu mehr als der Hälfte aus Schweinefleisch bestehen durften.

Die Tücken der Lebensmittelregeln

Seit 1962 Jahren gibt es das Deutsche Lebensmittelbuch und eine zugehörige Kommission, die seine Leitsätze formuliert. In dieser Vorschriftensammlung werden über 2000 Lebensmittel präzise definiert – ein »Wiener Schnitzel«, beispielsweise, muss vom Kalb sein, das panierte Schweineschnitzel darf nur »Wiener Art« heißen. An sich also eine Institution, die uns als Verbraucher:innen schützt, doch durch fragwürdige Definitionen, siehe oben, wurden wir in der Vergangenheit oft eher desinformiert. Das hat auch die Politik erkannt; im November 2015 traten neue Leitsätze für Fleisch und Fleischerzeugnisse[36] in Kraft, die mit einigen Höhepunkten des Etikettenschwindels aufräumten, außerdem wurden Eckpunkte entwickelt und evaluiert, laut Bundesministerium für Ernährung und Landwirtschaft mit einem klaren Ziel:

> »Die Leitsätze des Deutschen Lebensmittelbuchs haben insbesondere die Aufgabe, dazu beizutragen, alle Wirtschaftsbeteiligten, insbesondere aber die Verbraucherinnen und Verbraucher, vor Irreführung und Täuschung zu schützen, lauteren Wettbewerb zu stärken und allen Beteiligten Rechtssicherheit zu geben.«

Der wichtigste Fortschritt: Heute muss auf jeder Wurst klar draufstehen, welches Tier verarbeitet wurde, und bei Mischwürsten muss auch der prozentuale Anteil genannt werden. Wer mit Begriffen wie »Delikatess-«, »extra« oder »gold« auf Kundenfang gehen will, muss je nach Wurstsorte 5 bis 10 Prozent mehr Muskelfleisch verarbeiten, außer übrigens bei Bierschinken – warum auch immer ... Schwieriger wird es wieder mal beim Thema Herkunftskennzeichnung:

---

36 https://www.bmel.de/SharedDocs/Downloads/DE/_Ernaehrung/Lebensmittel-Kennzeichnung/LeitsaetzeFleisch.pdf?__blob=publicationFile&v=8

»Geografische Angaben sind i.d.R. echte Herkunftsanga-
ben. In manchen Fällen können sie, soweit sie in den Leit-
sätzen ausdrücklich genannt werden, aber auch nur Hinweise
auf eine bestimmte Zusammensetzung und Herstellungsweise
sein. (...) In Verbindung mit den Worten ›Original‹ oder
›Echt‹ oder nach Eintrag in das Verzeichnis der geschützten
Ursprungsbezeichnungen und der geschützten geografischen
Angaben als geschützte Ursprungsbezeichnungen (g. U.) oder
geschützte geografische Angaben (g. g. A.) weisen geografi-
sche Bezeichnungen der Lebensmittel in jedem Fall auf die
Herkunft hin.«

Alles verstanden? Ich beim ersten Lesen offen gestanden
nicht. Gemeint sind hier die drei EU-Siegel zur Herkunft[37],
die mit ihren verwirrenden Kriterien dafür sorgen, dass
dänische Schinken, geräuchert im Schwarzwald und verpackt in Niedersachsen, mit der Bezeichnung »Schwarzwälder Schinken« alles richtig gemacht haben. An der
Stelle war's das dann schon wieder mit unserem Schutz
vor Irreführung ...

Mein liebstes Beispiel ist die Kalbfleischleberwurst.
Hier muss man schon sehr genau hinhören. Laut Definition der Leitsätze muss die »Kalbfleisch« enthalten, nicht
aber »Kalbsleber«, im Gegensatz zur »Kalbsleberwurst«.
Nach Ansicht der Lebensmittelbuch-Kommission versteht jeder sofort, dass sich bei Ersterer der Begriff »Kalb«

---

37 Details dazu auf den Seiten 254–255.

nur auf den Fleischanteil der Wurst beziehe und keines-
falls auf die Leber. Ich bin damit schon mal nicht »jeder«,
ich finde das nicht so klar, und mit mir vermutlich viele,
die ratlos vor dem Wurstregal stehen. Aber mein Eindruck ist ohnehin, dass es zuweilen nicht so sehr um Informationen für uns geht, sondern eher darum, dass die
Industrie die in großen Mengen anfallende und viel billi-
gere Schweineleber verwursten kann und sich das Resultat dann trotzdem als etwas besonders Feines vermarkten lässt. Acht der 32 Kommissionsmitglieder stellt die
Lebensmittelindustrie. Mit deren Veto lassen sich Än-
derungen der drei anderen Gruppen – Verbraucher, Le-
bensmittelüberwachung und Wissenschaft – jederzeit
blockieren.

Unter Nachhaltigkeitsaspekten ist das viele Schwein in
den Wurstrezepten gar nicht so schlecht: Davon fällt men-
genmäßig in Deutschland am meisten an, also ist es ganz
vernünftig, wenn davon auch viel in der Wurst Verwendung findet. Für die Qualität, gerade bei Geflügelwurst,
ist das ebenfalls kein Nachteil: Durch den höheren Fett-
anteil werden die Würste mit Schweinbeigabe saftiger. Ungünstig ist das für alle, die aus religiösen Gründen kein
Schwein essen möchten. Ich weiß noch, dass die musli-
mischen Schulfreunde meines Sohnes grundsätzlich nie
Salamipizza gegessen haben, weil sie gelernt hatten, den
Bezeichnungen zu misstrauen.

Die Sache mit dem Separatorenfleisch

Was ausnahmslos kennzeichnungspflichtig ist, ist das berüchtigte Separatorenfleisch, und zwar nicht nur versteckt in der Zutatenliste, sondern gleich vorn auf der Packung, neben der Produktbezeichnung – also zum Beispiel »Fleischwurst mit Separatorenfleisch«. Separatorenfleisch entsteht, indem Maschinen grob zerkleinerte Knochen mit Fleischresten durch Siebe hindurchpressen. Knochensplitter und Knorpelteile bleiben größtenteils hängen, alle weichen Teile wie etwa Muskulatur, Fett und Bindegewebe gelangen durch das Sieb. Dabei entsteht eine breiartige Masse. Das klingt nicht besonders appetitlich, und seit der BSE-Krise in den Neunzigerjahren darf Separatorenfleisch von Rindern, Schafen und Ziegen gar nicht mehr verwendet werden. Von Schweinen oder Geflügel aber schon, und das kann sich finanziell sehr lohnen: 1 Kilogramm Geflügelfleisch für die Wurstproduktion kostete im Juni 2022 rund 2,50 Euro. Separatorenfleisch hingegen nur 35 bis 50 Cent pro Kilogramm. Im Frühsommer 2022 machte der *Spiegel* damit Schlagzeilen, dass er nicht gekennzeichnetes Separatorenfleisch in den Produkten deutscher Großproduzenten wie Tönnies oder Wiesenhof gefunden haben wollte, durch ein neuartiges Untersuchungsverfahren der Hochschule Bremerhaven.[38] Betrachtet man die Verwen-

---

38 https://www.spiegel.de/wirtschaft/service/steckt-separatorenfleisch-in-supermarkt-wurst-a-e8811492-5e2b-4ac2-b6d1-db20aa0c02d1

dung durch die Nachhaltigkeitsbrille, dann könnte man an dieser Stelle argumentieren, dass auf diese Weise immerhin wirklich alle Teile vom Tier sinnvoll verwertet werden. Es ging im letzten Kapitel ja schon um das Problem mit den Geflügelrest-Exporten nach Afrika – da ist es eindeutig besser, wenn wir diese Reste selbst verwerten. Aber es muss eben gekennzeichnet sein, und die Recherchen des *Spiegel* legten den Schluss nahe, dass das gelegentlich »vergessen« wird, weil die Verwendung so schwer nachweisbar war. Die beschuldigten Betriebe wiesen die Vorwürfe übrigens zurück – das neue Verfahren sei ja noch gar nicht »state of the art«.

Neben dem höheren Fettgehalt, im Vergleich zu Fleisch, ist das größte Gesundheitsproblem beim Wurstessen die Verwendung von Nitritpökelsalz. Das ist ein Gemisch aus Speisesalz und etwas Kalium- oder Natriumnitrit (E 249 oder E 250). Es wird verwendet, um die Haltbarkeit zu verbessern, die rote Farbe von Fleisch zu erhalten und das charakteristische Pökelaroma zu erzeugen. Rund 90 Prozent aller im konventionellen Handel angebotenen Wurstwaren sind gepökelt. Je nach Wurstsorte erlaubt das deutsche Lebensmittelbuch 50 bis 250 Milligramm Nitritpökelsalz pro Kilogramm Fleisch. Biowurst darf gemäß der EU-Bioverordnung bis zu 80 Milligramm Pökelsalz pro Kilogramm Fleisch enthalten.[39] Ein weiterer umstrittener Stoff ist Phosphat, von konventionellen Wurstherstellern

---

39 Mehr zu den gesundheitlichen Folgen im Glossar auf Seite 20.

als Hilfsmittel beim Kuttern der Wurst – also dem maschinellen Pürieren des Fleischs – genutzt. Phosphat schädigt die Nieren und verschlechtert die Aufnahme von Kalzium durch unseren Körper, was Krankheiten wie Osteoporose begünstigen kann. Außerdem kann ich als betrügerischer Metzger mit Phosphat den Wasseranteil in meiner Wurst nach oben fahren. Leider ist die Kennzeichnungspflicht hier sehr schwammig: Es muss nur draufstehen, dass Phosphat verwendet wurde, nicht aber wie viel. Wurst kann man grundsätzlich auch ohne Phosphat herstellen, mit der Methode der Warmfleischmetzgerei. Dabei wird das Tier noch schlachtwarm zerlegt und gleich anschließend in der Wurstküche zügig zu Wurst verarbeitet, so wie das früher im Handwerk oder bei Hausschlachtungen der Normalfall war. Biowurst enthält kein Phosphat.

Wurst muss kein fieser Restebrei sein. Unter dem Aspekt der vollständigen Verwertung von Schlachttieren ist die Herstellung von Wurst eine sinnvolle Verwendung. Kund:innen, die zu Biowurst greifen oder beim Metzger ihres Vertrauens kaufen, und zwar Wurst, die dieser selbst herstellt, haben bessere Chancen, etwas Hochwertiges aufs Brot zu bekommen. Und sind damit dann auch quasi sicher vor Separatorenfleisch: Die kleinste Handelsmenge dieser Substanz ist eine Tonne, das ist für den kleinen Handwerksmetzger viel zu viel ...

Der Wurst-Kompass

🛒 Kaufen Sie nur dort Wurst, wo Sie fragen können, wie die Tiere gehalten wurden. An der Selbstbedienungstheke im Supermarkt können Sie nur bei Biowurst halbwegs sicher sein, dass die Tiere ein gutes Leben hatten.

🛒 Kaufen Sie Wurst am besten am Stück. Aufschnitt sollten Sie nur dort kaufen, wo er immer frisch aufgeschnitten wird – so vermeiden Sie, dass Reste abends im Müll landen.

🛒 Das Haltbarkeitsdatum gilt bei abgepackter Wurst nur, solange die Verpackung geschlossen bleibt und durchgehend gekühlt wurde. Nach dem Öffnen verdirbt sie genauso schnell wie frisch aufgeschnittene Wurst: Brühwurst hält etwa drei Tage, Rohwurst wie Salami fünf Tage. Also lieber gleich an der Frischetheke kaufen und so Verpackungsmüll vermeiden!

🛒 Leider haben Sie keinen Rechtsanspruch darauf, dass Sie Wurst in selbst mitgebrachten Behältnissen kaufen dürfen. Belohnen Sie deshalb Läden, die das ihrer Kundschaft ermöglichen; wenn die Hygienevorschriften befolgt werden, liegt das im Ermessen des Handels. Und Achtung: Dass das wegen Corona nicht erlaubt sei, ist eine Ausrede!

🛒 Gute Wurst kommt ohne Phosphate und Nitritpökelsalz aus – Stichwort Warmfleischmetzgerei.

🛒 Geschmacksverstärker und Aromastoffe sind immer ein Zeichen dafür, dass an »echten« Zutaten gespart wurde.

Fisch

Ich bin immer wieder überrascht, wie viele Vegetarier auf Fleisch verzichten, weil sie nicht Teil der Tötungskette sein wollen, Fisch aber trotzdem essen. Möglicherweise haben Hering, Lachs und Co. einfach das Pech, dass ihr Kuschelfaktor nicht so hoch ist wie der eines wolligen Kälbchens. Und dann ist da noch die Sache mit den Inuit … Anfang der Siebzigerjahre setzten zwei dänische Forscher den Mythos in die Welt, dass die Angehörigen dieser Bevölkerungsgruppe besonders resistent gegen Herzinfarkt und Schlaganfall seien, weil sie so viel fetten Seefisch essen. Insgesamt aßen die Inuit damals sehr fett, neben Lachs oder Makrele auch Walspeck, also nicht gerade das, was gemeinhin als besonders gesundheitsfördernd gilt. Heute ist nachgewiesen, dass die Datenbasis dieser Erhebung schlicht falsch war; in Wahrheit starben die Inuit sogar doppelt so oft an Herz-Kreislauf-Erkrankungen wie die dänische Festlandbevölkerung zu jener Zeit.[40] Aber die Legende von der segensreichen Wirkung der Omega-3-Fettsäuren war in der Welt und hält sich seither hartnäckig in allen Ernährungsempfehlungen. Fisch gilt vielen im Vergleich zu Fleisch als die gesündere, ethischere, irgendwie bessere Art, sich mit tierischem Eiweiß zu versorgen.

---

40 Katarina Schickling, Aber bitte mit Butter, Freiburg 2016, Seite 44.

Fisch – das bessere Fleisch?

Es tut mir leid – ich muss Ihnen jetzt schon wieder den Appetit verderben. Denn unter Nachhaltigkeitsgesichtspunkten ist der Trend zum Fisch eine Katastrophe. 2020 haben wir in Deutschland 14,1 Kilogramm Fisch pro Kopf und Jahr gegessen, mehr als fünfmal so viel wie unsere Vorfahren 1850. Damit liegen wir zwar immer noch unter dem Schnitt der Weltbevölkerung, da sind es über 20 Kilogramm pro Kopf im Jahr, aber so oder so ist das eindeutig zu viel. Seit 2016 ermitteln Tierschützer jedes Jahr den »End of Fish-Day« – das ist der Tag, an dem wir rechnerisch alles an See-, Fluss- und Meeresgetier verzehrt haben, was in einem Jahr in unseren heimischen Gewässern gefangen wird. 2022 fiel der End-of-Fish-Day in Deutschland auf den 11. März, im Jahr davor war es noch der 17. März gewesen. Wir betreiben also enormen Raubbau zulasten anderer Regionen der Welt, wo Fisch aufgrund von geografischen oder klimatischen Gründen die naheliegendere Eiweißquelle ist als bei uns.

Es gibt kaum eine Fischart, die nicht in ihrem Bestand gefährdet ist. Und auch hier haben wir wieder ein Kennzeichnungsproblem: Bei Wildfisch habe ich beim Einkaufen kaum eine Chance, herauszufinden, ob der Kauf meiner Dorade die Existenz eines lokalen Fischers in Gambia sichert oder ob ich die Arbeit internationaler Großtrawler unterstütze, die vor Afrikas Küsten die Gewässer leer fischen, weil unsere Fischgründe längst erschöpft sind.[41] Ein einziger Fischtrawler kann auf einer Fahrt so viele Fische fangen wie 7000 afrikanische Kleinfischer mit ihren Booten während eines ganzen Jahres.[42] Das ist besonders klimaschädlich, weil Fisch, anders als Kühe oder Ziegen, durch seine pure Existenz gut fürs Klima ist. Eine Studie der US-amerikanischen Rutgers University[43] hat im Februar 2021 gezeigt, dass Fische jährlich 1,65 Milliarden CO_2 aus der Atmosphäre holen und binden – das ist mehr als die doppelte Menge, die Deutschland 2021 emittiert hat. Die Fische tun das einfach dadurch, dass sie in der Nähe der Oberfläche fressen und atmen. Dabei binden sie das CO_2 aus der Luft, geben den Sauerstoff wieder ab und scheiden den Kohlenstoff mit ihrem Kot aus – der sinkt dann ab, auf den Meeresboden. Es wäre also fürs Klima gut, wenn möglichst viele Fische in unseren Meeren unterwegs sind.

Ein Grund, warum der Verzehr von Fisch irgendwie weniger böse wirkt als der von Fleisch, hat natürlich mit seiner Herkunft zu tun: Vor unserem inneren Auge sehen wir Fischschwärme in sonnendurchfluteten Gewässern, Lachse, die wilde Bäche stromaufwärts schwimmen … ein schönes Tierleben, das irgendwann an einer Angel oder in einem Fischernetz endet, aber bis dahin wild und frei war. In Wahrheit jedoch stammt mittlerweile fast die Hälfte

41 Es gibt einige Siegel, die über Herkunft und Bedingungen informieren. Richtig gut sind die alle nicht. Details dazu in Teil 3 ab Seite 249.

42 Slowfood Dossier: Aqua-Kultur: Die blaue Revolution. Vortrag von Rainer Froese, Geomar-Helmholtz-Zentrum für Ozeanforschung, Kiel.

43 https://aslopubs.onlinelibrary.wiley.com/doi/10.1002/lno.11709

des verzehrten Fischs weltweit laut Zahlen der Welternährungsorganisation FAO aus Aquakultur.

Jetzt könnte man das zumindest gut finden – wenn dadurch weniger Wildfische gefangen würden, wäre das ja hilfreich. Unglücklicherweise sind die meisten Fischarten in Zuchtbetrieben Raubfische. Und die fressen … richtig, andere Fische! Ein großer Teil des Wildfangs heute landet deshalb gar nicht auf unseren Tellern, sondern in Fischmehlfabriken, die Futtermittel für Aquakulturfarmen herstellen. Die Fischfarmen lösen das Problem also nicht, sie verlagern es nur. Und schaffen neue Missstände.

Das Lachs-Problem

Lachs war in meiner Kindheit etwas besonders Feines, ein Festessen für hohe Feiertage. Heute ist Lachs sozusagen das Schwein der Fischindustrie: massenhaft erzeugt, unter fragwürdigen Bedingungen. Ich kann in diesem Zusammenhang den tollen Film meines Kollegen und Nachhaltigkeitsmitstreiters Hannes Jaenicke über Lachsfarmen wärmstens empfehlen. Danach findet man den einst so edlen Fisch gar nicht mehr fein …[44] Die Zustände beim Lachs stehen für die generellen Probleme jeglicher Aquakulturen: Tiere, die sonst die Weite der Meere durchstreifen, werden auf engstem Raum zusammengepfercht. Das macht sie krank – sie bekommen also Antibiotika. Kot und

---

44 https://www.zdf.de/dokumentation/dokumentation-sonstige/hannes-jaenicke-im-einsatz-fuer-den-lachs-100.html

Futterreste verschmutzen das umliegende Meer. Die Tiere werden auf Turbowachstum und gute Futterverwertung hingezüchtet. Ausbrechende Zuchtfische mischen sich mit den Wildpopulationen und beeinträchtigen die natürliche Genetik. Das Ökosystem Meer wird an vielen Stellen empfindlich gestört. Die rasant wachsende Aquakultur-Branche neigt dazu, schon die Abwesenheit von Erkrankungen als Beleg für gutes Tierwohl zu interpretieren. Hauptsache, die Fische fressen und wachsen. Unterm Strich muss man leider sagen, dass diese Art der Fischerzeugung kaum nachhaltiger ist als das systematische Leerfischen von Wildbeständen.

Es gibt viele Ansätze, die schlimmsten Auswüchse einzudämmen: mobile Gehege, damit wenigstens nicht immer die gleiche Stelle Meeresboden verschmutzt wird. Veganes Futter für die Raubfische. Mehr Platz. In der ökologischen Aquakultur versucht man, Fischmehl aus Wildfang durch Abfälle etwa aus der Filetierung zu ersetzen. Aber das ändert wenig an der grundsätzlichen Problematik: Wir müssen – wie beim Fleisch – weg von der Übernutzung.

Von der Delikatesse zum Pizzabelag

Wir sollten immer misstrauisch sein, wenn etwas plötzlich besonders billig wird. Garnelen, zum Beispiel. Die gravierendsten Umweltprobleme im Bereich der Aquakultur herrschen dort, wo Garnelen gezüchtet werden, in Asien und in Lateinamerika.

Für Garnelen-Zuchtfarmen werden großflächig Mangrovenwälder gerodet, wichtige Ökosysteme an den Meeresküsten, etwa auf den Philippinen, in Vietnam, Thailand, Bangladesch oder Ecuador. Irgendwann sind die Becken dann mit Abfällen, Exkrementen und Arzneimittelrückständen so stark verseucht, dass die Standorte aufgegeben werden, dann sind die nächsten Mangrovenwälder dran. Das ist nicht nur für die Feuchtgebiete entlang der Küsten fatal, sondern oft auch für die Bevölkerung, die von den Shrimps-Konzernen vertrieben wird.

Und dann wäre da noch der Thunfisch ... Dass dessen Fang negative Folgen für die Ökosysteme hat, ist schon lange bekannt: Seit den 1990er-Jahren prangen »Delfinfreundlich gefangen«-Siegel auf Thunfisch. Der Beifang von Delfinen ist in den vergangenen Jahrzehnten tatsächlich zurückgegangen, dafür landen jetzt Schwertfische, Rochen und vom Aussterben bedrohte Meeresschildkröten in den großen Netzen, angelockt von Lockbojen, die Fischschwärme anziehen. So gefangene Thunfische werden dann mit »Dolphin-Safe«-Siegel vermarktet. Stimmt – aber umweltverträglich ist diese Fischerei trotzdem nicht. Nun ist Thunfisch mittlerweile derartig überfischt, dass es fast schon egal ist, was da noch so im Netz landet und ob Delfine dabei waren. Thunfisch sollte ganz grundsätzlich selten bis gar nicht auf den Tisch kommen, bis sich vielleicht eines schönen Tages die Bestände erholt haben. Bei Thunfisch ist die Fischfarm keine Alternative: Dafür werden wild gefangene Thunfische eingefangen und langsam zum Standort der Mastanlage geschleppt. Etwa 15 Prozent der eingefangenen Thunfische überleben diese Prozedur nicht. Bei Thunfisch ist zudem das Verhältnis zwischen Ertrag und Fütterung besonders extrem: Bis der Raubfisch in der Farm seine 150 Kilogramm Schlachtgewicht erreicht, hat er etwa das Einhundertfache an Fischmehl gefuttert.

Ein besonders problematischer Fisch, den kaum jemand als Problem auf dem Schirm hat, ist übrigens der Tintenfisch. Aktuell werden die sogenannten Oktopoden vor allem mit Grundschleppnetzen gefangen. Die zerstören den Meeresboden und sorgen für relativ großen Beifang. Alle Fangmethoden sind für Oktopusse schmerzhaft – aufgrund ihrer weichen Haut sind sie sehr verletzungsanfällig. Weil die Nachfrage weltweit wächst, will man die Tiere in Spanien ab 2023 in Aquakultur produzieren. Die wenigen Studien, die es über Oktoden gibt, belegen allerdings, dass sie in Gefangenschaft nicht artgerecht gehalten werden können. Als Einzelgänger ist ein enges Becken für sie besonders großer Stress, und auch sie sind Fleischfresser und benötigen das Zwei- bis Dreifache ihres Körpergewichts an Futter – pro Tag! Ein weiterer Fisch, der am allerbesten gar nicht auf unsere Teller kommen sollte.

Der gute Fisch

Ich erinnere an dieser Stelle noch einmal an den Speiseplan unserer Vorfahren: Ernährung ist immer dann nachhaltig, wenn sie möglichst regional und ressourcenschonend funktioniert. Für westafrikanische Küstenbewohner ist Meeresfisch aus Westafrika eine sinnvolle Art, tierische Proteine zu essen. Für eine Frankfurter Familie eher nicht.

Also wenigstens Fisch aus Europa? Die europäischen Meere sind leider besonders gründlich überfischt, allen voran das Mittelmeer und das Schwarze Meer. Wenn wir unseren Speiseplan mit Fisch ergänzen wollen, dann sollten wir die Art Fisch essen, die in der Familie meines Großvaters gelegentlich auf den Tisch gekommen wäre: aus klassischer Teichwirtschaft in der Nachbarschaft. Fischzucht in Teichen und Durchflussanlagen ist laut einer Studie des Ökoinstituts Freiburg[45] eine tragfähige Alternative, wenn es unbedingt Fisch sein soll. Die Teiche passen sich gut in die Landschaft ein, sind als Feuchtgebiete wertvolle ökologische Rückzugsräume für unter Naturschutz stehende Pflanzen und Tiere – geradezu Hotspots der Biodiversität. Die Fische kommen in extensiver Haltung meist ohne Zufütterung aus, selbst Raubfische wie der Hecht brauchen dort kein Fischmehl. Und sie lassen sich regional und saisonal vermarkten … fällt Ihnen etwas auf? Wir kommen immer wieder zu den gleichen Begriffen.

Stadtfisch als Zukunftsvision

Kurze Wege sind immer gut für die Nachhaltigkeit, Kreislaufwirtschaft auch. Das würde auf den ersten Blick für Aquaponik sprechen. Bei diesem System werden Fisch

---

45 https://www.oeko.de/fileadmin/oekodoc/Politik-fuer-Nachhaltige-Aquakultur-2050.pdf

und Gemüse in einem geschlossenen System erzeugt, möglichst nah an der Kundschaft. Die Pflanzen profitieren von den Stickstoff-Ausscheidungen der Fische, die Fische schwimmen im gereinigten Gießwasser der Pflanzen. Im Zweifel passt ein Aquaponiktank auf den Parkplatz eines Supermarktes. In Berlin-Schöneberg vermarktet eine Firma seit einiger Zeit Hauptstadtbarsch und Hauptstadtbasilikum, andere Anbieter kombinieren Süßwasserfisch mit Tomaten. Sogar mit Salzwasserfischen soll das System funktionieren, dann kann man allerdings als Gemüse nur Algen anbauen. Bei München züchtet ein Start-up mit dieser Technologie bayerische Garnelen. Die Lichtenberger »Stadtfarm« erzeugt in Berlin 50 000 Kilo afrikanischen Raubwels im Jahr. Das klingt auf den ersten Blick nach ganz schön viel Fisch. Doch nach den Mengen der Planetary Health Diet wäre das regionaler Fisch für gerade mal 5000 Berliner – man bräuchte also sehr viele solcher Anlagen.

Was mir daran gut gefällt, ist der Gedanke, Lebensmittel da zu erzeugen, wo die Menschen sie auch essen. Urban Farming ist ganz sicher ein gutes Konzept; wenn sich das auch noch mit einer Fischerzeugung kombinieren lässt, ohne Ökosysteme zu belasten, klingt das erst mal gut. Krankheitserreger und Parasiten bleiben draußen, die Wildpopulationen sind vor Durchmischung mit Zuchtfischen, ihren Krankheiten und ihrer mastfreundlichen Genetik geschützt. Die Züricher Hochschule für Angewandte Wissenschaften hat sich die Ökobilanz einer

Schweizer Pilotanlage angeschaut[46] und kommt zu dem Schluss:

> *»Der Anbau ist ökobilanztechnisch vielversprechend. Die Nähe zum Konsumenten, der Verzicht auf Dünger, Pestizide und große Maschinen geben dieser Produktionsform Vorteile gegenüber herkömmlichen Verfahren. Ein Problempunkt ist der hohe Stromverbrauch und die benötigte Wärme. Je nach Energiequellen ist die Umweltbelastung plötzlich sehr viel größer.«*

Wie schön die Fische es in ihrem Aquaponiktank finden? Schwer zu sagen … Der Züricher Tierschutzverein Fair-Fish hat Kriterien definiert, die das Leben der Tiere in freier Wildbahn beschreiben, und versucht, mit seiner FishEthoBase[47] überhaupt erst mal wissenschaftliche Grundlagen dafür zu schaffen, welcher Fisch welche Bedingungen benötigt. Der Modefisch Tilapia, zum Beispiel, eine Buntbarschart die besonders häufig in Fischfarmen gehalten wird, legt in Schwärmen weite Strecken zurück. Ob die Tilapias das nur tun, um genug Futter zu finden, oder ob diese Bewegung ein Grundbedürfnis der Barsche ist, ist schlicht nicht erforscht. In Aquaponik-Anlagen gibt es genug Futter, aber weit schwimmen kann man nicht, so wie in allen Zuchtanlagen. Aggressive Individuen können sich zudem nicht zurückziehen. Fair-Fish bewertet die Tilapia-Haltung bei

---

46 https://www.zhaw.ch/storage/lsfm/institute-zentren/iunr/_aktuell/gisler-2013-lca-aquaponicprodukte.pdf
47 https://fair-fish.net/de/was/fischwohl/aquakultur/fishethobase/

Aquaponik mit 8 von 10 Punkten, bei Afrikanischem Wels nur mit 6, Forelle geht in solchen Anlagen gar nicht. Das passt zu meinem Bauchgefühl: Irgendwie ist mir persönlich die Forelle aus dem Freiluftteich sympathischer …

Der Fisch-Kompass

🛒 Der einzige komplett unbedenkliche Fisch ist Karpfen. Er lebt glücklich im Zuchtteich und ernährt sich von Pflanzen, Würmern und Schnecken – der Öko-Klassenbeste! Gegen die vielen Gräten helfen sogenannte »Grätenschneider«: Da durchgekurbelt, wird der Fisch grätenfrei.

🛒 Greenpeace und der WWF bieten Einkaufsratgeber im Netz und als App. Die sollten Sie immer konsultieren, bevor Sie Wildfisch kaufen; wenn Sie ganz sicher sein wollen, aber beide, weil sich die Umweltorganisationen in ihrer Einschätzung nicht überall einig sind. Generell sollte wild gefangener Fisch aus dem Meer bei uns eine Delikatesse für besondere Anlässe sein, kein Essen für jeden Tag.

🛒 Zuchtfisch ist keine wirklich nachhaltige Alternative. Wenn überhaupt, dann muss er aus biozertifizierten Fischfarmen stammen. Auch hier hilft der Fischratgeber des WWF.

🛒 Wenn Sie die Möglichkeit haben, direkt bei einem Fischer oder Züchter aus der Region zu kaufen, sollten Sie das unbedingt tun. Wenn Fisch weite Strecken zurücklegen muss, beeinträchtigt die nötige Kühlung seine Ökobilanz.

🛒 Vorsicht bei Raubfischen wie Lachs, Doraden oder Wolfs-
barsch. Mit dem Fisch haben Sie noch ein Mehrfaches an
Futterfisch auf Ihrem Öko-Gewissen.

🛒 Tiefgefrorene Garnelen, Jakobsmuscheln und Fischfilets
sind oft glasiert. Das Lebensmittelbuch, das wir schon
von der Wurst kennen, bezeichnet das euphemistisch als
»Schutzglasur« – im Klartext bedeutet das, dass Sie große
Mengen Wasser mitkaufen. Zutaten wie Zitronensäure
oder Polyphosphate können zudem darauf hindeuten,
dass der Fisch mit Wasser aufgepumpt worden ist.

🛒 Tropische Garnelen sind meist extrem Antibiotika-belas-
tet. Nordseekrabben nicht, dafür werden die gerne mal
in Polen oder Marokko gepult und sind weite Strecken
gereist, bevor sie wieder auf dem Hamburger Fischmarkt
landen. Kaufen Sie dort ein, wo Ihnen jemand sagen kann,
wie und wo die Krabben verkaufsfertig gemacht wurden.

🛒 Forscher der Uni Bayreuth haben in Muscheln aus
allen Meeren Mikroplastik gefunden, besonders viel in
Muscheln aus dem Nordatlantik und dem Südpazifik.
Dafür gelten Mittelmeer-Miesmuscheln wiederum als
besonders schadstoffbelastet.

🛒 »Frischer« Fisch von der Theke ist oft alles andere als
fangfrisch, sondern schon viele Tage alt. Daher besser
sofort zubereiten oder einfrieren! Tiefkühlfisch hat eine
bessere Ökobilanz als Frischfisch, der gekühlt weite
Strecken zurückgelegt hat.

Fleisch- und Fischersatz

10 Prozent der Deutschen haben sich 2020 vegetarisch ernährt, laut dem Ernährungsreport des Bundesministeriums für Ernährung und Landwirtschaft. Auch die Zahl der Veganer steigt. Den meisten geht es bei ihrem Verzicht ums Tierwohl. Noch bemerkenswerter finde ich, dass auch bei den Wurst- und Fleischessern zunehmend weniger »echtes« Fleisch auf den Tisch kommt. 2015 haben noch 34 Prozent der Befragten täglich Fleisch und Wurstwaren gegessen, fünf Jahre später sind es nur noch 26 Prozent. Knapp jede dritte befragte Person kauft dafür jetzt »öfter mal« pflanzliche Alternativen zu tierischen Produkten, bei der Gruppe der 14- bis 29-Jährigen essen 17 Prozent solche Produkte sogar täglich.[48] Nun muss man bei Fragen nach vermeintlich sozial erwünschtem Verhalten immer vorsichtig sein – möglicherweise trauen sich auch einige nicht mehr zuzugeben, dass Fleisch ihr Gemüse ist. Aber die Industrie hat auf diese Entwicklung bereits reagiert: Fast ein Viertel der Lebensmittelneueinführungen in Deutschland sind momentan als »vegetarisch« oder »vegan« gelabelt, der Wursthersteller Rügenwalder Mühle hat im Juli 2020 erstmals mehr Umsatz mit Fleischalternativen gemacht als in seinem althergebrachten tierischen Geschäftsfeld.

---

48 https://www.bmel.de/SharedDocs/Downloads/DE/_Ernaehrung/forsa-ernaehrungsreport-2020-tabellen.pdf%3F__blob%3DpublicationFile%26v%3D3

Wir haben es also mit einem großen und stetig wachsenden Markt zu tun, den ich lange nicht so richtig begriffen habe. Ich esse oft vegetarisch oder vegan. Geht ja auch prima. Es gibt so wunderbare fleischfreie Lebensmittel – Gemüse, zum Beispiel! Ich finde es etwas schräg, dass man eine Lupinenpaste als Gänseleberpaté-Ersatz vermarkten muss – könnte man die nicht einfach als feine Lupinenpaste verkaufen? Dann kämen diese Produkte mit sehr viel weniger Zusatzstoffen aus. Denn damit ein pflanzliches Produkt irgendwie nach Tier schmeckt, braucht man einiges an Aromen, Stabilisatoren und Geschmacksverstärkern.

Für die Lebensmittelchecks mit Tim Mälzer habe ich vor Jahren in einer Fabrik gedreht, die Fleischersatz aus Milch herstellte – nicht vegan, aber immerhin ist für dieses Schnitzel kein Kalb gestorben. Wobei man aus meiner Sicht vor dem Hintergrund, dass diese Kälber, wie schon geschildert, bei der Milcherzeugung automatisch anfallen, immer über den Sinn einer solchen Produktlinie debattieren kann. Wenn alle Milchschnitzel essen, wohin dann mit den Stierkälbern, die dabei zwangsläufig auch geboren werden? Aber gut, mal ganz vorurteilsfrei betrachtet … die Schnitzel kommen mit Panade in den Handel und sind in ihrer Faserstruktur verblüffend nah dran am Original. Wir durften damals unpanierte Schnitzel mitnehmen, zum Testen in unserer Versuchsküche. Ohne die knusprige Hülle aus Bröseln, Fett und Gemüse schmeckte das Ersatzfleisch offen gesagt wie unverwüstliche Plastikmasse. Das Schnitzelaroma kam nur durch die Panade zustande. Könnte man dann nicht lieber gleich eine Sellerie- oder Kohlrabischeibe panieren, anstatt mit großem prozessualem Aufwand etwas vermeintlich Fleischähnliches zu fabrizieren? Denn um aus Milch fleischartige Fasern zu backen, braucht es aufwendige Arbeitsschritte – und einiges an Chemie.

Fleisch ohne Fleisch – wie geht das?

Basis der Fleischersatz-Produkte, die es mittlerweile übrigens auch als Ersatz-Fisch gibt, sind in aller Regel eiweißreiche Hülsenfrüchte wie Erbsen, Lupinen oder Sojabohnen. Gut daran ist auf jeden Fall, dass das heimische Pflanzen sind, deren Anbau unseren Böden eher guttut. Selbst Soja in Tofu-Würsten stammt nach Herstellerangaben in der Regel nicht aus Südamerika, sondern eher aus Europa. Fleischersatz, der sich grillen lässt, wird manchmal auch aus Seitan hergestellt, das ist eine Tofu-ähnliche Masse aus purem Weizeneiweiß das aus Mehl ausgewaschen wird. Wer meint, Gluten nicht zu vertragen, sollte davon also lieber die Finger lassen.

Um eine Fleischanmutung zu bekommen, werden diese Produkte häufig mit Rote-Bete-Saft gefärbt. Und dann kommt die Lebensmittelchemie zum Zug … Für den charakteristischen Geschmack von Fleisch benötigt man die Geschmacksnote Umami. Die wird durch Glutaminsäure erzeugt, das ist der Stoff, der Glutamat geschmacksverstärkend wirken lässt. Weil aber die typische Klientel für

Fleisch- und Fischersatz oft lieber keine Zusatzstoffe essen möchte, nutzen die Hersteller gerne Zutaten wie Hefe-, Weizen- oder Milcheiweißextrakt. Chemisch wirkt da derselbe Stoff wie in Glutamat, und die Funktion der Extrakte ist exakt dieselbe wie die von Glutamat und Co. Dank der seltsamen Wege unseres Lebensmittelrechts muss diese Funktion aber nicht auf der Zutatenliste angegeben sein.[49] Die Wirkung bleibt dieselbe: Hier schmeckt nicht das »Würstchen«, sondern der Geschmacksverstärker. Ich habe mal bei einem Hersteller gedreht, der vegane Aufschnitte, Döner und Würstchen produzierte. Nach einem Tag in dessen Versuchsküche, wo ich mich durch die ganze Produktpalette probieren durfte, habe ich abends noch stundenlang den Geschmack von Hefeextrakt aufgestoßen.

Den größten Hype auf dem Markt der Ersatzprodukte schaffte 2019 der Burger-Fabrikant »Beyond Meat« – der Aktienkurs des US-Herstellers ging zeitweise durch die Decke, die Patties waren ständig ausverkauft. Hollywoodstars wie Leonardo di Caprio zählten zu den Investoren. Mittlerweile gibt es zahlreiche Kopien des Kultburgers, die erstaunlich nah an Fleisch-Hacksteak herankommen. Dank der Roten Bete tritt bei leichtem Druck sogar etwas rote Flüssigkeit aus. Ich habe ja schon erwähnt, dass mir dieser Markt etwas rätselhaft erscheint. Warum Produkte

---

[49] Mehr dazu bei den Fertiggerichten ab Seite 240. Wer genau wissen will, hinter welchen Begriffen sich Geschmacksverstärker verbergen können – auf den Seiten 276–277 gibt es eine Liste.

für Menschen, die nicht schuld am Tod von Tieren sein wollen, eine blutige Anmutung schaffen müssen, finde ich echt schräg. Aber der Erfolg gibt ihnen recht …

Ökotest hat im März 2022 veganen Aufschnitt getestet.[50] Von 19 Ersatzwürsten fielen 13 mit der Note »mangelhaft« glatt durch. »Sehr gut« schaffte keine einzige Probe. Viele der veganen Aufschnitte enthielten demnach bedenkliche Inhaltsstoffe, wie zum Beispiel den Verdicker Carrageen. Dieser Stoff wird aus Rotalgen gewonnen – klingt nach Natur und Gesundheit, doch wie andere Emulgatoren steht auch Carrageen in Verdacht, Entzündungen im Darm auszulösen.[51] Bis auf zwei Produkte enthielten alle getesteten Würste Spuren von Mineralöl. Zwei Bioprodukte enthielten Rückstände von Mineralölkohlenwasserstoffen (MOAH), in den meisten Produkten fand das Labor zudem Verunreinigungen mit gesättigten Mineralölkohlenwasserstoffen (MOSH/MOSH-Analoge). MOSH lagern sich im menschlichen Körper an, zum Beispiel im Fettgewebe. Ob das schädlich für uns ist, ist umstritten. Aber so richtig appetitlich ist es nicht.

Gemeinsam haben all diese Fleisch-Ersatzprodukte, dass ihre Ökobilanz auf den ersten Blick viel besser ist als die von richtigem Fleisch. Das Umweltbundesamt hat das 2019 untersucht[52] und kommt in seiner Studie zu dem Schluss,

50 https://www.oekotest.de/essen-trinken/Vegane-Wurst-im-Test-13-Aufschnitte-sind-mangelhaft-oder-ungenuegend-_12574_1.html
51 Mehr zum Thema Zusatzstoffe gibt's im Kapitel Fertiggerichte ab Seite 240.
52 https://www.umweltbundesamt.de/sites/default/files/medien/1410/publikationen/2020-06-25_trendanalyse_fleisch-der-zukunft_web_bf.pdf

dass im Vergleich zu Rindfleisch 90 Prozent weniger Treibhausgase entstehen. Der Haken an diesen Rechnungen ist, dass hier immer mit dem Gewicht gerechnet wird, nicht mit dem Kalorien- oder Nährstoffgehalt. Setzt man Sättigungswert und Emissionen ins Verhältnis, wäre die Bilanz von Fleisch gleich viel besser. Ich habe dazu allerdings keine richtig guten Studien gefunden. Bei »Beyond Meat« wurde die Ökobilanz dadurch vermiest, dass die Trend-Patties lange Zeit aus den USA gekühlt eingeflogen wurden. Ist die Basis des Ersatzfleischs aus Insektenproteinen, fällt die Bilanz etwas schlechter aus – wobei man da aus meiner Sicht wieder diskutieren kann, warum Insekten essen besser sein soll als der Verzehr etwa von Schwein oder Rind. Insekten sind ja eindeutig auch Lebewesen, nur nicht so niedlich wie kleine Ferkel.[53] Noch weniger Treibhausgase entstehen allerdings, wenn man gar nicht erst diese hochprozessierten Lebensmittel isst, sondern einfach gleich Gemüse.

Mittlerweile gibt es allerdings einige Produkte auf dem Markt, die Fleisch erstaunlich gut imitieren. Das Start-up Planted schafft es, durch Verfahrenstechnik verblüffend authentische Fasern aus heimischem Erbsenprotein zu fabrizieren, und kommt dabei auch noch komplett ohne Geschmacksverstärker und Aromen aus. Redefine Meat bastelt im 3D-Drucker steakartige Strukturen und hat

---

53 Unter Tierwohlaspekten besonders unsinnig sind übrigens Ersatzwürste aus Hühnereiweiß, wie etwa die vegetarischen Produkte von Rügenwalder Mühle – weil es letztlich egal ist, an welcher Stelle des Herstellungsprozesses Tiere sterben.

eine Bratwurst im Angebot, deren Konsistenz so überzeugend ist, dass sie jede Blindverkostung mit Bravour besteht. Ich war, wie eingangs erwähnt, lange sehr skeptisch, warum es diese Produktkategorie überhaupt braucht. Seit ich vegane Familienmitglieder am Tisch sitzen habe, bin ich ganz froh um pflanzliche Fleischalternativen.

Tiere aus dem Reagenzglas

Vielleicht ist es tatsächlich so, dass unsere Gesellschaft mit ihrem völlig überzogenen Fleischkonsum diese Produkte braucht, um sich vom Fleisch zu entwöhnen, gewissermaßen als Ersatzdroge für Fleischjunkies. In etlichen Laboren weltweit wird unterdessen an einem Fleischersatz gearbeitet, der »richtiges« Fleisch erzeugt, aber ohne dass dafür geschlachtet werden muss – oder zumindest fast ohne … Fleisch aus der Retorte. Seit Ende 2020 vermarktet der amerikanische Hersteller Eat Just in Restaurants in Singapur Hühnerfleisch, das im Labor aus Zellkulturen gezogen wird. Um die Kosten zu senken, wird das Laborfleisch dort mit Pflanzenproteinen gestreckt. Das Verhältnis zwischen tierischen und pflanzlichen Proteinen ist das Geheimnis des Herstellers.

Ausgangspunkt von Laborfleisch sind Muskelzellen eines Tieres. Die kann man einem Rind oder Schwein entnehmen, ohne dass man es dafür schlachten muss – unangenehm für das Tier ist diese Prozedur allerdings trotzdem. Aus diesem Gewebe werden Stammzellen gewonnen und in einem Bioreaktor vermehrt. Auf diese Weise entstehen sehr dünne Fleischschichten, eine ähnliche Konsistenz wie Hackfleisch. Rund 20 000 Muskelzellen braucht man etwa für einen Burger, ergänzt durch Fettzellen, die auf ähnliche Weise gezüchtet werden. Ein In-vitro-Steak ist noch in weiter Ferne – Start-ups experimentieren dafür mit 3-D-Druckern, aber die feste, dreidimensionale Zellstruktur ist ein Problem. Das größere Problem bei diesem Verfahren jedoch ist die Nährlösung, die für die Zellkulturen benötigt wird: Fetales Kälberserum funktioniert dabei am besten. Es wird aus dem Blut der noch schlagenden Herzen ungeborener Kälber gewonnen. Das Kalb stirbt bei der Entnahme. Klingt ziemlich nach Frankenstein, ist auch so, und damit sind am Ende eben doch Tiere tot. Wobei Mosa Meat, Pionier bei der Herstellung von Laborfleisch, im Sommer 2020 verkündet hat, dass er jetzt tierfreie Nährmedien einsetzen könne. Was genau das sei, wird nicht verraten.

Der erste Burger, gezüchtet 2013 in den Niederlanden an der Uni Maastricht, kostete unglaubliche 250 000 Euro. Ich kann nachvollziehen, dass man da keine größeren Presseverkostungen organisiert hat, auch wenn ich natürlich sehr neugierig gewesen wäre. Mittlerweile ist das Laborfleisch etwas massentauglicher, aber immer noch recht teuer – die niederländische Beratungsfirma CE Delft prognostiziert in näherer Zukunft einen realistischen Ladenpreis von 15 Euro pro Kilogramm, vorausgesetzt, die Prozesse werden noch weiter optimiert. Das wäre dann immer noch teurer als ein Kilogramm Biohackfleisch von glücklichen Schweinen und Kühen. Wenn man damit Tierleid vermeiden und das Klima schützen könnte, wäre es mir das dennoch unbedingt wert. Doch gerade über die Öko-bilanz wird unter Experten noch gestritten. Die weiter vorn schon erwähnte Studie »Fleisch der Zukunft« des Umwelt-bundesamtes sprach von einer deutlichen Reduzierung der Treibhausgase um mehr als 75 Prozent, verglichen mit Fleisch von konventionellen Stalltieren. Neuere Stu-dien sehen das anders. Demnach würden durch die Labor-fleischproduktion sogar noch mehr Treibhausgase produ-ziert als etwa durch die Herstellung von konventionellem Schweine- oder Hühnerfleisch. Im Moment sind das alles hypothetische Berechnungen, so weit, wie das Fleisch aus dem Reagenzglas noch von der Marktreife entfernt ist, aber die These »Laborfleisch ist auf jeden Fall klimafreund-licher« stimmt schon mal so nicht.

Ein ähnliches Projekt gibt es auch für Fisch. Der Mee-resbiologe Sebastian Rakers will bis 2023 mit seinem »kul-tivierten« Fisch auf den Markt kommen. Auch da stehen am Anfang Fisch-Stammzellen, die in einem Bioreaktor ver-mehrt werden. Der Bluu-Seafood-Chef vergleicht diesen Prozess mit Bierbrauen und ist dabei, ähnlich wie manche seiner Fleisch brauenden Kollegen nach eigenen Angaben mittlerweile unabhängig vom fötalen Kälberserum. Fisch-stäbchen-ähnliche Erzeugnisse schafft sein Team schon, das Ziel ist eine Art Fischfilet aus dem Labor. Auch das müsste dann aber erst noch den Zulassungsprozess der EU durchlaufen.

Fleisch und Fisch for future?

All diese Laborprodukte unterliegen der Novel-Food-Verordnung der Europäischen Union. Bevor der Fleisch- oder Fischersatz aus dem Reagenzglas in Supermärkten oder Restaurants vertrieben werden könnte, müsste die Europäische Lebensmittelsicherheitsbehörde EFSA diese neuartigen Lebensmittel erst einmal gründlich überprüfen. Die Marktzulassung würde davon abhängen, ob die Erzeugnisse tatsächlich sicher sind. Bisher hat keines der forschenden Unternehmen eine EU-Zulassung beantragt.

Bis dahin bleiben Vegetarier:innen mit Sehnsucht nach Fleischgeschmack die vielen Erbsen- und Soja-Ersatzprodukte. Ich empfehle in meinem Blog ja gelegentlich nachhaltige Produkte, die ich selbst richtig gut finde. Deshalb habe ich neulich einen ganzen Schwung Pflanzenaufstriche bestellt, zum Testen. Heftig bei Facebook und Instagram beworbene Produkte einer Manufaktur, die angeblich wie Lachs, Thunfisch Leberpastete oder Griebenschmalz schmecken sollten. Hat tatsächlich alles ganz gut geschmeckt, aber nichts wirklich wie das, was es simulieren sollte. Was man deutlich herausgeschmeckt hat, waren die Gewürze – bei der »Lachs«-Paste etwa das, was sich auch bei Graved Lachs finden würde. Aber dafür dann etwa das Doppelte davon bezahlen, was ein nicht zum Pseudolachs hochgejazzter Erbsenaufstrich sonst kosten würde? Ich fürchte, diese Produkte nutzen in allererster Linie denen, die am Veggie-Trend mitverdienen wollen …

Der Fleischersatz-Kompass

🛒 Die Ökobilanz von Fleisch- und Fischersatzprodukten ist besser als die von Fleisch und Fisch. Noch viel besser allerdings ist die von Gemüse, Getreide oder Hülsenfrüchten, die nicht mit großem Aufwand so bearbeitet wurden, dass sie an Fleisch oder Fisch erinnern.

🛒 Um die tierische Anmutung zu schaffen, ist in aller Regel viel Chemie im Einsatz: Geschmacksverstärker, Aromen, Stabilisatoren.

🛒 Ersatzprodukte aus Milch oder Ei sind vom Konzept her relativ unsinnig – da sind Sie auch Teil des Systems Massentierhaltung und können genauso gut gleich ein richtiges Schnitzel essen.

🛒 Fleisch- und Fischalternativen aus dem Labor sind unter dem Nachhaltigkeitsaspekt keine gute Idee. Der enorm langwierige und energieintensive Herstellungsprozess belastet die Ökobilanz.

🛒 Hybridfleisch – Da musste ich tatsächlich auch erst mal googeln, als mir dieser Begriff zum ersten Mal begegnete. So bezeichnet der Handel Hackfleisch, das mit vegetarischen Zutaten gestreckt wurde. Ganz ehrlich: Raspeln Sie doch bitte Ihr Gemüse einfach selbst und mischen Sie es dann drunter. Das ist billiger, und Sie können dafür sorgen, dass die Qualität der Zutaten stimmt!

Milch

Kaum ein Lebensmittel hat so einen Imagewandel hinter sich wie Milch, vom »Milch-macht-müde-Männer-munter«-Kraftquell zu einer Art weißem Gift. Der Absatz von Milchersatz boomt,[54] und wer als hipper Großstadtmensch seinen Cappuccino noch mit Milch von der Kuh trinkt, will die dann wenigstens laktosefrei. Für jene 15 Prozent der Deutschen, die tatsächlich an Laktoseintoleranz leiden, ist diese Entwicklung höchst praktisch, weil es die »Minus L«-Produkte jetzt in jedem Supermarkt zu kaufen gibt. Vor 20 Jahren brachte die laktoseintolerante Frau eines Kollegen mir vor einer Abendessenseinladung noch extra etwas laktosefreie Sahne bei mir vorbei, weil das damals ein exotisches Nischenprodukt war, nur in ausgewählten Läden zu bekommen. Diese Entwicklung hat etwas sehr Schräges, hängt doch der Erfolg des Kontinents Europa, neben anderen Faktoren, ganz zentral an dem großen Nutzen, den Milch unseren Vorfahren vor ein paar Jahrtausenden bescherte.

Wie gut ist Milch für uns?

Paläogenetiker entschlüsseln seit einigen Jahrzehnten die Geschichte der Milch und der Milchviehhaltung. Unsere heutigen Rinder stammen offenkundig alle von rund

---

54 Zur Ökobilanz von Milchalternativen mehr im nächsten Kapitel, ab Seite 162.

800 Auerochsen ab. Vor 10 500 Jahren wurden Rinder in Syrien und Südanatolien erstmals domestiziert. Etwa vor 6000 Jahren hatten die neuen Haustiere es bis nach Nordeuropa geschafft. Zur gleichen Zeit kam es in Ungarn, südlich des Plattensees, zu einer Mutation im menschlichen Genom, auf Chromosom 2, die sich rasant zu verbreiten begann: Wer diese Erbgutvariante trug, konnte auch als Erwachsener noch Milchzucker verdauen. Bis dahin hatten die Bauern die Milch ihrer Tiere vor allem zu Joghurt und Käse verarbeitet, was besser verdaulich für sie war als die frische Milch. Heute trägt ein Drittel der Weltbevölkerung diese Mutation, in Nordeuropa sind es sogar mehr als 90 Prozent. Die Verbreitung dieser Veränderung im Erbgut geschah ungewöhnlich schnell. Nach den Regeln der Evolution zeigt der Umstand, dass diese Mutation einen enormen Überlebensvorteil bescherte. Wer laktosetolerant war, bekam mehr Nachkommen, verhungerte seltener, hatte weniger Infektionskrankheiten. Dass unsere Urahnen in die Lage kamen, ganzjährig ein nährreiches, landwirtschaftliches Erzeugnis zur Verfügung zu haben, war ein Segen und die Grundlage der weiteren Entwicklung des europäischen Kontinents.[55]

Zurück zur Milch heute. Ich habe weiter vorn schon geschildert, warum Milchviehhaltung auf bestimmten Böden

---

[55] Übrigens ist es selbst für Menschen mit Laktoseintoleranz wichtig, sich nicht komplett laktosefrei zu ernähren, sonst verliert der Körper vollständig die Fähigkeit, mit Milchzucker umzugehen. Milchprodukte mit geringem Laktoseanteil – Hartkäse wie Gouda oder Parmesan, zum Beispiel, oder Kefir – werden in aller Regel gut vertragen.

eine gute Idee ist, trotz der methanhaltigen Kuhpupse. Sie müsste eben nur anders ablaufen, als das heute oft die Regel ist. Die Betonung liegt dabei auf dem Wort »Böden« – Milch kann ein klimafreundliches Produkt sein, wenn ihre Produzentinnen in der Regel draußen gehalten werden, so wie es ihrer Natur entspricht. Aber das ist in der aktuellen Marktsituation gar nicht so einfach. Ich habe vor einiger Zeit bei einem Milchbauern am Rande des Schwarzwalds gedreht. Andreas Schleicher liefert seine Milch bei einer Molkerei ab, die ihre Milch mit dem Label Haltungsstufe 1 des Deutschen Tierschutzbundes vermarktet. Die Bedingungen auf seinem Hof würden auch die viel strengeren Kriterien der Haltungsstufe 2 erfüllen. Doch es gibt im weiten Umkreis seines Hofes keine Molkerei, die diese – teurere – Milch verarbeitet. Deswegen dürfen die Kühe auf dem Längentalhof zwar weiterhin auf die Weide, Bauer Schleicher bekommt für diesen Mehraufwand aber nichts bezahlt.

Das Getrickse mit den Bezeichnungen

Wie der Schwarzwaldbauer arbeitet, ist eigentlich sehr im Sinne der Nachhaltigkeit: Weidehaltung, mit möglichst viel selbst angebautem Futter. In einer Gegend, wo die Böden für Ackerbau nicht sonderlich ergiebig wären und zum Teil auch schlicht zu steil. Weidemilch hat bei der Kundschaft ein gutes Image. Und irgendwie meinen wir ja auch genau zu wissen, was darunter zu verstehen ist: eine Kuh, die meistens auf der Weide steht. Dummerweise ist »Weidemilch« kein gesetzlich geschützter Begriff. Im Grunde kann jede Molkerei selbst definieren, was bei ihr als Weidemilch gilt. Es hat sich in der Branche einge-bürgert, dass 120 Tage Weidegang mit mindestens 6 Stun-den Dauer ausreichen, damit die Milch »Weidemilch« hei-ßen darf. Jetzt hat das Jahr bekanntlich 365 Tage und der Tag 24 Stunden. Wenn ich das umrechne, dann muss die Milchkuh nach diesen Spielregeln nur etwa ein Zwölftel ihres Lebens auf der Weide verbringen – und schon hat sich ihre Milch das verkaufsfördernde Etikett verdient. Im Gegensatz dazu ist Heumilch eine von der EU klar defi-nierte Bezeichnung mit eindeutigen Vorschriften dazu, wie die Tiere gehalten und gefüttert werden müssen. Das klingt verwirrend und ist es auch.[56]

Unsere Sehnsucht, dem Klima nicht zu schaden und es möglichst richtig zu machen, wird leider allzu oft ausge-nutzt. Einen besonders dreisten Etikettenschwindel leistet sich Aldi: In seinen Märkten gibt es seit einiger Zeit »kli-maneutrale« Milch. Dabei hat sich weder an den Haltungs-bedingungen der Kühe noch an ihrer Verdauung mit den Methan-Emissionen etwas geändert. Stattdessen kompen-siert der Discounter die Treibgas-Emissionen der Milch-herstellung mit einem Waldprojekt in Uruguay. Meine ZDF-Kolleg:innen von der Sendung *frontal* sind dem nach-gegangen und stießen nicht auf ein ökologisch sinnvolles

---

56 Eine Liste mit Siegeln zu den Haltunsbedingungen von Milchkühen und in-wiewiet sie verlässlich sind, gibt es in Teil 3 auf Seite 262.

Aufforstungsprojekt – so ist die Kompensation ja eigentlich gedacht. Sondern auf einen Eukalyptus-Plantagenwald, der zur Papierherstellung dienen wird, konsequent Glyphosat-gespritzt. Das hat mit Nachhaltigkeit gar nichts zu tun, dafür aber, wie so oft bei Aldi, mit cleverem Marketing … Die Andechser Molkerei geht einen besseren Weg: Sie hat für ihre Biomilcherzeuger:innen die Aktion »Klimabauer« ins Leben gerufen – eine, wie ich finde, richtig gute Idee, weil sie die Höfe dafür belohnt, dass sie an ihrer Ökobilanz schrauben, zum Beispiel durch gezielten Humusaufbau. Die Teilnehmenden bekommen 10 Euro pro Tonne zusätzlich eingespartem CO_2.

An der Uni Göttingen arbeitet ein Forschungsteam an der Entwicklung eines Futterzusatzstoffs namens 3-Nitrooxypropanol. Er blockiert ein Enzym, das wichtig für die Methanbildung in der Kuhverdauung ist. Dieser Stoff könnte den Ausstoß von Methan um 30 Prozent verringern und hat offenbar keine geschmackliche Wirkung auf die Milch. Ich finde es gut, wenn darüber nachgedacht wird, wie sich die Milchvieh-Haltung klimafreundlicher gestalten lässt. Damit uns dieses so wertvolle Nahrungsmittel guten Gewissens erhalten bleiben kann.

Was ist eigentlich frisch?

Ähnlich verwirrend wie die Bedeutung des Wortes »Weidehaltung« ist der Umgang mit dem Begriff »frisch«. Um das zu illustrieren, komme ich noch mal auf meinen Großvater zurück. Wenn er in den 1920er-Jahren Milch im Milchladen holte, in einer Kanne, dann war diese Milch mehr oder weniger so belassen, wie sie aus der Kuh kommt. Nach kurzer Zeit bildete sich oben eine Rahmschicht. Die Milch war extrem schnell verderblich und dürfte heute so im Laden gar nicht mehr verkauft werden. Diese Rohmilch darf in Deutschland nur direkt ab Hof oder in besonders streng kontrollierten Läden unter dem Begriff »Vorzugsmilch« vermarktet werden, maximal 96 Stunden nach dem Melken und nur mit dem Hinweis »vor Verzehr abkochen«. Diese Milch wäre im Sinne der deutschen Sprache eigentlich die frischste Variante, doch ausgerechnet die darf laut Gesetz so nicht genannt werden.

Was bei uns unter dem Begriff »Frischmilch« in den Handel kommt, ist zwingend zuvor pasteurisiert worden – das bedeutet, sie wird in der Molkerei kurzzeitig auf 72 °C erhitzt, dadurch werden mögliche Keime in der Milch abgetötet. Bei diesem Prozess ändert sich der Geschmack quasi nicht, und die bessere Haltbarkeit ist aus meiner Sicht ein guter Deal: Pasteurisierte Milch hält 7 bis 10 Tage. Zusätzlich wird Milch heutzutage homogenisiert – dabei werden die Fettkügelchen in der Milch zum Platzen gebracht. Homogenisierte Milch rahmt deshalb nicht mehr auf. Mittlerweile findet man im Supermarkt allerdings überwiegend ESL-Milch – ESL steht für »Extended Shelf Life«, also ein längeres Leben im Regal. Diese Milch wurde auf 120 bis 130 °C erhitzt und ist bis zu drei Wochen haltbar. Meine Urgroßmutter hätte das vermutlich nicht als frische Milch bezeichnet, sondern als gekochte Milch. Aber meine

Urgroßmutter kannte natürlich auch noch nicht die Irrungen und Wirrungen deutscher Lebensmittelgesetzgebung. ESL-Milch hat im Gegensatz zu ihrer pasteurisierten Schwester einen leichten Kochgeschmack und enthält weniger Vitamine als richtig frische Milch. Die ESL-Milch ist vor allem für den Handel praktisch: Ihre längere Haltbarkeit bezieht sich nämlich vor allem auf den ungeöffneten Zustand. Angebrochen verdirbt sie beinahe genauso schnell wie pasteurisierte Milch. In vielen Discountern bekommt man heute nur noch die ESL-Kochmilch.

Ich finde das ärgerlich – ich möchte zumindest die Wahl habe, ob ich ein hochverarbeitetes Lebensmittel kaufe oder eben nicht. Und ich wünsche mir Bezeichnungen, die etwas mit unserem üblichen Sprachgebrauch zu tun haben und den nicht komplett verkehren.

Nachhaltige Milch – auch eine Verpackungsfrage

2018 machte eine Studie des Heidelberger ifeu-Instituts Schlagzeilen. Der Getränke-Verbundkarton sei bei Frischmilch die Verpackung mit der besten Ökobilanz, viel besser insbesondere auch als Mehrwegflaschen. Seitdem wird diese Studie immer wieder gerne zitiert, wenn es um »Die 10 größten Öko-Mythen« geht – so sind nun mal die Mechanismen unserer Medienwelt, überraschende Schlagzeilen sind immer cooler als »Studie beweist: Mehrweg ist tatsächlich besser«. Finanziert hatte diese Studie der Fachverband Kartonverpackungen für flüssige Nahrungsmittel e. V.

Nun ist das Erstellen von Ökobilanzen immer komplex – da sind viele kleine Stellschrauben, die das Ergebnis massiv verändern. In diesem Fall rechneten Umweltschützer nach und entdeckten, dass die Studie bei den Strecken, die Mehrwegflaschen zurücklegen, mit falschen Zahlen gearbeitet hatte. Diese Zahlen wurden mittlerweile korrigiert, der Verbundkarton war nun nicht mehr ganz so turmhoch überlegen, aber gemäß der Studie immer noch besser als eine Mehrwegflasche aus Glas. Kann das stimmen?

Das Umweltbundesamt hat die überarbeitete Studie 2020 evaluiert und als sachlich richtig bewertet.[57] Die Sache hat jedoch trotzdem zwei wesentliche Haken. Der Getränkekarton gewinnt vor allem aus zwei Gründen: Weil er viel weniger wiegt als eine Glasflasche, ist der Transport über weite Strecken sehr viel klimafreundlicher. Und wenn man davon ausgeht, dass der Verbundkarton anschließend ordentlich recycelt wird, hilft auch das seiner Klimabilanz. Nun wird Frischmilch heutzutage aber kaum noch in reinen Verbundkartons vertrieben – fast immer gibt es einen Ausgießer aus Plastik, immer öfter auch einen Plastikboden. Die erhöhen nicht nur das Gewicht, sie machen auch das Recycling schwieriger. Aus lebensmittelrechtlichen Vorschriften darf für Verbundkartons kein Recyclingmaterial verwendet werden, für jeden Karton braucht man also neues Papier, Plastik und Aluminium. Die Deutsche

---

57 https://www.getraenkekarton.de/wp-content/uploads/2021/10/uba-bewertung_fkn-oekobilanz_2020.pdf

Umwelthilfe hat sich die Angaben zum Recycling in der Studie angeschaut und schreibt auf ihrer Homepage:

> *»Anders, als die Hersteller sagen, werden auch nicht 76 Prozent der Getränke-Plastikkartons recycelt, sondern lediglich etwa ein Drittel. Wir haben nachgerechnet, und zieht man Restinhalte, Faserverluste und das verbrannte Aluminium und Plastik ab, kommt man auf gerade mal 30 Prozent. Mehr als ein Drittel der Getränkekartons landet gar nicht erst im Gelben Sack, sondern wird fälschlich in der Papiertonne, dem Restabfall oder der Umwelt entsorgt.«*[58]

Damit wäre dann die Mehrwegflasche wieder vorne, selbst wenn sie weit reist. Das nämlich ist der Faktor, der der Mehrwegflasche in der Studie, auch nach ihrer Überarbeitung, den Garaus macht: Die Umlaufzahlen sind zu klein, es gibt in der Fläche zu wenige Molkereien, die in Milchflaschen abfüllen. Das ist nun etwas, das wir beim Einkaufen in der Hand haben: Wir sollten sowieso nach Möglichkeit regionale Milch kaufen. Wenn wir frische Milch in einer Pfandflasche kaufen, von einer Molkerei aus unserer Region, dann ist die Ökobilanz dieser Milch auf jeden Fall besser als die der Milch in ihrer Plastik-Karton-Verpackung. Und wenn immer mehr Menschen Milch in Pfandflaschen verlangen, verbessert sich deren Ökobilanz immer weiter.

---

58 https://www.duh.de/getraenkekartons/

Woher kommt meine Milch?

Was wir beim Einkaufen relativ einfach feststellen können, ist der Abfüllort der Milch – das hilft bei der Suche nach regional abgefüllten Mehrwegflaschen auf alle Fälle schon mal weiter. In einigen EU-Ländern, etwa in Italien, und in der Schweiz wird auch auf der Packung verraten, wo die Milch selbst herkommt. In Deutschland erhalten wir diese nicht ganz unwesentliche Information nicht. Auf allen Milchprodukten findet man zwar einen ovalen Stempel mit Buchstaben und Zahlen, das sogenannte Identitätskennzeichen – die Buchstaben in der obersten Zeile stehen für den EU-Herkunftsstaat, die Buchstaben in der zweiten Zeile für das Bundesland und die Zahlen für die jeweilige Produktionsstätte für Molkereiprodukte.

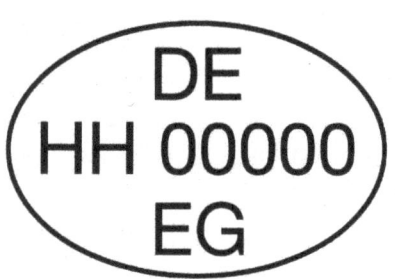

Auf der Seite des Bundesamtes für Verbraucherschutz und Lebensmittelsicherheit kann man herausfinden, welche Molkerei sich hinter dem Kürzel verbirgt.[59] Das Identitätskennzeichen verrät allerdings leider nichts über die Herkunft der Milch. Es ist auch gar kein Kennzeichen, das uns als Kundschaft beim Einkaufen helfen soll. Es ist vielmehr der Beleg für Überwachungsbehörden und Handelsunternehmen, dass der Betrieb, wo das Produkt zuletzt verarbeitet oder verpackt wurde, nach EU-weit einheitlichen Hygienestandards arbeitet und von den amtlichen Lebensmittelkontrolleuren überwacht wird. Das ist natürlich erst mal beruhigend, aber wem am Klimaschutz liegt, der würde doch auch gerne wissen, was er da eigentlich kauft. Bevor ich angefangen habe, mich professionell mit dem Thema Milch zu beschäftigen, hatte ich gerade frische Milchprodukte immer für fast zwangsläufig regional gehalten, wegen des Haltbarkeitsthemas. Weit gefehlt …

Es ist gut möglich, dass die Milch in der Packung einer bayerischen Molkerei aus französischer Sahne, lettischem Milcheiweiß und rumänischer Molke besteht und in der bayerischen Molkerei lediglich zusammengeschüttet und abgefüllt wurde. Viele Molkereien kaufen einzelne Bestandteile der Milch zu, je nachdem, wo es die gerade am billigsten gibt. Auf Europas Straßen rollen LKW kreuz und quer über den Kontinent. Das funktioniert auch deshalb,

---

59 https://apps2.bvl.bund.de/bltu/app/process/bvl-btl_p_veroeffentlichung?
execution=e1s2

weil sich die voneinander getrennten Bestandteile länger halten als frische Milch. Ich habe schon einige Male vor den Toren der Firma Sachsenmilch gedreht, einer Tochter der Unternehmensgruppe Müller. Dort produziert man Milch aus Sachsen, könnte der Handelsname suggerieren. Tatsächlich aber fuhren Milchtransporter aus diversen osteuropäischen Ländern aufs Molkereigelände. Auf Nachfrage teilte uns die Pressestelle von Müllermilch mit, dass 50 Prozent der dort verarbeiteten Milch tatsächlich aus Sachsen sei, 35 Prozent aus den restlichen neuen Bundesländern und 15 Prozent aus anderen EU-Ländern. Was in einem Dresdner Supermarkt als heimische Milch daherkommt, kann also in Wahrheit etliche Tausend Kilometer auf der Uhr haben, CO_2-Emissionen inklusive.

Ich kann hier ein weiteres Mal nur empfehlen, im Zweifel einfach direkt bei der Molkerei anzurufen, deren Milch Sie üblicherweise kaufen. Ich habe das – als Kundin – viele Male ausprobiert und immer alle Fragen beantwortet bekommen. Nach dem Ursprung der Milch, nach dem Preis für die Bauern ... solange uns die Gesetze hier im Stich lassen, müssen wir eben selbst aktiv werden.

Der Milch-Kompass

🛒 Weidemilch ist kein geschützter Begriff. Wenn Ihnen die Lebensumstände ihrer Milchlieferantinnen wichtig sind, müssen Sie recherchieren. Mit Demeter-Heumilch sind die Chancen, dass die Kühe ein gutes Leben haben, recht gut.

🛒 Konkrete Versprechungen auf der Packung müssen der Wahrheit entsprechen. Gentechnikfrei, 300 Weidetage im Jahr, mindestens 40 Cent für die Bauern – was explizit angegeben wird, muss dann auch eingehalten werden, sonst würden sich die Hersteller des Betrugs schuldig machen.

🛒 Ein höherer Verkaufspreis garantiert nicht unbedingt, dass die Bauern mehr Geld für ihre Milch bekommen. Wenn Ihnen faire Bedingungen wichtig sind, greifen Sie zu Produkten, die das konkret versprechen und dazu auf der Packung möglichst präzise Angaben machen. Im Zweifel bei der Molkerei nachfragen, wie hoch im vorangegangenen Quartal der Milchpreis war, den sie ihren Lieferanten gezahlt hat.

🛒 Das Identitätskennzeichen auf der Packung sagt nur aus, wo die Milch abgefüllt wurde. Wer wissen möchte, woher die Milch in der Packung stammt, muss selbst aktiv werden und bei der Molkerei nachfragen, woher sie ihre Milch bezieht.

🛒 Die Molkerei muss nicht ausweisen, ob sie einfach die Milch ihrer Vertragsbauern weiterverarbeitet oder ob sie diverse Komponenten einzeln zukauft. Das geschieht insbesondere bei Produkten wie Joghurt, aber zuweilen auch bei Frischmilch. Auch hier hilft nur der Anruf bei der Molkerei.

🛒 Kleine Hofmolkereien arbeiten meist transparenter. Wer nur die eigene Milch verarbeitet, hat zwar meist eine kleinere Produktpalette; dafür aber können Sie besser überprüfen, ob es Kuh und Bauer gut geht. Die Organisation Slowfood hat im Netz eine Liste von Hofmolkereien, wo man gute, möglichst naturbelassene Milch bekommt: https://www.slowfood.de/was-wir-tun/vielfalt/milchviel-falt/landkarte-wo-gibt-es-die-gute-milch

Milchersatz

Milchersatz boomt womöglich noch mehr als Fake-Fleisch. Von 2018 bis 2020 haben pflanzliche Alternativen zu Kuhmilch ihren Umsatz fast verdoppelt. Sie übernehmen im Frühstückskaffee oder Müsli die Funktion von Milch, dürfen so aber nicht heißen: Gemäß Anhang VII der europäischen Verordnung Nr. 1308/2013 dürfen Hersteller nur Produkte tierischen Ursprungs als Milch bezeichnen. Rührend, wie sich der Gesetzgeber hier ausnahmsweise mal darum sorgt, dass wir verwirrt werden könnten, nicht wahr? Da würden mir noch eine ganze Menge dringlichere Entwirrungsaufträge einfallen … Aber sei's drum – weil ich glücklicherweise keine Herstellerin bin, sondern Journalistin, verwende ich hier jetzt trotzdem den Begriff Milch und vertraue mal darauf, dass ich Sie nicht verwirre.

Was ist in Ersatzmilch drin?

Wegen der Gesetzesvorgabe werden diese Produkte meist unter der Bezeichnung »Drink« vertrieben. Gemeinsam haben die Pflanzendrinks, dass ihre Hersteller sich oft bemühen, ein ähnliches Nährstoffprofil zusammenzubasteln, wie es Kuhmilch bietet. Grundlage dafür ist immer eine eiweißreiche Pflanze. Je nach Hersteller bleibt der Pflanzendrink relativ naturbelassen oder wird mit Zusatzstoffen und Zucker gepimpt. Vorneweg Kalzium – Milch ist ja unter anderem deshalb ein so wichtiges Lebensmittel für uns Menschen, weil Milchprodukte unseren Körper mit Kalzium versorgen. Gerade für Veganer:innen ist es also sinnvoll, wenn der Milchersatz den Mineralstoff enthält, denn Hafer, Soja und Co. liefern davon viel weniger, Hafermilch beispielsweise nur ein Drittel. Vom zugesetzten Zucker muss man sich nicht schrecken lassen: Auch Milch von der Kuh enthält von Natur aus etwas Zucker; wer eingefleischte Milchfans zum Umsteigen bewegen will, muss den Originalgeschmack ja irgendwie treffen. Problematischer sind manche Phosphatverbindungen, etwa Calciumphosphat und Tricalciumphosphat auf der Zutatenliste. Auch Kaliumphosphat als Säureregulator muss nicht sein. Denn Phosphat kann in größeren Mengen den Nieren schaden. Die Europäische Behörde für Lebensmittelsicherheit (EFSA) schätzt, dass wir in Europa bis zu 30 Prozent der Phosphate über Zusatzstoffe in Lebensmitteln aufnehmen. Da ist jede Phosphatdosis weniger ein Gewinn. Die Zeitschrift *Ökotest* hat im Dezember 2021 Pflanzenmilch getestet.[60] Neben den Phosphatzusätzen kritisierte das *Ökotest*-Team vor allem die Vitaminzusätze als überflüssig – mit den Vitaminen könne man sich auch gut anderweitig versorgen, selbst als Veganer:innen. Oft steht auf der Zutatenliste auch der Begriff »Aroma« – das kann quasi alles sein, ein einzelner Aromastoff oder eine Mischung; hinter diesem Wort kann

60 https://www.oekotest.de/essen-trinken/Hafermilch-im-Test-Wie-empfeh-lenswert-sind-Alpro-Oatly-Co-als-Milchersatz_12207_1.html

sich aber auch der Geschmacksverstärker Glutamat verbergen.

Zwischen den unterschiedlichen Ausgangspflanzen gibt es in Bezug auf ihre Umweltfolgen große Unterschiede. Ganz generell ist der ökologische Fußabdruck von Pflanzenmilch deutlich besser als der von Kuhmilch. Die verursacht CO_2-Emissionen von 3,2 Kilogramm CO_2-Äquivalenten, Mandelmilch im Vergleich dazu nur 0,7 Kilogramm, Hafer 0,9 Kilogramm, Soja 1,0 Kilogramm und Reis 1,2 Kilogramm. Also alles gut? Nicht ganz.

Das Wasserproblem der Mandelmilch

Für die Erzeugung von einem Liter Weidemilch werden etwa 100 Liter Wasser benötigt. Das haben Forscher der TU Berlin errechnet.[61] Lässt der Milchbauer seine Kühe im Stall und füttert sie mit Import-Soja, steigt der Wasserverbrauch auf 400 Liter pro Liter. Eine handelsübliche Mandelmilch aus dem Supermarkt enthält in einem Liter 20 Mandeln. Für deren Anbau setzt der Bauer 1000 Liter Wasser ein – das Zehnfache des Wasserverbrauchs der Weidemilch. Auch der Sojaanbau ist ziemlich bewässerungsintensiv – für einen Liter Sojamilch errechneten Forscher des niederländischen Twente Water Centre 297 Liter Wasserverbrauch[62] – das geht dann schon in Richtung

---

61 https://www.pressestelle.tu-berlin.de/medieninformationen/2012/mai_
   2012/medieninformation_nr_1112012/
62 https://waterfootprint.org/media/downloads/Report49-WaterFootprintSoy.
   pdf

Stallkuh-Milch. Wir sind hier wieder mal beim Thema Komplexität von Ökobilanzen. Denn bei Wasser kommt es nicht nur darauf an, wie viel davon verbraucht wird, sondern auch darauf, was für Wasser das ist.

Das Wasserzentrum der Universität Twente in Enschede hat ein Modell entwickelt, wie man Wasserverbrauch ökologisch einordnen kann, den Wasser-Fußabdruck. Die Forscher unterscheiden dabei zwischen »grünem«, »blauem« und »grauem« Wasser. Grün ist das natürliche, aus Niederschlägen stammende Bodenwasser. Das meiste Wasser verdunstet über die Spaltöffnungen der Blätter und kehrt in den natürlichen Wasserkreislauf zurück – der Verbrauch dieser Art Wasser ist unproblematisch. Blau bezeichnet das Wasser, das zur zusätzlichen Bewässerung aus Flüssen, Seen oder dem Grundwasser entnommen wird – das ist schon kritischer. Ganz schlecht ist graues Wasser – damit ist der Anteil gemeint, der beim Erzeugungsprozess verschmutzt wird, etwa durch Pestizide oder Dünger.

Zurück zur Mandel: 80 Prozent der weltweit gehandelten Mandeln stammen aus Kalifornien, dem Land also, das im vergangenen Jahrzehnt von einer fast schon epischen Dürre heimgesucht war. Die bewässerungsintensiven Mandelplantagen gelten als eine Hauptursache für die Trockenheit. Das dort eingesetzte Wasser ist ein klassischer Fall von grauem Wasser und damit ein echter Umweltfrevel. Viele Mandelmilchhersteller auf dem deutschen Markt verwenden Mandeln aus Spanien – dort ist das Dürreproblem ähnlich gravierend. Reis steht in Bezug auf Wasser-

verbrauch kaum besser da als die Mandeln. Laut Umwelt-
programm der Vereinten Nationen (UNEP) fließen rund
40 Prozent des weltweit in der Landwirtschaft für künstli-
che Bewässerung eingesetzten Wassers in Reisfelder. Reisfelder sind abgesehen davon ähnlich wie Kühe ein Me-
thanproblem, da Bakterien, die Methan erzeugen, sich
im Schlamm gefluteter Felder rasant schnell vermehren:
10 Prozent des weltweiten Ausstoßes entstehen beim Reisanbau. Das Wasser hingegen, das beim Erzeugen von Kuhmilch verbraucht wird, ist überwiegend grünes Wasser.

Die nachhaltigste Pflanzenmilch

Leider müssen Hersteller nicht angeben, woher sie ihre
Zutaten beziehen und unter welchen Bedingungen sie erzeugt worden sind. Ich erfahre im Zweifel nicht, ob die
Pflanzen für meine Sojamilch in Österreich gewachsen
sind oder auf gerodetem Regenwald in Südamerika. Wer
sein Ökogewissen möglichst reinhalten möchte, greift
deshalb am besten zu Hafer- oder Lupinenprodukten: heimische Pflanzen, mit niedrigem Wasserverbrauch. Wer
es noch besser machen und Verbundkartons vermeiden
möchte: Die Pflanzenmilch-Produkte bestehen zu großen Teilen aus Wasser. Das zu transportieren verschlechtert natürlich die Ökobilanz. Gerade Hafermilch gibt es
inzwischen von einigen Anbietern aber auch als Pulver
zum selbst Anmischen. Bei Milch fände ich den Zwischen-
schritt mit Pulver schwierig – jeder Verarbeitungsschritt
beeinträchtigt ja auch den CO_2-Abdruck. Aber bei Hafer-

milch handelt es sich ja ohnehin um ein stark verarbeitetes Produkt. Warum dann nicht wenigstens das Transportgewicht massiv reduzieren? Es gibt Produkte in Plastik- und in Papierbeuteln. Wenn sichergestellt ist, dass die Plastikbeutel aus einem Monomaterial bestehen und wenn sie zuverlässig recycelt werden, ist das die ökologisch sinnvollste Variante. Und löst in Haushalten wie meinem, wo generell nur wenig Milch verbraucht wird, das Haltbarkeitsproblem.

Vegane Marketing-Phänomene

Ein erstaunliches Produkt ist für mich veganer Käse. Ich habe zugegebenermaßen ein gespaltenes Verhältnis zu Ersatzprodukten – bei Milch kann ich nachvollziehen, dass etwa Kaffee vielen einfach nur mit etwas Milchartigem schmeckt. Bei Käse würde ich meinen, dass es viele pflanzliche Alternativen aufs Brot gibt, ohne dass man die Trickkiste der Lebensmittelchemie aufmachen muss. Zumal es sich bei veganem Käse um ein Produkt handelt, das vor einigen Jahren spektakulär Negativschlagzeilen gemacht hat.

Erinnern Sie sich noch? Pizzahersteller gerieten schwer ins Gerede, weil sie statt echtem Käse sogenannten Analogkäse auf ihre Tiefkühlpizzen gekrümelt haben, eine sehr preisgünstige Mischung aus Stärke, Pflanzenfett und Farbstoffen. Für die Fabrikanten war das ein richtig gutes Geschäft, bis ihnen die Lebensmittelkontrolleure auf die Schliche kamen. Seitdem muss Analogkäse als solcher ausgewiesen werden und ist deshalb aus den meisten Rezepturen wieder verschwunden.

Zumal es jetzt eine Methode gibt, das gefärbte Öl-Stärke-Gemisch viel teurer zu verkaufen: Im Prinzip ist nämlich veganer Käse nichts anderes als der Billigpamp auf der Pizza, er kostet jetzt nur viel mehr, weil er mit dem verkaufsfördernden Argument »vegan« beworben werden kann. Die Verbraucherzentrale Bremen hat sich im Herbst 2021 vegane Käsealternativen angeschaut[63] und den 43 analysierten Produkten kein besonders gutes Zeugnis ausgestellt – viel Chemie, Farbstoffe, Aromen, und oft ist das Fett im Käse Palmöl, mit seinem problematischen Klimagepäck. Dazu später mehr.

Die gute Nachricht: Laut Zahlen des ifeu-Instituts[64] verursachen »vegane Genießerscheiben auf Kokosfett-Basis« weniger als halb so viel CO_2-Äquivalente wie Käse aus Kuhmilch – 2 Kilogramm CO_2-Äquivalente im Vergleich zu 5,7 Kilogramm beim durchschnittlichen Kuhmilch-Käse. Hier sind wir wieder in der sehr komplizierten Welt der Ökobilanzen; es käme nun natürlich wieder auf die Frage an, wie die Kuh gehalten und gefüttert wurde, deren Käse wir hier vergleichen, und welche Eiweißquelle im veganen Käse verwendet wurde. Mir stellt sich auch hier wieder die Frage, ob wir überhaupt ein hochprozessiertes Produkt brauchen… Nur mal zum Vergleich: Die so in Verruf geratene Avocado verursacht nur 800 Gramm CO_2-Äquivalente

63 https://www.verbraucherzentrale-bremen.de/wissen/lebensmittel/gesunder-ernaehren/alles-kaese-veganer-aufschnitt-unter-der-lupe-64865
64 https://www.ifeu.de/fileadmin/uploads/Reinhardt-Gaertner-Wagner-2020-Oekologische-Fu%C3%9Fabdruecke-von-Lebensmitteln-und-Gerichten-in-Deutschland-ifeu-2020.pdf

pro Kilogramm – wer also tatsächlich aus Klimaschutz-gründen auf eine vegane Ernährung setzt, sollte konse-quenterweise lieber Guacamole aufs Brot streichen, als zu Milch-Ersatzprodukten zu greifen ... Nur bei Pizza fällt mir keine sinnvolle Gemüsealternative ein, wer die vegan ge-nießen möchte, kommt um den guten, alten Analogkäse nicht herum. Die Bremer Verbraucherschützer relativieren die Ökobilanz von Ersatzprodukten zudem mit dem Argu-ment, dass der vegane Käseersatz sehr viel weniger Nähr-stoffe enthält als Käse von der Kuh.[65] Wer sich vollwertig ernähren will, benötigt davon im Grunde mehr.

Auch bei Käseersatz ist, ähnlich wie bei den Ersatzmilch-produkten, die zentrale Frage: Was ist verarbeitet worden? Viele der getesteten Produkte enthalten als Fett Kokos- oder Palmfett. Beides ist hochproblematisch, wegen seiner An-baubedingungen – Regenwaldrodung, Vertreibung lokaler Bauern, Vernichtung der Lebensräume von Menschenaf-fen.[66] Manche Produkte werden sehr kreativ beworben: Die veganen Genießerscheiben von Simply, beispielsweise, ge-rieten ins Visier des Verbraucherschutzportals Lebensmit-telklarheit.de, weil sie so vollmundig mit den enthaltenen Mandeln warben. Bei genauer Lektüre des Kleingedruck-ten auf der Packungsrückseite wurde dann offenbar, dass die Mandeln Teil einer »Mandelzubereitung« waren, die

---

65 Auch hier gilt übrigens wieder, dass Hersteller ihre Produkte nicht Käse nennen dürfen, sondern irgendwie kreativ alternative Namen finden müs-sen.
66 Mehr zu Palmöl und Co. im Kapitel »Öle und Fette« ab Seite 214.

überwiegend aus Wasser bestand. Der tatsächliche Mandelanteil des Produkts lag bei einem Prozent. Fürs Klima ist das eine gute Nachricht, wo Mandeln doch so einen dramatischen Wasserfußabdruck haben, aber wollen Sie wirklich viel Geld dafür ausgeben, dass jemand Stärke und Öl färbt und mit Zusatzstoffen schmelzfähig macht? Ich würde mir da lieber etwas Frisches kaufen!

Was wirklich problematisch ist, ist Käse aus Cashewnüssen. Cashewkerne sind botanisch keine Nüsse, sondern Schalenobst. Angebaut werden sie überwiegend in Elfenbeinküste, verarbeitet aber in der Regel in Indien und Vietnam. Der Transport der rohen Nüsse ist schon mal ein massiver Ökofaktor, ungeschält wiegen sie etwa fünfmal mehr als das geröstete Endprodukt. Das Schälen der Cashewkerne ist eine gesundheitsgefährdende Angelegenheit: Die Schalen enthalten ein giftiges Öl, es entstehen ätzende Dämpfe, Hautverletzungen sind bei den Arbeiter:innen an der Tagesordnung. Solche Missstände sind es, die mit einem vernünftigen Lieferkettengesetz bekämpft werden sollten. Da dieses Geschäft aber über so viele Zwischenstationen läuft, kann der Produzent einer veganen Käsealternative aus Cashew, sagen wir mal im Allgäu, für die Arbeitsbedingungen und die Umweltsünden unterwegs nicht haftbar gemacht werden.

Meine Urgroßmutter hätte sich vermutlich sehr gewundert, wenn man ihr erzählt hätte, dass das Zusammenpanschen von billigen Grundzutaten aus aller Welt einst ein ungeheuer lukratives Geschäft werden würde, einfach nur, weil es das Label »vegan« trägt. Ich würde mir wünschen, dass wir unseren Speiseplan mit möglichst wenig Chemie und vielen »echten« Zutaten gestalten.

Der Milchersatz-Kompass

🛒 Wenn Sie Milch durch eine Alternative ersetzen wollen, sollten Sie auf heimische Pflanzen setzen. Hafer oder Lupine haben eine extrem viel bessere Klimabilanz als Mandeln oder Reis.

🛒 Verbundkartons sind eine ökologisch schwierige Art der Verpackung. Hafermilch gibt es mittlerweile auch als Pulver, in gut recycelbaren Tüten. Und Sie sparen zudem viel Transportenergie, wenn Sie das Wasser aus Ihrem Hahn nutzen, anstatt das Wasser im Getränkekarton durch die Gegend zu fahren.

🛒 Zutatenliste genau lesen – je weniger Zusatzstoffe, desto besser. Produkte mit Phosphatverbindungen würde ich nicht kaufen.

🛒 Veganer Käse ist ein hochprozessiertes Produkt, und die Inhaltsstoffe sind fast immer ökologisch bedenklich. Kokosöl ist dabei eher noch schlechter als Palmöl – die Umweltfolgen sind ähnlich, bei schlechteren Erträgen pro Quadratmeter.

Eier

Eier sind wahre Alleskönner: Sie liefern uns wertvolle Proteine und Vitamine, sie dienen als Bindemittel beim Kochen und Backen. Kein Wunder, dass in praktisch jeder Kultur auf der Welt ein paar Hühner im Hinterhof dazugehören. Das eierlegende Huhn hat sich dabei stark verändert. Die Wildform schaffte ungefähr 15 Eier – im Jahr! 15 Eier legt eine Legehenne heute in weniger als 3 Wochen, im Jahr kommen Hühner heute auf stolze 300 Eier.

Eier sind, wie vorn schon geschildert, wahrscheinlich das tierische Erzeugnis mit der klarsten Herkunftskennzeichnung – zumindest, solange wir sie lose kaufen.[67] Bei Eiern ist die Haltungsform nicht nur ein Indiz dafür, ob das Huhn es nett hatte, sondern auch entscheidend für die Nachhaltigkeit. 60 Prozent der Ökobilanz von Eiern gehen zulasten der Ernährung des Huhns. Pro Ei vertilgt eine Legehenne etwa 150 Gramm Futter – da ist es schlecht, wenn das Sojaschrot war, für den am anderen Ende der Welt Soja angebaut wurde, womöglich auch noch auf gerodetem Regenwaldboden. Deshalb Finger weg von konventionellen Hühnereiern, egal ob aus Bodenhaltung oder Freiland. Nur bei Bioeiern können Sie darauf vertrauen, dass nachhaltig erzeugtes Futter eingesetzt wird, in der Regel Lupinen oder andere Eiweißpflanzen aus heimischem Anbau.

---

67 Wie genau die Kennzeichnung funktioniert, steht in Teil 3 auf Seite 270 f.

Unter Tierwohlaspekten noch besser: Eier aus einer Brudertier-Haltung. Dort werden auch die männlichen Küken aufgezogen und verwertet – deren Fleisch ist etwas härter als das von herkömmlichen Masthühnern. Streng genommen verschlechtert das indirekt allerdings wieder die Klimabilanz der Eier. Denn Bruderküken brauchen länger, bis sie ein ökonomisch sinnvolles Schlachtgewicht auf die Waage bringen und fressen dadurch einiges mehr. Aber solange dieses Futter aus heimischen Leguminosen besteht und nicht aus brasilianischen Sojabohnen, können wir das vernachlässigen. Das System funktioniert natürlich nur, wenn jeder, der Eier essen möchte, auch gelegentlich ein Suppenhuhn – das sind meist in die Jahre gekommene Legehennen – oder einen Bruderhahn kauft.

Das Salmonellen-Ei

Zu meinen Urlaubshighlights gehört es seit Langem, wenn mein Freund Manuel sein legendäres Tiramisu auftischt. Zentraler Bestandteil sind rohe Eier, und an denen entzündete sich eine heiße Debatte: Er kam mit konventionellen Eiern vom Einkaufen, obwohl ich die ganzen Ferien über immer gepredigt hatte, dass wir doch bitte Biolebensmittel kaufen sollen. Sein Argument: Bioeier seien öfter mit Salmonellen belastet …

Salmonellen sind in der Tat ein Problem bei der Geflügelhaltung, ob bei der Erzeugung von Fleisch oder von Eiern. Die Erreger können über das Trinkwasser oder das Futter in die Bestände gelangen. Werden Hühnerfleisch oder eben Eier nicht durcherhitzt, kann das zu schwerwiegenden Durchfallerkrankungen führen. Allerdings sind die Salmonellosen seit 2007 massiv zurückgegangen. In den Jahren 2019 und 2020 fanden etwa niedersächsische Lebensmittelkontrolleure bei ihren Routinestichproben kein einziges befallenes Ei. Die meisten Erkrankungen in Deutschland lassen sich inzwischen auf Fleisch zurückführen. Schon 2009 allerdings hat die Technische Universität München untersucht, ob Bioeier in Bezug auf Salmonellen tatsächlich ein größeres Risiko darstellen als konventionelle. Sie fanden, was die Zahl von Keimen anging, keinen Unterschied zwischen den Haltungsformen. Am Ende hatten die Bioeier trotzdem einen deutlichen Gesundheitsvorteil. Denn die Forschergruppe fand heraus, dass sich bei Biolegehennen signifikant weniger Keime finden, die gegen Antibiotika resistent sind, als bei Tieren aus konventionellen Betrieben. Das ist eine gute Nachricht und ein weiteres schlagendes Argument fürs Bioei!

Der Eier-Kompass

🛒 Zehn frische Eier essen wir Deutsche pro Monat. Wenn wir die nur noch als Bioeier von Zweinutzungshühnern essen würden statt zu Billigeier aus dem Discounter zu greifen, würden wir nur etwa vier Euro mehr im Monat ausgeben. Ich weiß, gerade ist alles teuer ... aber das ist der Preis eines mittleren Cappuccinos bei Starbucks, für viel mehr Tierwohl und Klimaschutz.

🛒 Glückliche Hühner brauchen kleine Herden, mit klaren Hierarchien. Kaufen Sie nur Eier aus Betrieben, wo Sie etwas über die Haltungsbedingungen erfahren können. Am besten ist die Haltung in mobilen Ställen, die regelmäßig versetzt werden.

🛒 Im konventionellen Lebensmittelhandel herrscht enormer Preisdruck, der oft an die Erzeuger weitergegeben wird. Das gilt dort auch im Biobereich. Sicherer gehen Sie, wenn Sie direkt ab Hof kaufen. Unter den Biosiegeln hat Demeter grundsätzlich die strengsten Tierschutzauflagen.

🛒 28 Tage beträgt die Mindesthaltbarkeit von Eiern. Erst zehn Tage vor Ablauf müssen sie gekühlt werden.

🛒 Eier nie waschen, wenn sie noch lagern sollen. Wird die Außenhaut verletzt, können Keime ins Innere gelangen. Der Industrie ist es deshalb sogar verboten, Eier zu waschen.

Gemüse

Im vergangenen Winter habe ich ein Interview mit dem ös-
terreichischen Spitzenkoch Paul Ivic gemacht. Der Tiroler
ist einer von vier Köchen weltweit, die mit einem rein vegetarischen Menü einen Michelin-Stern erkocht haben. Ivic
hatte damals ein Pop-up-Restaurant in Zürs am Arlberg gestartet, dessen Konzept nach einer echten Mission Impos-
sible klang: in der Wintersaison in einer der schneereichs-
ten Gegenden der Alpen auf 1700 Metern Höhe regional
und saisonal kochen, und das natürlich vegetarisch! Das
Menü war sehr vielfältig und hat wunderbar geschmeckt.
Mir hat diese Erfahrung eindrucksvoll gezeigt, dass es problemlos möglich ist, sich auf klimafreundliche Weise mit
Gemüse zu versorgen. Wir haben nur schlicht verlernt, was
wann überhaupt Saison hat. Jetzt mal ganz ehrlich: Können
Sie mir spontan sagen, wann Broccoli in Deutschland im
Freiland geerntet werden kann? Oder Feldsalat?[68] Kaufen
kann ich beides bei uns ganzjährig. Und durch die stän-
dige Verfügbarkeit ist uns komplett das Gefühl dafür ab-
handengekommen, angepasst an die Jahreszeiten zu essen.
Dabei kommt es zu eigenartigen Phänomenen: Praktisch
jeder hat mittlerweile schon mal gehört, dass Erdbeeren
im Winter ein Ökofrevel sind. Bei Tomaten hingegen ist
das kaum jemandem bewusst, obwohl die Ökobilanz einer

---

68 Broccoli von Juli bis September, Feldsalat je nach Sorte ganzjährig.

Gewächshaustomate im Winter kaum besser ist als die der verschrienen Erdbeere.

Macht man es so wie die Familie meines Großvaters vor 100 Jahren, dann ist Gemüse an sich ein besonders klimafreundliches Lebensmittel. Wer konsequent Freilandware aus der Gegend isst, tut zudem etwas für seine Gesundheit: Nach der Ernte gehen die Stoffwechselprozesse im Gemüse weiter, weil aber der Kontakt zum Boden als Nährstofflieferant fehlt, bauen sich Vitamine und Mineralstoffe im Erntegut ab, bei Raumtemperatur kann das 50 Prozent pro Tag ausmachen. Dass Gemüse zu Zeiten meines Großvaters grundsätzlich nährstoffreicher war, ist ein Mythos. Aber weil das, was wir essen, oft tagelang unterwegs war, bevor es uns überhaupt zum Kauf angeboten wird, bekommen wir dennoch viel weniger Vitamine und Co., als möglich wäre. Ganz abgesehen davon: Mit den Nährstoffen geht auch jeden Tag etwas Geschmack verloren …

Schöne neue Gemüsewelt

Meine Urgroßmutter hat das Saatgut für ihr Gemüse selbst hergestellt, aus ihrer Ernte. Heute würde das nicht mehr so ohne Weiteres funktionieren. 95 Prozent der in Europa im Gemüseanbau verwendeten Samen stammen von drei großen Saatgutproduzenten: PuPont-Dow, ChemChina-Syngenta und Bayer-Monsanto. Die großen drei vertreiben sogenanntes Hybrid-Saatgut. Dabei werden Pflanzen so zurechtgezüchtet, dass sie möglichst viel Ertrag erzielen, idealerweise gleichzeitig reif werden oder für die maschinelle Ernte gut geeignet sind. Monsanto hat beispielsweise einen langstieligen Broccoli im Angebot, der sich dadurch leichter abschneiden lässt. Der Nachteil für die Bäuer:innen: Schon in der zweiten Generation lässt der Ertrag massiv nach. Es muss also jedes Jahr frisches Saatgut eingekauft werden – ein Geschäft mit Bestandsgarantie für die Saatgutriesen ... In der traditionellen Landwirtschaft gab es sogenanntes samenfestes Saatgut – da konnten die Höfe ihr Saatgut fürs nächste Jahr aus ihren Pflanzen selbst herstellen. Bayer-Monsanto vertreibt, passend zu seinen Gemüsehybriden, ein maßgeschneidertes Pestizid – das Glyphosat enthält. Ob das nun für uns schädlich ist oder nicht, darüber tobt seit Jahren ein Expertenstreit. Die eine Seite behauptet, ohne eine optimierte Landwirtschaft mit maßgeschneiderten Pestiziden würde die Menschheit verhungern. Die Gegenseite hält »Roundup« und Co. für brandgefährliches Gift. Eine dritte Gruppe hat ebenfalls ein Unbehagen angesichts des Pestizideinsatzes auf unserer späteren Nahrung, befürchtet aber, dass alternative Mittel noch schädlicher sein könnten. Klar ist, dass das Zulassungsverfahren in der EU sich zumindest den Vorwurf mangelnder Transparenz gefallen lassen muss.

Nun haben wir eine stetig wachsende Weltbevölkerung zu ernähren. Dass das nur mit effektiver Landwirtschaft geht – geschenkt. Allerdings bezahlen wir dafür einen hohen Preis: Die Welternährungsorganisation FAO hat 2019 dokumentiert[69], dass in den vergangen 100 Jahren etwa 75 Prozent der einst verfügbaren landwirtschaftlichen Arten verlorengegangen sind. Das ist auch deshalb wenig nachhaltig, weil diese alten Sorten ihren jeweiligen heimischen Böden und Klimabedingungen gut angepasst waren, so wie bestimmte Rebsorten nur in bestimmten Gegenden wachsen. Alte Sorten brauchen weniger Dünger und sind oft robuster – auch hier wären wir gut beraten, wenn wir einen Schritt zurückgehen würden. Bei Biogemüse ist zumindest der Pestizideinsatz schon mal verboten.

Kann Bio die Welt ernähren?

Das Lieblingsargument von Firmen wie Bayer-Monsanto für ihre Form des Landwirtschaftens sind die niedrigeren Erträge des ökologischen Landbaus. Genug vielleicht für eine kleine, elitäre Blase von grünen Städtern, aber niemals genug, um die Menschheit satt zu bekommen. Das klingt zunächst einleuchtend. Doch es gibt zahlreiche Agrarwissenschaftler:innen, die dem widersprechen. Eine Forschungsgruppe der University of California in Berkeley hat 2014 in einer Metastudie 115 Studien mit über 1000 Datensätzen verglichen. Demnach könnte man den Abstand zwischen beiden Systemen mit konsequenten Fruchtfolgen und Mischbepflanzungen auf 8 bis 9 Prozent schrumpfen. Beim Anbau von Hülsenfrüchten wie

69 https://www.fao.org/state-of-biodiversity-for-food-agriculture/en/

Erbsen, Bohnen oder Linsen seien die Erträge sogar vergleichbar. Leitautorin Lauren Ponsio kam damals zu dem Schluss, dass es sich lohnen würde, nachhaltige Anbauformen weiter zu erforschen, dann lasse sich die Lücke vermutlich sogar komplett schließen.[70] Wenn wir gleichzeitig damit aufhören, guten Ackerboden großflächig für den Anbau von Viehfutter zu verschwenden, und nur noch das Fleisch essen, was wir mit bodengebundener Weidewirtschaft erzeugt bekommen, ist die Ernährung der Menschheit bei gleichzeitiger Rettung des Klimas wahrscheinlich gar kein Problem. Und überhaupt – was soll denn die Alternative sein?

Ich denke, mit der ökologischen Landwirtschaft ist es hier ein bisschen wie mit den erneuerbaren Energien. Es mag zunächst bequemer und auch lukrativer sein, so weiterzuwurschteln wie seit Beginn der Industrialisierung. Wohin uns das gebracht hat, ist beim Einsatz von Erdöl, Erdgas und Co. nicht erst seit dem Ukrainekrieg offensichtlich. Hätten wir viel früher und viel konsequenter das Steuer herumgerissen und unsere Energieversorgung klimafreundlicher gestaltet, wären unsere Herausforderungen jetzt deutlich kleiner. Mit »Bio« ist es ähnlich: Klar ist es erst mal einfacher und ertragreicher, Monokulturen anzulegen, die mit Maschinen zu bearbeiten und alles, was stört, wegzuspritzen. Auch hier fangen wir heute an, die Folgen bitter zu bereuen: Wir erleben ein Insektensterben

---

70 https://royalsocietypublishing.org/doi/full/10.1098/rspb.2014.1396

dramatischen Ausmaßes, die Böden werden verdichtet und speichern schlechter Wasser, zugleich werden sie nährstoffärmer. Wollen wir wirklich immer wieder die gleichen Fehler machen? Oder uns vielleicht lieber jetzt besinnen?

Schurkengemüse

Die Rolle des Erzschurken in der Berichterstattung über Gemüse, besonders gerne eingesetzt, um Veganer:innen an den Pranger zu stellen, spielt seit einiger Zeit die Avocado. In der Tat richtet deren Anbau in Südamerika dramatische Umweltschäden an. Ihr CO_2-Abdruck liegt, sofern sie aus Peru auf unseren Tisch kommt, laut der weiter vorn schon mal erwähnten ifeu-Studie zu den Klimafolgen von Lebensmitteln, bei 0,8 Kilogramm CO_2-Äquivalenten pro Kilogramm Avocado.[71] Damit steht sie beispielsweise besser da als Tiefkühlerbsen – die kommen auf 1,2 Kilogramm. Oder als Dosentomaten – 1,8 Kilogramm. Die deutsche Wintertomate, die es kuschelig warm im geheizten Gewächshaus hatte, liegt demnach sogar bei 2,9 Kilogramm.

Nun ist der CO_2-Abdruck ja wie gesagt nicht alles. Der Vergleich hinkt auch etwas: Würde man statt des Gewichts Portionsgrößen ansetzen, verschieben sich die Zahlen. 2 Avocados könnte ich gut essen, ein Kilogramm Tiefkühlerbsen wäre eher keine gängige Portion ... Dennoch, dafür, dass in Chile und Peru ganze Flüsse austrocknen,

71 https://www.ifeu.de/fileadmin/uploads/Reinhardt-Gaertner-Wagner-2020-Oekologische-Fu%C3%9Fabdruecke-von-Lebensmitteln-und-Gerichten-in-Deutschland-ifeu-2020.pdf

möchte ich, unabhängig vom CO_2-Abdruck, ganz sicher nicht verantwortlich sein. Avocados wachsen auch in Europa, nur eben nicht zu jeder Jahreszeit. Spanische Bioavocados, sparsam bewässert mit der Tröpfchen-Methode, sind als gelegentliche Delikatesse völlig okay. Aber es ist immens schwierig herauszufinden, welchen Klimarucksack ich mir auf meinen Esstisch packe. Peru oder Spanien, das kann ich noch erkennen. Aber der Wasserbedarf einzelner Pflanzen? Die Bewässerungsmethode? Die Plastikmenge, die beim Anbau verbraucht wurde? Ich habe das jetzt mit der Adoption eines Avocado-Baums auf einem spanischen Biohof gelöst, der sehr nachhaltig arbeitet.[72] Auch in Sizilien werden neuerdings Bioavocados mit sparsamen Bewässerungssystemen angebaut.

Ich habe vor ein paar Jahren mal in einem Gemüsebetrieb im Chiemgau gedreht – die Besitzer dort nutzen ein natürliches Geothermie-Vorkommen auf ihrem Gelände. Die Erdwärme heizt die Gewächshäuser. Was dort ganzjährig an Tomaten reift, ist richtig umweltfreundlich. Der Betrieb kommt quasi ohne Pestizide aus und setzt stattdessen Nützlinge ein. Die können in diesem geschlossenen System nicht ausbüxen. Diese Tomaten können Sie auch mitten im Winter guten Gewissens kaufen. Aber solange es keine verpflichtenden Ökobilanzen auf Produkten gibt, wissen Sie eben schlicht nicht, ob Sie es mit gutem oder schurkischem Gemüse zu tun haben.

---

72 Mehr dazu bei www.crowdfarming.com

Plastikwüsten

Also bleibt das Ausschlussverfahren. Gemüse aus Übersee sollten Sie schon mal generell nicht kaufen. Aber was ist nun mit der Tomate?

Im Winter kommen frische Tomaten bei uns in der Regel aus den Niederlanden oder aus Spanien. Da haben Sie nun gewissermaßen die Wahl zwischen Pest und Cholera. Die Hollandtomate stammt vermutlich aus Westland an der Nordseeküste, dem größten Glasgewächshausgebiet der Welt. Dort reihen sich über Kilometer Gewächshallen aneinander, im Sommer gekühlt, im Winter geheizt und zuweilen auch noch beleuchtet. Die Energie davon liefert Erdgas – richtig, das, was wir eigentlich nicht mehr in die Atmosphäre blasen wollten. In Spanien wachsen die Tomaten stattdessen unter Plastikfolientunneln, die mithilfe der Sonne beheizt werden. Die Energiequelle ist fein, das Plastik aber ist wieder aus Erdöl. Manche Produzenten nutzen inzwischen sogenanntes Bioplastik aus Maisstärke, was ein ziemlich fauler Kompromiss ist, denn für dessen Herstellung benötigt man besonders viel Energie, indirekt ist also auch da wieder Erdöl im Spiel. Plastikfolien sind eine wichtige Quelle für Mikroplastik in der Natur. Die Folien aus der Landwirtschaft sind nach ihrem Gebrauch zu verschmutzt, um noch recycelt zu werden. Ein Forschungszentrum in Almería hat berechnet, dass jedes Jahr 450 Millionen Kilogramm Gewächshausfolie im Meer landen. Der Rest wird verbrannt. Der massenhafte Einsatz von Plastik ist übrigens kein rein spanisches Phänomen: 98 Prozent des deutschen Spargels wachsen mittlerweile ebenfalls unter Folie, mit dem gleichen Rattenschwanz an Problemen wie in Spanien.

Über die Ausbeutung der Arbeiter beim Gemüseanbau etwa in Spanien und Italien haben wir noch gar nicht geredet, und dann ist da noch der immense Wasserbedarf, den unser Gemüse im heißen Süden hat, und das ausgerechnet in Gegenden, wo Wasser ohnehin ein rares Gut ist. Graues Wasser ... nicht gut! Am Ende bin ich wieder bei meinem Großvater: So wie unsere Vorfahren Gemüse genutzt haben, ist es am nachhaltigsten. Alles andere ist Raubbau an unseren Ressourcen, den wir uns nicht mehr lange leisten können. Das bedeutet nicht Verzicht – wie gesagt, ich habe selten so gut gegessen, wie mitten im Winter in Vorarlberg, in dem vegetarischen Restaurant mit dem Jahreszeitenmenü.

Der Gemüse-Kompass

🛒 Saisonales Biogemüse aus Ihrer Region kaufen – und Sie haben alles richtig gemacht!

🛒 Machen Sie sich schlau, welches Gemüse wann Saison hat – deutsche Ware aus dem Gewächshaus oder Folientunnel hat eine noch schlechtere Ökobilanz als weitgereiste Ware.

🛒 Versuchen Sie, möglichst direkt von den Erzeuger:innen zu kaufen, im Hofladen, auf dem Markt oder übers Internet. Dann können Sie fragen, ob sie mit samenfesten Sorten arbeiten statt mit Hybriden. Oder ob sie zu den 2 Prozent folienfreien Spargelbauern zählen. Wer so arbeitet, verdient Ihre Unterstützung – und belohnt Sie mit intensiverem Geschmack!

🛒 Bohnen, Paprika und Feldsalat fallen bei Lebensmittelkontrollen besonders oft mit hoher Pestizidbelastung auf – da sollten Sie wirklich nur zu Bioware greifen!

🛒 Die EU-weit gültigen Güteklassen sind keine Einkaufshilfe bei der Suche nach nachhaltiger Ware, da geht es nur um Optik. Die oberste Handelsklasse »extra« muss gut geformt, einheitlich gefärbt und gleich groß sein. Über Geschmack, Nährstoffgehalt, Pestizideinsatz oder generell Nachhaltigkeit sagt das gar nichts aus. Biogemüse, zum Beispiel, wird fast ausnahmslos in Handelsklasse 2 einsortiert.

🛒 Bohnen aus Ägypten, Kenia und Thailand, Spargel aus Peru und jegliches Gemüse aus Ost- und Westafrika, Thailand und der Dominikanischen Republik sind praktisch immer mit dem Flugzeug zu uns gereist und damit besonders klimaschädlich.

🛒 Nicht jedes Gemüse gehört in den Kühlschrank: Tomaten, Auberginen, Gurken, Kürbis, grüne Bohnen, Kartoffeln, Zucchini und Paprika lagern besser bei Zimmertemperatur.

🛒 Laut einer Studie der University of California können
wir mit Gemüse aus eigenem Anbau gegenüber konventionell angebautem Gemüse aus dem Einzelhandel zwei
Kilogramm Treibhausgase pro Kilogramm Gemüse einsparen – weil Transportwege und Verpackungsmaterialien
wegfallen. Außerdem wird im Supermarkt das Gemüse oft
aufwendig gekühlt, bis es verkauft wird.

🛒 Hobbygärtner:innen können mit der App Fryd lernen,
welche Pflanzen gut gemeinsam ins Beet passen.
Unter www.fryd.app kann man auch samenfestes Saatgut
bestellen.

Obst

Ich komme aus einer Obstbauernfamilie. Als ich klein war, waren die meisten Obstwiesen meiner Ahnen im Frankfurter Umland bereits zu Bauplätzen geworden. Aber einige der Kirsch-Äcker am Ortsrand von Kriftel, die mein Großvater im Nebenerwerb bearbeitete, gab es noch. Ich kann mich gut an die riesigen Körbe voller Kirschen in der Garage meiner Großeltern erinnern. Mein Cousin und ich machten dorthin so manches Mal nächtliche Ausflüge im Schlafanzug und aßen Sauerkirschen, bis uns übel wurde. Wir liebten es, mit auf den Acker zu fahren und uns direkt an den Bäumen zu bedienen. Mein Großvater war davon weniger begeistert: Schon damals gab es Erntehelfer, und die Äste weit unten waren auch für die Lohnpflücker einfacher und damit kostengünstiger zu erreichen.

Heute ist mir klar, dass die Obstbäume meines Großvaters schon recht weit von dem entfernt waren, wie ursprünglich Obst bei uns gewachsen ist. Es muss sich dabei um sogenannte Buschbäume gehandelt haben, bei denen die Krone schon 60 Zentimeter über dem Boden beginnt und das Obst dadurch leicht erreichbar ist. Unter Naturschutzaspekten wäre ein Hochstamm besser. Da verzweigt sich der Stamm erst in einer Höhe von etwa 180 Zentimetern. Dadurch bietet der Baum mehr Lebensraum für Vögel, zum Beispiel Spechte, und andere Lebewesen. Aber die Ernte wird dadurch natürlich viel mühseliger ... Irgendwann in den Fünfzigerjahren hat mein Großvater seinen Betrieb deshalb »modernisiert« und Bäume gepflanzt, die leichter zu bearbeiten waren. Die klassischen Hochstamm-Bäume sind auch etwas widerstandsfähiger gegen Schädlinge. Aber dafür gab's ja die Produkte der chemischen Industrie – im Hauptberuf war mein Großvater bei der Pensionskasse der Farbwerke Höchst, mit einem, sagen wir mal, unverkrampften Verhältnis zur Chemie.

Zu dieser Zeit verschwanden auch die Erdbeersorten, die bis dahin angebaut worden waren: kleine dunkelrote Früchte, die unvergleichlich süß schmeckten. In meiner Familie hieß diese Sorte »Deutsche«, wahrscheinlich handelte es sich um die Deutsche Perle oder Deutsche Kaiserin. Diese Erdbeeren musste man unmittelbar nach dem Pflücken verkaufen und dann zeitnah essen oder verarbeiten, weil sie nicht besonders robust waren. Dafür war ihr Aroma aber auch richtig intensiv. Die Pflänzchen auf den Krifteler Äckern waren samenfest; meine Familie machte eigene Ableger und kaufte nur gelegentlich Pflanzen zu, wenn die nicht ausreichten. Ab Mitte der Fünfzigerjahre wurde zusätzlich die Sorte Senga Sengana angebaut, die Entwicklung eines Hamburger Züchters. Diese Erdbeeren schmeckten schon etwas weniger intensiv, waren dafür aber unempfindlicher.

Das große Sortensterben

Was wir heute im Obstgeschäft oder Supermarkt vorfinden, hat mit diesen Früchten wenig gemeinsam. Ich weiß nicht, wie es Ihnen geht – ich falle immer wieder darauf rein. Eine Schale roter Sommerboten, verführerisch leuchtend … und dann frage ich mich zu Hause, warum ich eigentlich Geld für eine Art roten Pflanzenschwamm mit minimalem Geschmack ausgegeben habe. Das hat viel mit dem Thema Zucht zu tun. In den vergangenen Jahrzehnten war das Hauptziel der Zuchtbetriebe, Obst zu schaffen, das sich problemlos über weite Strecken transportieren und endlos lagern lässt. Unglücklicherweise wurde bei dieser Optimierung, hin auf die Bedürfnisse großer Handelsketten, das Thema Geschmack sehr nachrangig behandelt. Mit dem Resultat, dass wir es heute mit Obst zu tun haben, das das Herz jedes Foodstylisten höher schlagen lässt, aber fad und unaromatisch schmeckt. Hier begegnet uns wieder das Phänomen der Güteklassen, das wir schon vom Gemüse kennen: Die Deutsche Perle von den Feldern meines Großvaters hätte vermutlich allenfalls die Handelsklasse 2 geschafft, im Gegensatz zu modernen Erdbeeren, die als »extra« vermarktet werden. Dass Erstere viel besser schmeckt, ist für uns beim Einkaufen eigentlich viel relevanter, spielt aber bei der Kategorisierung des Handels keine Rolle. Nun liefern Höfe natürlich das, was sie besser vermarktet bekommen. Also raten Sie mal, was angebaut wird … Dabei bedeutet diese Entwicklung für uns als Kundschaft nicht nur Nachteile beim Thema Genuss.

Der Verlust der Sortenvielfalt ist bei Deutschlands beliebtestem Obst besonders eklatant: dem Apfel. 2020 kamen die fünf meistangebauten Sorten auf einen Marktanteil von etwa 65 Prozent – Elstar, Braeburn, Red Prince, Gala und Jonagold, alles Sorten, die ähnlich zurechtoptimiert wurden wie moderne Wassererdbeeren. Auch auf den folgenden Plätzen finden sich Neuzüchtungen, etwa Pinova oder Fuji. Diese Sorten brauchen sehr viel mehr Pestizide als alte Sorten – Toleranz gegenüber Obstbaumkrankheiten war bei der Zucht ähnlich unwichtig wie das Aroma, weil man davon ausging, dass im Zweifel eh alles an Schädlingen weggespritzt wird, je nach Wetterlage bis zu 30-mal bis zur Ernte. Diese Pflanzengifte sind zwar auf der Schale kaum zu finden, belasten jedoch Böden und Luft. Und noch einen Haken haben die modernen Sorten: Sie enthalten besonders viele Allergene. Karl-Christian Bergmann forscht an der Berliner Charité zum Allergiepotenzial von Äpfeln. Er beobachtet, dass die Zahl der Menschen mit einer Apfelallergie in Deutschland steigt; es sind jetzt schon mehr als 2 Millionen. Alte Sorten vertragen sie oft problemlos, Gala, Pink Lady und Co. gar nicht. Die alten Sorten enthalten mehr Vitamin C und sogenannte Polyphenole – sekundäre Pflanzenstoffe, die als entzündungshemmend gelten, allerdings auch daran schuld sind, dass das Fruchtfleisch nach dem Aufschneiden schnell braun wird. Modernen Sorten wurde der Polyphenol-Anteil deshalb weggezüchtet. Aber genau diese Stoffe binden auch die Allergene. Diese Entwicklung ist übrigens nicht nur für Apfelallergiker schlecht, sondern auch für die 11 Millionen Heuschnupfen-Patient:innen. Etwa die Hälfte von ihnen reagiert auch auf Obst.

Das Lob der Streuobstwiese

Die Zahl der Feld- und Wiesenvögel ist in Europa seit 1980 um 57 Prozent zurückgegangen, die der fliegenden Insekten um 80 Prozent. Lebewesen, die sich auf einer Streuobstwiese besonders wohl fühlen würden. Diese Wiesen waren in Deutschland einst der Normalfall. Um jedes Dorf herum gab es solche Wiesen, mit hohen, einzeln stehenden Obstbäumen. Bis in den 1930er-Jahren die Rationalisierung des Obstbaus einsetzte.

Eigentlich sind Obstbäume eine tolle Erfindung der Natur: Sie können sich mit Bodenpilzen verknüpfen und beziehen von denen nicht nur Wasser und Nährstoffe, sondern auch Informationen über Trockenstress oder Parasiten. Eine intakte Streuobstwiese kommt weitgehend ohne Pestizide aus. Allerdings liegen die Erträge etwa bei einem Viertel dessen, was zum Beispiel im Turbo-Apfelland Südtirol eingefahren wird. Weil die Hochstammbäume so mühsam abzuernten sind, wandert das Obst dieser Wiesen oft in die Mostanlagen und wird zu Saft verarbeitet – da ist es nicht so schlimm, wenn die Früchte nicht vollkommen makellos sind. Aber vom Grundsatz her wären Streuobstwiesen die nachhaltigste Weise, in unseren Breiten Obst zu erzeugen.

Der Mythos vom ökologischen Neuseeland-Apfel

Bei meinen Großeltern lagerten, wie weiter vorn schon erwähnt, immer Äpfel im Keller. Alte Sorten wie der Rote

Eisenapfel schaffen in einem geeigneten Keller ein Jahr. Auch heute gibt es in unseren Geschäften ganzjährig deutsche Äpfel. Die allerdings verursachen einen enormen Ausstoß an Treibhausgasen. Denn damit ein Apfel auch Monate nach der Ernte noch knackig-frisch wirkt, muss er unter sehr energieintensiven Bedingungen gelagert werden: heruntergekühlt auf 2 Grad Celsius, in einer Spezialatmosphäre, deren Sauerstoffgehalt von 20 Prozent auf ein bis zwei Prozent reduziert wird. Und so hält sich seit einigen Jahren hartnäckig das Gerücht, dass spätestens im Frühjahr die Ökobilanz eines Übersee-Apfels viel besser sei als die des heimischen Kühlhausbewohners. Stimmt das?

Ein großer Teil der importierten Äpfel, die bei uns auf den Markt kommen, stammt aus Neuseeland. Am anderen Ende der Welt ist im Frühjahr Erntezeit – dann also, wenn die deutschen Äpfel bereits sechs Monate Kühlhaus absolviert haben. Was ebenfalls für die Übersee-Äpfel spricht: Wegen des günstigeren Klimas dort tragen neuseeländische Bäume mehr Äpfel als ihre Geschwisterbäume im Alten Land oder am Bodensee. Für die Herstellung von einem Kilogramm Äpfel schlagen dort 2,1 Megajoule Energie zu Buche, in Deutschland werden für die gleiche Menge 2,8 Megajoule benötigt.

Der führende Experte für solche Berechnungen, Michael Blanke, forschte zu diesem Thema seit über 10 Jahren am Institut für Nutzpflanzenwissenschaften und Ressourcenschutz der Universität Bonn. Der promovierte Agrarwissenschaftler leitete dort die AG Ertragsphysiologie und hat 2005 in einer Fachzeitschrift zum ersten Mal einen wissenschaftlichen Vergleich veröffentlicht, damals zwischen Äpfeln der beliebten Sorten Braeburn und Golden Delicious aus Meckenheim bei Bonn, Neuseeland und Südafrika.[73] Aus dieser Arbeit stammen die oben genannten Zahlen. Im nächsten Schritt verglich Blanke damals den Energieaufwand für die Kühlhauslagerung mit dem Energieaufwand für den Schiffstransport: Fünf Monate im Spezialkühlhaus bedeuteten pro Kilo weitere 0,8 Megajoule für die deutschen Äpfel. Der Schiffstransport, wo die Äpfel ebenfalls gekühlt wurden, wenn auch nicht so lange, war da deutlich energieintensiver: Für die 28 Tage Reise aus Neuseeland kamen 2,83 Megajoule pro Kilo dazu, für die 14 Tage aus Südafrika waren es immerhin noch 1,45 Megajoule.

Die Studie ist zwar schon fast 20 Jahre alt, aber an den Eckdaten hat sich seither nicht viel geändert: Erst wenn die deutschen Äpfel 9 Monate im Lagerhaus gelegen haben, überholt der südafrikanische Apfel in Sachen Energiebilanz die heimische Frucht – das wäre also im Juni oder Juli. Beim neuseeländischen Apfel wäre das gemäß Blankes Zahlen sogar erst nach stolzen 18 Monaten – zu diesem Zeitpunkt liegt jedoch längst die nächste Ernte aus deutschen Landen im Laden.

---

73 M. Blanke · B. Burdick: Energiebilanzen für Obstimporte: Äpfel aus Deutschland oder Übersee, In: Erwerbs-Obstbau (2005) 47:143–148.

Doch selbst im Juni wäre auch der südafrikanische Apfel mit Vorsicht zu genießen: Denn möglicherweise ist er nach seiner Ankunft im Hafen von Rotterdam oder Antwerpen genau wie sein deutscher Bruder direkt in ein sauerstoffreduziertes Kühlhaus gewandert und lagerte dort ein, zwei Monate, bevor er Richtung deutscher Supermarkt weitergereist ist. Wer im Supermarkt einkauft, erfährt in aller Regel nur das Ursprungsland seines Apfels und nichts über die Geschichte seines Transports. Die Geschichte vom unbedenklichen Überseeapfel ist also ein Märchen. Ganz abgesehen davon: Es ist diese Praxis, Obst vom anderen Ende der Welt zu uns zu verschiffen, die dazu geführt hat, dass modernes Obst toll aussieht und nach nichts schmeckt. Eine »Deutsche Perle« aus Peru würde es gar nicht bis Europa schaffen ...

Flugobst

Wenigstens fahren Äpfel Schiff. Viele andere Obstsorten, an die wir uns mit großer Selbstverständlichkeit gewöhnt haben, kommen indes mit dem Flugzeug zu uns. Unter Genuss-Aspekten ergibt das einen Sinn: Eine unreif geerntete Mango, die nach vielen Wochen bei uns auf dem Tisch landet, schmeckt einfach nicht besonders gut. Doch der ökologische Fußabdruck von Flugobst ist desaströs.

Vor einiger Zeit war ich in Berlin auf einem Treffen der Fairtrade-Organisation Gebana. Bei dieser Gelegenheit erzählte uns das Team stolz davon, dass sie in der nächsten Saison erstmals Ananas mit dem Schiff nach Europa bringen wollen statt mit dem Flugzeug. Das Überraschende für mich an dieser Nachricht: Mir war gar nicht klar, dass Ananas, zumindest wenn sie aus Westafrika kommt, praktisch immer fliegt. Flugmango ist böse, klar, würde ich nie kaufen. Aber da bei der Ananas nichts davon dabeisteht im Laden, habe ich mir ehrlich gesagt nie Gedanken darüber gemacht und mir ab und zu eine Ananas gegönnt. Es gibt keine Kennzeichnungspflicht für Flugware. Das ist ärgerlich, denn der Unterschied fürs Klima ist enorm. In der schon ein paarmal zitierten ifeu-Studie zu CO_2-Bilanzen von Lebensmitteln[74] gibt es auch einen Vergleich zu Ananas: Ananas aus Südamerika per Schiff verursachen 0,6 Gramm CO_2-Äquivalente pro Kilogramm, Ananas aus Südamerika per Flugzeug 15,1 Gramm. Das 25-fache also … das finde ich ganz schön happig!

Es gibt eine Erhebung der Verbraucherzentralen[75] dazu, bei welcher Ware wir davon ausgehen müssen, dass sie eingeflogen wurde – diese Zahlen stammen von 2009, aber ich schätze, viel wird sich seither nicht verändert haben. Demnach sind diese Obst- und Gemüsesorten typischerweise im Flugzeug angereist, auch wenn das nicht eigens dabeisteht: frische Papayas und frische Guaven, Mangos und Mangostanen aus Pakistan, Brasilien und Thailand, frische Ananas aus afrikanischen Ländern, frisches Obst

74 https://www.ifeu.de/fileadmin/uploads/Reinhardt-Gaertner-Wagner-2020-Oekologische-Fu%c3%9fabdruecke-von-Lebensmitteln-und-Gerichten-in-Deutschland-ifeu-2020.pdf

75 https://www.ichbindannmalimgarten.de/wp-content/uploads/2017/02/Flugimporte-von-Lebensmitteln-und-Blumen-nach-Deutschland_2010.pdf

aus Uganda, Ghana und Togo, Erdbeeren aus Ägypten, Israel und Südafrika.

Das Ende der Banane

Wie selbstverständlich wir heute exotische Früchte konsumieren und welch fatale Folgen das haben, kann man gut an der Banane erklären – nach dem Apfel das zweitliebste Obst in Deutschland. 99 Prozent der Bananen in unseren Supermärkten sind Bananen der Sorte Cavendish. Diese Sorte vermehrt sich, indem man abgeschnittene Triebe in die Erde steckt. Deshalb sind quasi alle Bananen auf den globalen Märkten Klone – die größte Monokultur der Welt! Nun sind Monokulturen immer anfällig für Schädlinge. Für eine genetisch identische Monokultur gilt das noch mehr: Hat ein Erreger erst mal ein Einfallstor gefunden, kann er dadurch ausnahmslos jede einzelne Pflanze befallen. Und fatalerweise ist genau das geschehen und bedroht die Bestände auf der ganzen Welt.

Der Bananenkiller heißt Tropical Race 4, kurz TR 4. Er könnte dafür sorgen, dass es in ein paar Jahren gar keine Bananen mehr im Supermarkt gibt. Seit den 1990er-Jahren dringt der aggressive Pilz über die Wurzeln in Bananenstauden ein und bringt sie zum Vertrocknen. TR 4 ist gegen Fungizide resistent. Von Asien aus verbreitet sich der Erreger über die Welt. Auf den Philippinen ist die Bananenproduktion 2016 schon um 7 Prozent zurückgegangen. Mittlerweile tritt er in Pakistan, Australien, dem Nahen Osten und Afrika auf. Im Sommer 2019 hat er Kolumbien erreicht. Jetzt wird es richtig ernst, denn in Süd- und Mittelamerika sitzen die größten Produzenten der populären Südfrucht.

Besonders bitter an dieser Geschichte ist, dass wir das schon zum zweiten Mal erleben: Vor 60 Jahren löschte der Erreger TR 1 die damals führende Bananensorte Gros Michel praktisch aus. Damals wurden die Cavendish-Klone als Rettung gefeiert – die waren gegen TR 1 resistent ... Nun gäbe es Hunderte Bananensorten, wilde, halb kultivierte, kommerziell nutzbare – vielleicht nicht ganz so robust, nicht endlos lagerbar, dafür aber viel aromatischer. Bananen wären dann vermutlich teurer, doch dafür würden sie tatsächlich wie Bananen schmecken. Die vier großen Fruchtkonzerne Chiquita, Dole, Del Monte und Fyffes, die den Weltmarkt dominieren, stecken ihr Geld aber stattdessen lieber in die Entwicklung eines weiteren Cavendish-Klons. Und der Pestizidhersteller Bayer forscht derweil an einem Anti-Pilzmittel.

Was also tun? Das wissen Sie mittlerweile selbst ... regional ... saisonal ... Wäre es wirklich so schlimm, konsequent das zu essen, was uns unsere Umgebung im Kreis der Jahreszeiten bietet? Und exotische Früchte lieber wieder als das zu behandeln, was sie auch auf dem Obstbauernhof meiner Familie vor 100 Jahren waren: mit Genuss und Achtsamkeit genossene Ausnahmen.

Der Obst-Kompass

🛒 Die grundsätzlichen Tipps aus dem Gemüse-Kompass gelten selbstverständlich auch für Obst! Kaufen Sie das, was Saison hat. Exoten sollten eine Delikatesse für besondere Anlässe sein.

🛒 Obst im Supermarkt sieht auch deshalb oft so gut aus, weil die Theke sehr geschickt beleuchtet ist.

🛒 Belohnen Sie stattdessen lieber Obstanbaubetriebe, die sich um Nachhaltigkeit verdient machen, und suchen Sie gezielt nach alten Sorten, nach Anbau ohne Pestizide und nach Obst von Streuobstwiesen.

🛒 Bei Obst sind die Pestizid-Spitzenreiter Brombeeren, Granatäpfel, Grapefruits und Orangen. Mit Bioware fahren Sie eindeutig besser.

🛒 Ananas, Bananen, Granatäpfel, Mangos, Papayas und Zitrusfrüchte sind Kinder des Südens und mögen es entsprechend nicht so gerne im Kühlschrank.

🛒 Wenn Sie auf exotische Früchte nicht verzichten möchten – vielleicht versuchen Sie es mal mit getrockneter Mango? Die sollte dann idealerweise im Ursprungsland verarbeitet worden sein. Das schafft nicht nur Arbeitsplätze im globalen Süden und verhindert so Fluchtursachen – der Transport der getrockneten Ware ist viel weniger energieintensiv, weil sie leichter ist und nicht gekühlt werden muss.

Getreide / Brot

Getreide ist das Fundament unserer Ernährung. Mehr als 100 000 verschiedene Sorten gibt es, und ursprünglich wurden daraus sehr unterschiedliche Gerichte zubereitet, je nach den klimatischen Gegebenheiten, die unterschiedliche Sorten gedeihen ließen. In Südamerika kamen Fladen aus Mais auf den Tisch, in Afrika waren es eher breiartige Gerichte mit Hirse, in Ostasien gab es viel Reis, und Europas Ernährung fußte vorrangig auf Weizenbrot.[76]

Diese Konstellation änderte sich mit dem Kolonialismus. Am Beispiel von Frankreich und seinen Kolonien lässt sich gut erklären, warum Globalisierung bei Nahrungsmitteln so problematisch ist. Als sich die französischen Kolonialherren im Maghreb und südlich der Sahara ansiedelten, brachten sie von zu Hause ihre Weißbrotstangen mit. Das hatte zwei Gründe: Einerseits aßen die Kolonialbeamten und ihre Familien selbst Baguette sehr viel lieber als irgendeinen Hirsebrei. Gleichzeitig jedoch schafften sie so Märkte für die Bauern im Mutterland: Französischer Weizen wird seitdem im großen Stil nach Afrika verschifft. In Afrika ist es für den Weizenanbau zu heiß.

Die Folgen dieser Entwicklung sind bis heute gravie-

---

76 Funfact für Weizen-Ängstliche: Hildegard von Bingen, die Urmutter der Naturheilkunde, empfiehlt in ihren Schriften, etwa der »Physica«, explizit den Weizen. Von Dinkel oder anderen Weizenalternativen ist dort nie die Rede.

rend: Ende 2017 habe ich fürs ZDF im Senegal eine Kooperative besucht, die mit internationalen Entwicklungsgeldern Mühlen angeschafft hatte, um ihr Sorghum, eine für die Region typische Hirseart, zu Mehl zu vermahlen. Die Idee war, dass auf diese Weise Wertschöpfung im Dorf stattfinden würde; die Frauen sollten ihr Mehl auf den Märkten der Umgebung verkaufen und so die Verdienstmöglichkeiten verbreitern. Außerdem arbeitete die Kooperative an Saatgut, das dem Klimawandel trotzen kann, finanziert mit Fördergeldern aus Europa. Ein tolles Projekt, geradezu idealtypische Hilfe zur Selbsthilfe: Höhere Einkommen vor Ort, qualifizierte Arbeitsplätze fürs Dorf, eine Perspektive, die Fluchtursachen verhindern könnte. Könnte, wohlgemerkt, denn in der Praxis verfütterten die Menschen ihr Sorghum ans Vieh. Das Mehl der Kooperative war auf dem Markt nicht konkurrenzfähig mit dem aus europäischem Weizen, der hochsubventioniert ins Land kam. Der Dorfvorsteher sagte im Interview damals zu mir, dass er die Politik der Europäer nicht verstehe: »*Warum helft ihr uns, etwas anzubauen, und macht uns dann den Verkauf unmöglich?*« Ganz ehrlich: Ich verstehe das auch nicht!

75 Prozent der weltweit konsumierten Kalorien stammen heute von nur vier Pflanzen: Soja, Weizen, Reis und Mais. Soja ist kein Getreide, sondern eine Hülsenfrucht, aber auch die drei Getreidesorten stehen immer noch für 42 Prozent. Forscher der Universität Stanford haben kürzlich analysiert, wie sich der Klimawandel auf die welt-

weite Getreideproduktion auswirkt.[77] Demnach ernten wir schon heute gerade bei Mais und Weizen deutlich weniger, als ohne Klimawandel möglich wäre. Unsere Abhängigkeit von Getreide macht uns als Menschheit also verwundbar, ein aktuelles Beispiel illustriert eindrucksvoll, wie sehr das der Fall ist. Weil Russland die Ukraine angegriffen hat, drohen auf der ganzen Welt Hungersnöte – die beiden Länder gehören zu den größten Exporteuren von Weizen und Mais. Dass daraufhin in deutschen Supermärkten das Mehl ausging, war eher Hysterie: Deutschland ist ebenfalls eine Weizenexportnation. Aber wir als Menschheit haben mit unseren internationalen Handelsströmen dafür gesorgt, dass heimische Pflanzen in Afrika unrentabel wurden. Wir haben ein System geschaffen, in dem Grundnahrungsmittel Spekulationsobjekte sind, mit gravierenden Folgen für die Nahrungssicherheit. Nachhaltig ist das nicht.

Ich habe weiter vorn schon geschildert, wie die Ernährung der Weltbevölkerung mit ökologischem Landbau möglich wäre. Getreide hat dabei eine Schlüsselrolle, eben weil ein so großer Teil unseres Kalorienbedarfs damit gestillt wird. Wir müssten allerdings dann auch damit aufhören, Getreide für andere Zwecke als die der menschlichen Ernährung zu verwenden. Im Wirtschaftsjahr 2020/21 wurden in Deutschland etwa 43,3 Millionen Tonnen Getreide geerntet – das entspricht etwa der Menge, die wir auch verbrauchen. Allerdings haben wir nur knapp ein

---

77 https://www.science.org/doi/10.1126/science.1204531

Fünftel davon gegessen. 58 Prozent der deutschen Getreideernte wurden als Tierfutter genutzt, 9 Prozent für die
Energiegewinnung, der Rest verteilt sich auf kleine Bereiche wie Braugerste oder Saatgut. Wir sind also wieder
mal beim Thema »weniger Fleisch« und beim Thema »Tiere
müssen so gehalten werden, wie die Natur es ursprünglich
mal für sie vorgesehen hat«. Wir stehen beim Klimawandel vor derart vielen Herausforderungen, da können wir
es uns nicht leisten, ein für die menschliche Ernährung so
zentrales Lebensmittel zweckentfremdet einzusetzen.

Für Getreide gilt, was für alle Lebensmittel gilt: Wir sollten danach streben, Dinge zu essen, die bei uns heimisch
sind und dort erzeugt wurden. Und wir sollten uns bewusst machen, dass nicht nur tierische Produkte, sondern
auch Pflanzen eine problematische Ökobilanz haben können. Zum Beispiel Reis.

Reis und sein Methanproblem

Reis ist gewissermaßen das Fleisch unter den Pflanzen: Mit
6,2 Kilogramm CO_2-Äquivalenten liegt Reis noch vor konventionell erzeugtem Hühnerfleisch. Das kommt in erster
Linie von der traditionellen Anbauweise, dem Nassreisanbau. Dabei werden die Felder überflutet, um Unkräuter und Schädlinge zu unterdrücken. Dieser Prozess ist
praktisch, beansprucht aber unterm Strich 30 bis 40 Prozent des verfügbaren Trinkwassers weltweit – schon mal
schlecht. Im Himalaya ist der Grundwasserspiegel dadurch
mancherorts um 30 Meter abgesunken, mit einem ganzen

Rattenschwanz von Folgen: Waldsterben, Dürreschäden, Erosion. Im Grunde exportieren die Bauern dort nicht nur ihren Reis, sondern noch mehr ihr Wasser – 3000 Liter pro 500g-Päckchen. Doch das größte Problem ist der Methanausstoß der Felder.

Die Pflanzen wachsen in dem stehenden Wasser, das kaum Sauerstoff aufnehmen kann. Gleichzeitig fallen Pflanzenteile ins Wasser und werden am Grund von Bakterien zersetzt. Wenn der Sauerstoff im Wasser verbraucht ist, was in stehenden Gewässern schnell passiert, übernehmen Stickstoff- oder Schwefelbakterien die Zersetzung. Dabei scheiden sie Methan aus. Methan hat gegenüber Kohlendioxid den Vorteil, sehr viel kürzer in der Atmosphäre zu verbleiben. Kurzfristig jedoch sind die Folgen von Methan in der Luft gravierend: Das Treibhauspotenzial des Gases liegt etwa 21-mal über dem von CO_2.[78] Nach Angaben der Max-Planck-Gesellschaft geht mindestens ein Zehntel der weltweiten Methanemissionen auf den Reisanbau zurück. Rinder sind laut der Welternährungsorganisation FAO nur für 4 Prozent des Methanausstoßes verantwortlich. Wie gesagt, das Fleisch unter den Pflanzen … Hinzu kommt, dass bei konventionellem Reis massiv mit Pestiziden gearbeitet wird. Die können nicht nur im Reis zurückbleiben, sie vernichten auch den Lebensraum für kleine Fische und Krustentiere – eine wichtige Proteinquelle für die Kleinbäuer:innen Asiens. Zudem löst das stehende Wasser auf den Feldern das

78 https://www.mpg.de/405362/forschungsSchwerpunkt

im Boden enthaltene Arsen. Die Wurzeln im Wasser nehmen davon einiges auf. Im Juni 2020 hat *Ökotest* Reis analysiert. In ausnahmslos allen Proben fand das Labor Arsenrückstände, in einigen auch Pestizide.

Der Weltklimarat schätzt, dass sich die Methanemissionen beim Reisanbau etwa halbieren ließen, wenn man die Anbauweise verändern würde: Die dauerhaft gefluteten Felder müssten dafür regelmäßig trockengelegt werden. Die Plattform für nachhaltigen Reis, sustainablerice. org, unter anderem gegründet von der Deutschen Gesellschaft für internationale Zusammenarbeit GIZ, arbeitet an Zertifizierungsprozessen und vergibt ein Gütesiegel. Dieser Reis ist allerdings zwangsläufig teurer, weil Trockenreis deutlich weniger Ertrag bringt.

Wenn bei uns Reis auf den Tisch kommt, sollte er idealerweise aus Europa kommen und im Trockenanbau erzeugt worden sein. Bei Reis aus Asien sind Fairtrade und Bio Pflicht. Wie so oft haben wir hier beim Einkaufen ein Kennzeichnungsproblem: Ich muss als Anbieter nicht verraten, ob mein Reis pestizidbelastet und von geknechteten Asiatinnen gepflückt wurde. Steht nichts drauf, kann ich aber fast davon ausgehen, dass die Erzeugungsbedingungen problematisch waren.

Brot, mit Vorsicht zu genießen!

Nun essen wir in Deutschland ohnehin kaum Reis: 6,7 Kilogramm pro Kopf und Jahr, im Vergleich zu 87 Kilogramm Brot. Ungefähr ein Fünftel der Energie, die wir in Deutsch-

land jeden Tag zu uns nehmen, essen wir in Form von ver-
backenem Getreide. Wie wichtig Brot als Lebensmittel ist,
wurde während des ersten Corona-Lockdowns offensichtlich: Mehl wurde zur Mangelware, gleich nach Toilettenpa-
pier. Ich erinnere mich noch gut, wie mein Sohn mit Hefe
nach Hause kam. Er wusste nicht mal so genau, wozu man
die brauchen könnte, aber während er an der Kasse gewar-
tet hatte, ging die Filialleiterin mit einem kleinen Karton
voller Frischhefe durch den Laden. Jeder durfte nur einen
Würfel haben, und mein Sohn kombinierte, dass man bei
einer so exklusiven Ware in Lockdown-Zeiten besser zugreift ... Es gab dann bei uns Pizza, ich bin keine begeisterte Brotbäckerin. Aber ich kenne inzwischen viele, die
ihr Brot selbst backen, auch ohne Lockdown. Und immer
mehr Menschen tun das, weil sie die Kontrolle darüber
haben wollen, was sie da essen.

Das Misstrauen gegenüber unserem wichtigsten Lebensmittel ist leider vollkommen berechtigt. Es gibt keine
richtig aussagekräftigen Statistiken darüber, wie viele
Bäcker in Deutschland noch wirklich selbst backen, so
wie es handwerklich seit Jahrhunderten üblich war. Aber
meine Erfahrungen aus zahlreichen Recherchen legen
den Schluss nahe, dass sie zu einer verschwindend kleinen
Minderheit gehören. Ich habe vor einigen Jahren mal in
Unterammergau gedreht, am Tag vor Fronleichnam. Unter
anderem waren wir zu Besuch in der Backstube des Dorf-
bäckers, der im Akkord Brezen fabrizierte, für die Feier der
Blaskapelle nach der Prozession. Mein Kameramann und

ich waren zunächst etwas überrascht: Da werden also alte Brezen serviert? Vom Vortag? Der Bäcker erklärte uns, dass er die Mengen nicht anders schaffen würde. Und dass das gleichwohl kein Problem sei, weil seine Brezen auch nach vielen Stunden noch außen rösch und innen saftig seien. Was soll ich sagen? Er hatte recht! Und dadurch wurde mir bewusst, wie sehr wir uns an minderwertige Industriebäckerei gewöhnt haben. Die meisten Brezen, die man in einer der Supermarktbäckereien kauft, sind schon nach einem halben Tag steinhart und praktisch ungenießbar.

Der Strukturwandel im Bereich des Bäckerhandwerks ist extrem: 1956 gab es in Deutschland 55 000 Handwerksbetriebe, die jeden Tag den Ofen anheizten. Ende 2021 waren davon nur noch knapp 10 000 übrig. Beim Einkaufen bemerkt man das kaum: Die 9965 Betriebe hatten um die 45 000 Verkaufsstellen. Unsere Versorgung mit frischen Brötchen um die Ecke hat sich also kaum verschlechtert. Nur: Sie werden eben irgendwo zentral gebacken. Mein Unterammergauer Bäcker konnte mir damals sehr eindrücklich vorführen, warum das ein Problem ist: Brot backen benötigt viel Know-how und Erfahrung. Luftdruck, Luftfeuchtigkeit, Raumtemperatur – alles Faktoren, die das Gelingen beeinflussen. Während der Teig ruht, arbeiten die Hefen daran, einen lockeren elastischen Teig zu erzeugen – das dauert mindestens 24 Stunden und muss immer wieder überprüft werden. Deshalb hatte er auch sehr unattraktive Arbeitszeiten und große Probleme, einen Nachfolger zu finden. Viele Bäckereien lösen dieses

Problem mittlerweile, indem sie mit industriell gefertigten Backmischungen arbeiten – dieses Brot unterscheidet sich massiv von dem, was mein schon mehrfach zitierter Großvater 1920 in Kriftel gekauft hätte.

Handwerklich produzierter Teig ist meist zu zäh, um sich maschinell verarbeiten zu lassen. Weil es aber viel billiger ist, wenn nicht der Lehrling die Brötchen formt, sondern die Maschine, werden Zusatzstoffe beigefügt, die den Teig geschmeidiger machen. Mehr Luft im Brot vergrößert gleichfalls die Gewinnspanne – damit die Backwaren trotzdem nicht zu schnell austrocknen, gibt es weitere Zusatzstoffe. Mehr Volumen, eine appetitliche Farbe, Wohlgeruch – für praktisch jeden Vorzug eines Handwerksbrotes hat die Industrie ein Mittel, das für eine ähnlich authentische Anmutung sorgt. Über 200 solcher Zusatzstoffe sind für Brot in der EU zugelassen. Bei Biobrot sind deutlich weniger Zusatzstoffe erlaubt. Dabei würde ein Bäcker, der sein Handwerk versteht, im Grunde komplett ohne Zusatzstoffe auskommen, sieht man vielleicht mal von der Natronlauge für Brezeln ab, die lebensmittelrechtlich auch als Zusatzstoff gilt.

Brot – die Katze im Sack

Leider haben Sie beim Einkauf kaum eine Möglichkeit, herauszufinden, was Ihr Bäcker verbacken hat. Bäcker sind nicht nur nicht dazu verpflichtet, den Kunden bei lose verkaufter Ware die Zutatenliste automatisch mitzuliefern. Sie müssen eine solche Liste nicht mal auf Nachfrage vorzei-

gen können – Zutatenverzeichnisse sind bei unverpack-
ten Backwaren freiwillig. Nur laut EU-Verordnung kenn-
zeichnungspflichtige Allergene wie Nüsse oder Weizen
müssen ausgewiesen sein. Doch selbst bei verpacktem
Brot mit aufgedruckter Zutatenliste werden Sie einen sehr
entscheidenden Bestandteil nicht vorfinden. Eine Stoff-
gruppe, die in industriell erzeugtem Brot praktisch immer
großflächig verwendet wird, bizarrerweise aber lebensmittelrechtlich nicht als Zutat gilt: Enzyme.

Enzyme sind die kleinen Helfer, die Handwerkskunst ersetzen. Mit ihnen schafft es etwa ein Sauerteig in nur sechs
Stunden zur Teigreife, bei stets gleicher Konsistenz. Gerade Letzteres ist wichtig, damit sich der Teig maschinell
gut verarbeiten lässt und nicht die Maschinen verklebt. Enzyme sind nicht gesundheitsschädlich – aber sie sind ein
wichtiger Hinweis für uns, wie das Brot produziert wurde.
Im Lebensmittelrecht gelten sie als sogenannte »Verarbei-
tungsstoffe«. Was demnach während des Herstellungsprozesses zugeführt und später wieder entfernt wird und damit im Endprodukt nicht vorhanden ist, muss auch nicht
auf der Zutatenliste stehen. Nun kann man in der Backfabrik natürlich nicht die Enzyme aus dem fertigen Brot he-
rausholen, die sind ja verbacken. Weil aber Enzyme durch
das Erhitzen unwirksam werden, gehen die Hersteller davon aus, dass die Enzyme im Endprodukt sozusagen »nicht
mehr vorhanden« sind und daher als Verarbeitungshilfs-
stoff gemäß der Gesetzgebung angesehen werden können.
Verbraucherfreundlich ist das nicht.

Die Frage, wie Brot gebacken wurde, ist noch aus einem anderen Grund wichtig: Viele Menschen glauben, Weizen nicht zu vertragen, obwohl sie weder an einer Allergie leiden noch an Zöliakie, einer Unverträglichkeit des Dünndarms gegen das Klebereiweiß Gluten. Es spricht viel dafür, dass die Beschwerden auf sogenannte Fodmaps (Fermentierbare Oligosaccharide, Disaccharide, Monosaccharide und Polyole) zurückzuführen sind, eine Gruppe von Kohlenhydraten und Alkoholen, die in einer klinischen Studie 2010 als Ursache für das Reizdarmsyndrom identifiziert wurden.[79] Diese Fodmaps werden während der Teigruhe abgebaut. Die langwierige Sauerteigzubereitung war also eine sehr schlaue Erfindung unserer Vorfahren: Dadurch wurde Brot bekömmlicher. Wenn ich diesen personalintensiven und damit kostenträchtigen Vorgang mithilfe von Enzymen wegtrickse, bekomme ich ein unverträglicheres Brot. Das mag übrigens auch der Grund sein, warum viele meinen, mit Dinkel oder Emmer besser klarzukommen als mit Weizen: Diese Getreidesorten werden meist in Biohandwerksbetrieben verbacken. Wer vom Weißbrot aus der Supermarkt-Aufbackstation zum Handwerksbrot wechselt, verdankt das Verschwinden seiner Beschwerden mit hoher Wahrscheinlichkeit gar nicht dem Wechsel des Getreides, sondern der anderen Zubereitung.

79 Gibson PR, Shepherd SJ: Evidence-based dietary management of functional gastrointestinal symptoms: The FODMAP approach. In: J Gastroenterol Hepatol. 25, Nr. 2, August 2010, S. 252–258

Die Aufbäckerei

Schauen Sie mal spaßeshalber auf die Internetseite des Branchenriesen DewiBack. Gut möglich, dass Sie da Ihr Lieblingsbrot finden. Und bei der Gelegenheit feststellen, dass Sie zum Abendbrot aufgebackene Tiefkühlware essen.

Bis 2015 stritten sich Aldi Süd und der Zentralverband des Deutschen Bäckerhandwerks fünf Jahre lang vor Gericht um die Definition des Begriffs »backen«. Dabei ging es keineswegs um den Schutz von Handwerkern wie meinem Unterammergauer Brezelbäcker. Es ging vielmehr darum, dass industriell arbeitende Großbäckereien ihr Geschäftsmodell gegen die Discounter und ihre Aufbackstationen absichern wollten. In der Bäckerei in Unterammergau riecht es den ganzen Tag verführerisch nach frischem Brot – klar, die Backstube liegt ja auch gleich hinterm Laden. Diesen Effekt wollen die Filialen großer Bäckereiketten natürlich auch. Weil es dort aber natürlich keine Backstube gibt, werden in der Fabrik sogenannte Teiglinge gefertigt, gewissermaßen Rohbrötchen. Die werden dann auf fünf bis sieben Grad heruntergekühlt, damit der Gärvorgang der Hefe stoppt. Im Laden gären sie fertig und werden dann dort gebacken. Dieses System funktioniert in Bäckereiketten, aber für Discounter wäre das System zu kompliziert. Trotzdem wollen auch die den verkaufsfördernden Duft nach frischem Brot. Also kommen dort vorgebackene Tiefkühlteiglinge zum Einsatz, haltbar bis zu einem halben Jahr. In der »Backstation« des Discounters werden diese Backwaren im Grunde nur noch aufgewärmt. Der Prozess endete mit einem außergerichtlichen Vergleich. Wo diese Tiefkühlteiglinge herkommen, war gar nicht erst Gegenstand der Erörterungen. Klar ist, dass dieses Verfahren nicht zur positiven Klimabilanz von Brot beiträgt. 2016 kamen immerhin 138,7 Tonnen »Mischungen und Teig zur Herstellung von Backwaren« laut statistischem Bundesamt aus China. Coronabedingt ist der Marktanteil chinesischer Teiglinge stark gesunken, dafür reisen die tiefgefrorenen Brötchen jetzt aus Polen an – deren Menge hat sich seit 2016 fast verdreifacht. Wie gesagt: Globalisierung kann eine gute Sache sein, bei Lebensmitteln ist sie es auch hier wieder mal nicht!

Brotmüll

Brot ist nicht nur unser wichtigstes Lebensmittel, es ist auch jenes, das am häufigsten im Müll landet. In Privathaushalten sind das laut Bundesanstalt für Ernährung und Landwirtschaft etwa 15 Prozent – ärgerlich und blöd, denn gerade Brot lässt sich gut einfrieren oder weiterverarbeiten, Stichwort Semmelknödel. Meine Urgroßmutter wäre vermutlich sehr erstaunt gewesen, wenn sie gehört hätte, dass altbackenes Brot bei uns im Müll landet, wo man daraus doch noch so vieles machen kann.

Die NDR-Sendung Markt hat mal ermittelt, von welchen Mengen Ausschuss wir im Handel reden. Bei 15 befragten Bäckereiketten waren es zwischen 9 und 20 Prozent. Dieses Brot wandert nicht zwangsläufig in den Müll. Bäckereiretouren werden oft zu Schweinefutter verarbeitet.

Aber trotzdem ist das eine echte Ökosünde. Mal unabhängig von der moralischen Komponente, dass Nahrung gegessen und nicht entsorgt werden sollte: Bei Brot kommt noch der Energieaufwand beim Backen dazu, vergeudete Energie, wenn es zum Ausschuss wird. Auch für die Futterverarbeitung wird noch mal Energie eingesetzt. Für Bäckereien ist die Überschussproduktion ein erheblicher Kostenfaktor. Andererseits fürchten viele Bäcker Umsatzverluste, wenn ihre Kundschaft am Nachmittag vor leeren Regalen steht. Ich denke, wir müssen hier von unserer verwöhnten Grundhaltung weg, wo es immer alles in riesiger Auswahl jederzeit geben muss. Je mehr verschiedene Sorten Ihre Bäckerei anbietet, desto größer ist ohnehin die Wahrscheinlichkeit, dass Sie hier mit Backmischungen abgespeist werden. Wenn es im Laden um drei Uhr nachmittags nur noch wenige Brote gibt und von vornherein nur fünf Sorten, dann wird dort wahrscheinlich handwerklich solide gearbeitet.

Der Getreide-Kompass

🛒 Bevorzugen Sie Reis, der nicht um die halbe Welt gereist ist. Asiatischer Reis sollte aus Bioanbau stammen und fair gehandelt sein. Reis immer gründlich waschen, um das Arsen zumindest teilweise auszuspülen. Am besten ist Reis aus Trockenanbau.

🛒 Weizen ist weder ungesünder noch »verzüchteter« als Dinkel, Emmer oder Urkorn. Alle weltweit angebauten Sorten sind durch herkömmliche Zuchtmethoden entstanden. Es gibt keine für den kommerziellen Anbau zugelassene genmanipulierte Sorte.

🛒 Fragen Sie beim Bäcker nach einer Zutatenliste und danach, ob er mit Backmischungen arbeitet. Belohnen Sie Bäckereien, die tatsächlich selbst backen.

🛒 Bei der Ökobilanz von Brot ist das Mehl die größte Stellschraube. Brot aus Biomehl ist klimafreundlicher.

🛒 Selbst backen ist nicht unbedingt ökologischer – der Betrieb Ihres heimischen Backofens braucht proportional sehr viel mehr Energie als der Großofen in der Backfabrik. Dafür können Sie beeinflussen, mit welchem Mehl Sie backen – bio! – und wie Sie es einkaufen: Mit dem Auto zur Biomühle zu fahren versaut Ihnen die Klimabilanz!

🛒 Der New Yorker Food-Blogger J. Kenji López-Alt hat es im Selbstversuch entlarvt: Dass Nudeln viel heftig kochendes Wasser benötigen, um zu gelingen, ist ein Mythos. Es reicht, wenn die Nudeln mit Wasser bedeckt sind. Einmal aufkochen, umrühren und dann mit geschlossenem Deckel ziehen lassen, gart sie genauso gut – funktioniert allerdings nicht bei Spaghetti, die aus dem Wasser rausragen.

Öle und Fette

Mein Aha-Erlebnis im Hinblick auf Olivenöl hatte ich
vor einigen Jahren während eines Toskana-Urlaubs. Ich
wohnte damals in einem Agriturismo – ein Landgut, wo
es Zimmer, aber auch eigene Weinberge und Olivenhaine
gab. Die Besitzerfamilie kochte jeden Abend auf und stellte
zum Auftakt des Essens ein Schälchen ihres selbst produzierten Olivenöls auf den Tisch. Schmeckte fein, wenn
auch, für meinen damaligen Geschmack, sehr grasig-in-
tensiv, fast ein bisschen scharf. Ich kam darüber mit dem
Chef ins Gespräch, und am nächsten Tag organisierte er
für uns eine Verkostung.

Olivenöl war irgendwann Mitte der Siebzigerjahre in
mein Leben getreten. Meine italophilen Eltern begannen
damals, mit Olivenöl zu kochen, und natürlich kam sehr
bald nur noch »extra vergine«-Öl infrage, ohne dass wir so
genau gewusst hätten, was das bedeutet. Relativ schnell
fiel uns auf, dass das Öl, das man auf ligurischen Märkten
von Direktvermarktern bekam, deutlich anders schmeckte
als das Olivenöl in deutschen Geschäften. Ich habe in
den Jahren danach immer wieder Olivenöl aus dem Ur-
laub mitgebracht. Wenn ich doch mal in deutschen Supermärkten einkaufte, habe ich immer wieder über die
enormen Preisunterschiede gestaunt, aber das Thema
irgendwie wieder vergessen. Bis zu meiner Verkostung.
Was mir der Wirt zuallererst vorsetzte, schmeckte unge-

fähr so wie das Olivenöl aus dem Supermarkt: durchaus aromatisch und, wie ich meinte, charakteristisch. »Ranzig«, befand der Olivenbauer. Der Duft, den wir gemeinhin mit gutem Olivenöl assoziieren, ist in Wahrheit ein Zeichen für minderwertiges Öl. Weil so überwältigend viel minderwertiges Öl in Umlauf ist, dass wir den echten Geschmack von handwerklich gut produziertem Öl gar nicht kennen.

Staatlich genehmigte Panscherei

Was in deutschen Geschäften überwiegend angeboten wird, ist »Natives Olivenöl extra«. Laut EU-Verordnung 61/2011 muss das mit mechanischen Verfahren gewonnen werden. Es ist allerdings nicht kalt gepresst – das wäre deutlich schonender und sorgt für bessere Qualität. Die sogenannte »Peroxid-Zahl« – Indikator für den Alterungszustand – ist dort ebenfalls definiert: Sie darf maximal bei 20 liegen. Bei einem Spitzenöl liegt sie kurz nach der Ernte bei 5 oder 6 und steigt allenfalls auf 10. Je höher diese Zahl, umso mehr geht der Geschmack in Richtung ranzig.

Mein toskanischer Gastgeber hat mir damals vorgerechnet, wie der Preis seines Olivenöls zustande kommt – von der Baumpflege über die Ernte bis zur Verarbeitung. Er lag damals irgendwo bei 15 Euro, ab Hof, für hochwertiges, kaltgepresstes Öl. Das Extra-vergine-Supermarkt-Öl kostet weniger als ein Drittel, und dabei kommt da ja noch der Transport und Vertrieb hinzu. Wie kann das sein? Sehr einfach: Kein anderes Lebensmittel wird in Europa so konsequent und großflächig gefälscht. Der italienische Bauernverband Coldiretti hat vor einigen Jahren Zahlen zusammengetragen: Demnach erzeugte Italien, nach Spanien der zweitgrößte Olivenölexporteur der Welt, auf eigenem Boden damals nicht einmal die Menge, die es selbst verbrauchte. Was mit Bildern von toskanischen Landschaften und wohlklingenden Namen vermarktet wurde, stammte in Wahrheit oft aus Tunesien oder Griechenland, wo billiger produziert wird.

Olivenöl ist zudem oft verunreinigt: Als *Ökotest* im Mai 2022 Olivenöle getestet hat, enthielten alle getesteten Proben bis auf zwei Mineralöl-Rückstände – die geraten vermutlich bei schlampiger Verarbeitung ins Öl. Besonders appetitlich ist das nicht und möglicherweise sogar gesundheitsschädlich. Die zwei Testsieger kosteten bezeichnenderweise 20 Euro und mehr pro Liter.

Unter Nachhaltigkeitsaspekten waren Oliven lange Zeit besonders dankbare Ölfrüchte: genügsame Bäume, die mit wenig Wasser und kaum Dünger trotzdem bis ins hohe Alter Früchte tragen, eigentlich ideal. Der Klimawandel macht auch diesen Überlebenskünstlern zunehmend zu schaffen; immer öfter wässern Olivenbauern ihre Bäume, um sie vor Hitzestress zu schützen. Das verschlechtert natürlich ihre Klimabilanz.

Der Öko-Faktor von Fett

Die schon mehrfach zitierte ifeu-Studie zur Ökobilanz von Lebensmitteln[80] sieht die drei deutschen Lieblingspflanzenöle etwa gleich auf: Olivenöl, Rapsöl und Sonnenblumenöl kommen in einer Glas-Einwegflasche alle drei etwa auf etwas über 3 Kilogramm CO_2-Äquivalent pro Kilogramm Lebensmittel. Das entspricht ungefähr dem Wert von Sahnequark – aber da man Öl ja immer nur teelöffelweise verwendet, fällt das viel weniger ins Gewicht. Was zusätzlich für Rapsöl spricht: Der eiweißreiche Presskuchen ist ein gutes Viehfutter! Etwas besser als die drei Marktführer schneiden Palm- und Kokosöl ab – die allerdings sind aus anderen Gründen ökologisch fragwürdig, dazu gleich mehr. Margarine liegt mit 2,8 Kilogramm CO_2-Äquivalent ein kleines bisschen besser als die Öle. Der größte Klimasünder ist Butter, weil man für deren Herstellung so besonders viel Milch benötigt: 9 Kilogramm CO_2-Äquivalent.

Grundsätzlich sind Öle aller Art in Dosen sinnvoller verpackt als in Flaschen: Öl ist lichtempfindlich; gerade, wenn Ihr Öl nicht im dunklen Küchenschrank wohnt, sondern dekorativ auf einem Regalbrett, sind insbesondere weiße Glasflaschen schlecht. Durch ihr geringeres Gewicht verursachen Dosen zudem geringere Emissio-

80 https://www.ifeu.de/fileadmin/uploads/Reinhardt-Gaertner-Wagner-2020-Oekologische-Fu%C3%9Fabdruecke-von-Lebensmitteln-und-Gerichten-in-Deutschland-ifeu-2020.pdf

nen beim Transport, und auch beim Recycling schneiden Weißblechdosen ganz gut ab, wenn sie korrekt entsorgt werden.

Das Palmöl-Dilemma

Ich habe meinen Großvater danach zugegebenermaßen nie gefragt, aber ich denke, wir dürfen getrost davon ausgehen, dass Palmöl ihm als Zutat nicht einmal bekannt war – als er ein kleiner Junge war, war Palmöl das, mit dem die afrikanische Mutter kochte, so wie die Mutter meines Großvaters mit Butter. Grundsätzlich ist an Palmöl auch gar nichts verkehrt: Die Ölpalme liefert in tropischen Gegenden gute Erträge und war lange eine typische Pflanze, die in kleinbäuerlichen Betrieben so nebenher mitlief.

Auch heute noch kann Palmöl eine gute Einkommensquelle für tropische Kleinbauernfamilien sein. Das Problem ist, wie bei so vielen Erzeugnissen, der großindustrielle Anbau. Völlig zu Recht ist Palmöl deshalb als Zutat in Verruf geraten. Palmölplantagen vernichten Regenwälder, beseitigen Biodiversität, nehmen Kleinbauern ihr Land und Tierarten wie Orang-Utangs den Lebensraum. Unglücklicherweise ist Palmöl für die Lebensmittelindustrie ein ganz besonders praktischer Helfer, billig, massenhaft herstellbar, gut zu verarbeiten, mit einem Schmelzpunkt, der Texturen bei Raumtemperatur ideal cremig macht. Wobei nur ein Drittel der 1,8 Millionen Tonnen Palmöl, die wir in Deutschland verbrauchen, gegessen wird: Der Löwenanteil wird zu Biodiesel.

Der »Runde Tisch für nachhaltiges Palmöl« RSPO bewertet anhand bestimmter Kriterien gewonnenes »nachhaltiges« Palmöl und will nach eigenen Angaben Ro-
dungen eindämmen.[81] Rund ein Fünftel des weltweit
produzierten Palmöls ist mittlerweile RSPO-zertifiziert.
Getragen wird der runde Tisch vorwiegend von der Industrie, und deren Interessen sind zuweilen ja nicht ganz die
gleichen wie die der Kundschaft. Und so hat dieser Standard einige Schwächen: So verbietet er etwa nur die Rodung »besonders schützenswerter« Wälder, der Anbau auf
Torfböden ist aber zulässig, und der Einsatz hochgefährli-
cher Pestizide ist erlaubt. Immer wieder verstoßen Firmen
gegen die Spielregeln, ohne dadurch ihre Zertifizierung
einzubüßen – etwa mit illegalen Regenwaldrodungen. Die
Palm Oil Innovation Group POIG arbeiten mit strengeren Standards. Ihre Mitglieder gehen zusätzlich zu den
RSPO-Vorgaben freiwillige Verpflichtungen ein, für eine
umwelt- und klimafreundlichere und sozialere Produktion. Dazu gehören das Verbot von Anbau auf Torfböden,
der Schutz von Waldgebieten mit hohem Schutzwert, die
Reduzierung von synthetischen Pestiziden und Düngern,
der verantwortungsvolle Umgang mit Wasser, der Schutz
der Artenvielfalt und die Einhaltung von Menschen- und
Arbeiterrechten.[82] Trotzdem bleibt die Gewinnung von
Palmöl eine Black Box – gerade in verarbeiteten Produk-

---

81 https://www.forumpalmoel.org/fileadmin/user_uploads/Factsheets/RSPO_
factsheet.pdf
82 http://poig.org/wp-content/uploads/2016/03/POIG-Indicators_FINAL.pdf

ten ist kaum ermittelbar, ob das Palmöl einer sympathischen malaysischen Bauernfamilie ein Nebeneinkommen ermöglicht oder den Lebensraum einer Orang-Utang-Familie plattgemacht hat.

Manche Hersteller werben mittlerweile damit, stattdessen Kokosöl zu verwenden – das ist geradezu der Musterfall der Milchmädchenrechnung: Kokospalmen sind im Anbau genauso problematisch wie die Ölpalmen, mit dem gleichen Rattenschwanz an Umweltfolgen. Aber dafür liefert die Kokospalme auf der gleichen Fläche viel weniger Ertrag. Doch weil die Lebensmittelindustrie befürchtet, dass ihre Kundschaft beim Stichwort »Palmöl« auf der Zutatenliste ein Störgefühl hat, wird eben mit dem noch weniger nachhaltigen Stoff gearbeitet. Eine besonders perfide Methode des Greenwashings ... Margarine besteht oft aus problematischen Grundzutaten wie Palmöl oder Kokosöl, und meist bleibt dabei unklar, wie genau der Anbau ablief. Auch in Margarine hat *Ökotest* großflächig Mineralölrückstände gefunden, und zusätzlich noch krebserregende Fettschadstoffe.[83] Also vielleicht doch lieber Avocado aufs Brot, wenn es vegan sein soll, zumal in Margarine bis zu 2 Prozent tierische Fette enthalten sein dürfen, ohne dass der Hersteller das angeben muss.

---

83 https://www.oekotest.de/essen-trinken/Margarine-Test-Mineraloel-und-Palmoel-als-Probleme--Hersteller-sind-gefragt_12206_1.html

Der Öl-Kompass

🛒 Qualität kostet, das gilt bei Öl ganz besonders. Gutes Öl ist kalt gepresst und möglichst frisch.

🛒 Etiketten genau lesen: Im Kleingedruckten erfährt man zuweilen, dass das vermeintlich italienische Olivenöl tatsächlich »aus EU- und Nicht-EU-Ländern« stammt.

🛒 Raps- und Sonnenblumenöl gibt es aus Deutschland – hier würde ich grundsätzlich nur heimische Produkte kaufen, am besten in Bioqualität. Distelöl kommt oft aus Indien oder den USA zu uns – auch das gibt es aber auch bei uns.

🛒 Leinöl enthält wertvolle Inhaltsstoffe, wird aber auch besonders schnell ranzig. Da Sie ja nie so genau wissen, wie lange die Ware schon unterwegs war: nur in kleinen Mengen kaufen und schnell verbrauchen. Auch Nussöle werden relativ schnell ranzig.

🛒 Walnuss-, Raps- und Kürbiskernöl lassen sich gut im Kühlschrank lagern, für Sonnenblumen- und Olivenöl ist Zimmertemperatur besser.

🛒 Öl ist lichtempfindlich und gehört in dunkle Flaschen oder, noch besser, in Dosen.

🛒 Dass man kalt gepresstes Öl nicht erhitzen darf, ist ein Gerücht – es ist aber eigentlich ein bisschen schade drum: Immerhin vermeiden die Hersteller Hitze, um das Aroma zu schützen. Besser nur zum Würzen verwenden und zum Braten selbst einfacheres Bratöl. Das gilt übrigens auch für Butter.

🛒 Bei Palmöl sind die Zertifikate RSPO und POIG ein kleiner Schritt in die richtige Richtung, aber kein Freibrief. Besser ist auf jeden Fall Biopalmöl aus kleinbäuerlicher Erzeugung. Solange Hersteller nicht gezwungen werden, die Herkunft ihrer Zutaten transparent offenzulegen, würde ich dazu raten, lieber ganz auf Palmöl zu verzichten.

🛒 Bei Margarine kann angegeben sein, aus welchem Pflanzenfett sie besteht, muss aber nicht – wenn nichts dabeisteht, ist fast sicher Palmöl im Spiel.

Nüsse und Süßes

Können Sie noch? Oder kippt gerade die Laune? Jetzt soll es auch noch gegen süße Genüsse gehen? Keine Sorge, ich will Ihnen den Appetit nicht verderben. Ich kann gut verstehen, dass man ab und zu einfach ein Stück Schokolade braucht. Als ich schwanger war, war mein totales Soulfood Nutella aus dem Glas, mit dem Löffel, ohne überflüssigen Schnickschnack wie Brot. Ich war damals Redaktionsleiterin bei Focus TV, und ich erinnere mich gut an schwierige Abnahmen, zu denen die Autorin sicherheitshalber mit Glas und Löffel erschien, um mich vorab schon mal milde zu stimmen. Die Nussnugatcreme aus dem Hause Ferrero habe ich mir mittlerweile abgewöhnt – da stand für mich die Liste der Ökosünden irgendwann in keinem Verhältnis mehr zum Genuss. Und seit der Hersteller dankenswerterweise den ohnehin schon geringen Kakao- und Nussanteil noch weiter heruntergeschraubt hat, schmeckt es mir auch gar nicht mehr. Ich mache Nussnugatcreme jetzt einfach selbst – schmeckt göttlich, und ich habe so die Herkunft der Zutaten im Griff.[84]

Was uns das Leben versüßt, ist leider ziemlich oft ein Ökoproblem. Ich mag jetzt gar nicht das ganz große Rad drehen: Grundsätzlich könnte man natürlich argumentie-

---

84 Mein Rezept verdanke ich dem SZ-Magazin: https://sz-magazin.sueddeutsche.de/das-rezept/nuss-nougat-creme-rezept-selber-machen-88474

ren, dass Produkte, die uns nicht ernähren, sondern nur glücklicher machen, generell verzichtbar und damit unnachhaltig sind. Aber ein bisschen Spaß muss das Leben ja noch machen. Also sollten wir zumindest darauf schauen, mit was wir uns den Feierabend versüßen. Fangen wir mal mit dem Kakao an.

Fairer Kakao

Beim wichtigsten Ausgangsprodukt für Schokolade gibt es mehrere Probleme. Das Schwerwiegendste ist sicherlich das Thema Kinderarbeit. Schon 2001 hatte sich die Industrie dazu verpflichtet, die schlimmsten Auswüchse bis 2005 zu beheben. Dann gab es die Zielmarke, bis 2020 70 Prozent weniger Kinderarbeit zu haben. Beides ist gescheitert. Die entwicklungspolitische Organisation IN-KOTA berichtet, dass jedes vierte Kind in Ghana und Cote d'Ivoire, den Hauptanbauländern in Afrika, Pestizide aussprüht – nicht gut!

Eigentlich wäre es mit Kakao eine wunderbare Sache, ähnlich wie bei Palmöl, wenn es beim traditionellen Anbau geblieben wäre. Da wäre auch Kinderarbeit nicht so gravierend – bis heute sind ja in Bayern und Baden-Württemberg die Sommerferien erst im August, weil da angeblich die Kinder auf dem Feld helfen … Kakao ist eine Pflanze, die gut zu kleinbäuerlichen Betrieben passt. In Cote d'Ivoire habe ich das gesehen – einzelne Pflanzen, die im Schatten größerer Bäume wuchsen. Mischkulturen, am Rande des Regenwaldes, die komplett ohne Pestizide auskamen und auch ohne zusätzliche Bewässerung. So angebaut ist Kakao keine Ökosünde, aber natürlich auch deutlich teurer als das, was die Großplantagen liefern. Neben Soja, Kaffee und Ölpalmen ist Kakaoanbau die Hauptursache für die Rodung von Regenwäldern. Die Monokulturen, die dann stattdessen angelegt werden, brauchen viel Chemie und noch mehr Wasser – eigentlich ist Kakao eine Schatten-pflanze … Die klassischen Kakaosorten waren ganz gut in der Lage, sich auch wechselnden Klimabedingungen an-zupassen. Doch seit den Sechzigerjahren wird zunehmend die Sorte CCN51 angebaut, die den Vorteil hat, gegen be-stimmte Pilze resistent zu sein. Seither hat eine enorme Reduktion der Sortenvielfalt stattgefunden, zugunsten der Antipilz-Züchtung, die zwar sehr ertragreich, dafür aber auch weniger aromatisch ist.

All das erfahren Sie nicht, wenn Sie auf Ihre Schoko-ladenpackung blicken – drum ist Fairtrade-Schokolade im Grunde alternativlos, nur da können Sie sicher sein, dass Sie zumindest nicht das Produkt ausgebeuteter Kin-der in Händen halten. Noch besser ist es, wenn nicht nur die Kakaobohne aus Afrika stammt, sondern auch wenigs-tens ein Teil der weiteren Wertschöpfungskette dort statt-gefunden hat. Wir reden so oft über das Verhindern von Fluchtursachen – hier haben wir ein Paradebeispiel dafür: Je mehr qualifizierte Verarbeitungsschritte im Ernteland stattfinden, umso weniger Grund haben junge Menschen, sich auf den gefährlichen Weg zu uns zu machen, weil das Arbeit zu Hause mit Perspektive bedeutet.

Es gibt einige Start-ups, die an schokoladenähnlichen Produkten ohne Kakao arbeiten – das spart natürlich Transportemissionen. Nocoa, zum Beispiel, von einer Münchner Firma, besteht aus fermentierten Haferspelzen, einem Abfallprodukt von Frühstücksflocken oder Hafermilch. Ein heimisches Ausgangsmaterial, das sowieso anfällt – nachhaltiger geht es kaum. Ich durfte im letzten Jahr ein Testkit probieren, und das Resultat schmeckte tatsächlich erstaunlich schokoladig, und vegan war es auch noch.

Bitterer Honig

Mehr als ein Drittel unserer Nahrungsmittel würde ohne Bienen nicht entstehen – wie schön also, dass dabei auch noch Honig anfällt. Und wie bedrohlich, dass wir es seit einigen Jahren weltweit mit einem massiven Bienensterben zu tun haben.[85] Gegen die Ursachen können wir etwas tun: indem wir die Finger von Industriehonig lassen und heimische Imker belohnen, die gute Arbeit leisten. Honig, das legt die Europäische Honigverordnung fest, darf nur von Bienen erzeugt werden. Deren Nektar reift im Stock mithilfe von Enzymen der Tiere zu Honig. Im Laufe dieses Reifeprozesses sinkt der Wasseranteil von anfangs 80 auf unter 20 Prozent. Nur rund 30 Prozent des in Deutschland verzehrten Honigs stammt aus dem Inland. Der Rest ist importiert – unglücklicherweise muss das nur sehr ober-

---

85 Wer darüber mehr wissen möchte, dem empfehle ich den tollen Dokumentarfilm *More than honey* aus dem Jahr 2012, der leider nichts an Aktualität verloren hat.

flächlich deklariert werden. Da steht dann auf dem Etikett: Honig aus EU- und Nicht-EU-Ländern. Nun ja … Mir war ehrlich gesagt nicht klar, wie würzig Honig sein kann, bis ich im Frühjahr 2022 in Samos zum Drehen war. Meine Pensionswirtin war im Hauptberuf Imkerin und gab mir den ersten Honig des Jahres zum Probieren – eine Geschmacksexplosion aus Kräutern, süß und zugleich ein bisschen herb.[86] Dieser Honig hatte geschmacklich so gar nichts mit dem zu tun, was in deutschen Supermärkten als Honig verkauft wird. Schon aus geschmacklichen Gründen würde ich immer lieber zu Imkerhonig greifen.

Der deutsche Berufsimkerverband kalkuliert, dass ein Kilogramm Honig, das der Europäischen Honigverordnung entspricht, mindestens 7 Euro kosten muss, je nach Standort und Sorte. Aus China kann man Fassware für knapp über einem Euro bekommen. Allerdings kauft man da nicht unbedingt das, was wir und der Gesetzgeber unter Honig verstehen. Beispielsweise lässt sich Zeit und Geld sparen, indem man den Honig unreif erntet und ihm das Wasser mechanisch entzieht. Oder, noch gewinnbringender, den Honig mit Reissirup streckt. Das zu entlarven ist enorm aufwendig. Neben Olivenöl ist Honig ein weiteres Lebensmittel, das besonders oft gefälscht wird – weil es so einfach geht und so lukrativ ist. Im Internet kann

---

86 In diesem Fall mache ich gerne Werbung, weil dieser Honig wirklich sehr besonders ist: Zu kaufen unter www.bee-philosophy.com – der Honig wird in Dosen versandt, die Verpackung recycelt die Styroporboxen, in denen Medikamente auf die Insel geliefert werden. Rundherum nachhaltig und wahnsinnig gut!

man »Fruktosesirup für Honig« kaufen, Mindestabnahme fünf Tonnen, und welche Testverfahren sich damit umgehen lassen, wird praktischerweise gleich auf der Seite mitangegeben. Sie umgehen das, indem Sie bitte Honig möglichst immer direkt beim Imker kaufen. Solche Stände gibt es auf praktisch jedem Markt.

Süße Mogelpackungen

Die schlechte Nachricht gleich vorneweg: »Gesunde« oder »gesündere« Süße gibt es nicht. Das, was uns an Nahrung vorrangig krank machen kann, ist extremes Übergewicht und damit die Kalorienmenge, die wir uns draufessen. Und die ist bei den meisten Süßmitteln etwa gleich. Auch die Hoffnung, dass Zuckeralternativen sich positiver auf den Insulinspiegel auswirken und dadurch Herz-Kreislauf-Erkrankungen oder Altersdiabetes verhindern (der viel beschworene Glyx-Index) steht wissenschaftlich auf sehr wackeligen Füßen: Selbst die Deutsche Gesellschaft für Ernährung, die mir in ihren Empfehlungen, was angeblich gesund und ungesund ist, oft viel zu weit geht, weil sie vage wissenschaftliche Erkenntnisse als Evidenz ausgibt, ist bei der Einordnung des glykämischen Index extrem zurückhaltend. Denn die Studienlage ist keineswegs so, dass ein niedriger glykämischer Index positive gesundheitliche Folgen hat.

Dafür aber unterscheiden sich die unterschiedlichen Süßmethoden in Sachen Nachhaltigkeit massiv. Haushaltszucker besteht aus Saccharose, und die wiederum setzt sich aus den Grundbauteilen Glukose und Fruktose zusammen. Das weiße, körnige Grundnahrungsmittel firmiert unter Gesundheitsbewussten mittlerweile oft als »raffinierter« Zucker. Damit ist der Prozess gemeint, bei dem der Rohzucker von Verunreinigungen befreit wird. Dabei gehen auch geringfügig Vitamine und Mineralien verloren. Bei uns besteht Haushaltszucker in aller Regel entweder aus heimischem Rübenzucker oder aus Rohrzucker aus tropischen Breiten. Forscher der ETH Zürich haben in einer Studie Schweizer Rübenzucker mit Rohzucker aus Brasilien verglichen.[87] Wenig überraschend war die Ökobilanz beim Rübenzucker viel besser – angefangen vom Transport über die Regenwaldrodung in den Tropen bis hin zu den Arbeitsbedingungen auf südamerikanischen Plantagen – was zwar beim Umweltthema keine Rolle spielt, aber vor dem Hintergrund der Diskussion ums Lieferkettengesetz meines Erachtens unbedingt bedenkenswert ist. Fast immer ist Haushaltszucker in Papier verpackt – das kann gut recycelt werden, ein Plus.

Brauner Zucker und Rohzucker ist nicht zwangsläufig das Gleiche. Weil, übrigens ähnlich wie bei Eiern, die braune Farbe bei der Kundschaft einen Natürlichkeitsreflex auslöst, wird manchmal auch raffinierter Zucker schlicht mit Sirup gefärbt und als »brauner Zucker« verkauft. Der braune Süßkram kann aber auch nicht raffiniert

---

87 http://docplayer.org/14782789-Eth-nssi-nachhaltigkeitsanalyse-der-industriellen-zuckerproduktion-projektbericht.html

(Vollrohrzucker, auch Muscovado) oder nicht komplett (Rohrohrzucker) raffiniert sein und daher noch einige Mineralien und Aromastoffe enthalten. Auch dieser Zucker ist dunkler als unser Haushaltszucker. Allerdings nicht unbedingt gesünder, weil die Menge, die man essen müsste, um auch nur annähernd von den Vitaminen und Mineralien zu profitieren, so immens hoch wäre, dass das dann wieder ein erhebliches Gesundheitsproblem wäre. Für Rohzucker aus Zuckerrohr gilt der gleiche Nachteil wie beim raffinierten Produkt: lange Reisewege, problematischer Anbau, schwierige Arbeitsbedingungen. Rübenrohzucker gibt es kaum, weil der etwas bitter schmeckt. Weil Rohzucker empfindlicher auf Feuchtigkeit reagiert als das raffinierte Produkt, steht er meist in Plastik gehüllt im Supermarkt. Diese Folien werden aktuell selbst dann nicht recycelt, wenn sie in der Wertstoffsammlung landen, sondern in aller Regel aussortiert und verbrannt, weil die Verwertung zu kompliziert ist. Ein klarer Nachteil in Sachen Nachhaltigkeit.

Dann gibt es Kokosblütenzucker: der Liebling der Food-Blogger und Superfood-Propagandisten. Von der Kalorienmenge und der Zusammensetzung her unterscheidet sich die Trendsüße kaum vom »bösen« Haushaltszucker. Die enthaltenen Vitamine und Mineralstoffe – nun ja, auch hier schaffen wir es wieder niemals, die Mengen zu essen, damit das relevant würde. Bleibt das Thema, dass Kokosblütenzucker vermeintlich Heißhungerattacken verhindert, weil er den Insulinspiegel weniger schnell ansteigen ließe – die Studienlage dazu ist, wie oben schon erwähnt, äußerst dünn. Dafür stammt aber auch dieser Zucker aus den Tropen. Die Blüten der Kokospalme werden aufgeschnitten, der herausfließende Nektar aufgefangen. Eine Palme kann am Tag bis zu zwei Liter Nektar abgeben – das reicht für eine 500-Gramm-Packung Kokosblütenzucker. Der Nektar wird eingekocht, bis eine bröselige Masse entsteht. Diese wird getrocknet und verpackt. Fast der gesamte Kokosblütenzucker in Deutschland stammt aus Südostasien. Vor allem in Thailand und Indonesien wird der Nektar aus den Kokospalmen gesammelt und zu Zucker weiterverarbeitet – der lange Transportweg belastet die Umwelt. Und auch Kokosblütenzucker klumpt schnell und wohnt daher meist in Plastikfolien.

Und dann der Agavendicksaft, noch so ein Foodie-Favorit … Oft ist das, was irgendwie natürlich, irgendwie besonders und irgendwie ursprünglich klingt, viel weniger hochwertig, als uns seine Vermarkter glauben machen wollen. Das Bild, wie der Urmexikaner, vor gleißender Sonne geschützt durch einen Sombrero, seine traditionelle Süße aus Agavenblättern zapft, ist zwar schön – es hat aber leider wenig mit der Realität zu tun. Tatsächlich ist Agavendicksaft meist ein hoch prozessiertes Industrieprodukt. Denn die traditionelle Methode, den süßen Saft zu gewinnen, ist teuer und langwierig. Dabei wird der innere Kern der Agave entfernt. In dem so entstandenen Loch sammelt sich langsam der leicht verderbliche Saft. Diesen muss man filtern, erhitzen und eindicken, um ihn haltbar zu machen. In der Gegenwart – und erst recht, seit Agavendicksaft zur weltweit erfolgreichen Zuckeralternative hochgejubelt wurde – kann man die Süße aus den Agavenwurzeln auch mithilfe von Fluorwasserstoff und Schwefelsäure extrahieren. Das erspart die Wartezeit und ermöglicht die industrielle Produktion des gewinnträchtigen Sirups. Auch der Agavendicksaft reist weit – schlecht für die Ökobilanz. Die Agavenplantagen sind meist Monokulturen, die Gewinnung der Süße ist sehr energieintensiv. Dafür sind die Plastikflaschen meist ganz gut verwertbar, vorausgesetzt sie landen in der Wertstoffsammlung, und, noch besser, Sie haben Deckel und Flasche getrennt entsorgt.

Der süße Kompass

🛒 Schokolade aus fair gehandeltem Kakao ist Pflicht! Noch besser, wenn weitere Arbeitsschritte im Ursprungsland stattgefunden haben – richtig gut macht das zum Beispiel die Firma Fairafric.

🛒 Achten Sie auf Produkte, die mit möglichst wenig Verpackung auskommen und vor allem ohne Aluminium. Die Zellstofffolien bei einigen Bioschokoladen sind übrigens tatsächlich kompostierbar.

🛒 Mal abgesehen davon, dass wir ohnehin zu viel Zucker essen: Rohrzucker hat lange Transportwege und problematische Monokulturen im Gepäck, heimischer Rübenzucker ist da besser. Beide aber brauchen viel Energie bei der Verarbeitung.

🛒 Noch schlechter ist die Ökobilanz von Agavendicksaft: Monokulturen mit Pestizideinsatz, lange Transportwege, die Pflanze liefert den Saft nur einmal in acht Jahren und stirbt dann ab, und das Einkochen ist auch sehr energieintensiv.

🛒 Honig ist als heimisches Produkt am nachhaltigsten. Kaufen Sie möglichst nur Honig, von dem Sie wissen, wer ihn wie erzeugt hat. Honig wird oft direkt vermarktet, da sollten Sie zugreifen.

Getränke

Als mein Sohn 2000 geboren wurde, empfahl mir die Heb-
amme ein französisches Mineralwasser ohne Kohlensäure,
das sei besonders gut für stillende Mütter. Brav schleppte
der Kindsvater fortan kistenweise das Wasser in unsere
Wohnung, bis er irgendwann stutzte: »Warum eigentlich sprudeln wir das Münchner Leitungswasser auf, und
bei stillem Wasser trinkst du Wasser aus der Flasche?« Er
hatte natürlich vollkommen recht, und ich habe diesen
Quatsch dann sofort eingestellt. Es gibt keinen sinnvol-
len Grund, bei uns in Deutschland, Wasser zu kaufen. Was
hierzulande aus der Leitung fließt, ist mineralreicher als
die meisten Produkte irgendwelcher Mineralbrunnen.
Kein anderes Lebensmittel wird so streng überprüft. Und
es ist zudem in puncto Nachhaltigkeit unschlagbar: keine
Emissionen von liefernden LKW, kein Verpackungsmüll –
perfekt! Der Berliner Verein a tip:tap hat von einem Um-
weltgutachter ausrechnen lassen, welchen Effekt es hätte,
wenn wir in Deutschland komplett von Mineral- auf Leitungswasser umsteigen würden: Demnach würden wir dadurch stolze 3 Millionen Tonnen CO_2 im Jahr einsparen.
Das entspricht etwa dem Volumen des innerdeutschen
Flugverkehrs.[88]
    Die Ökobilanz von abgefülltem Wasser ebenso wie von

---

88 https://atiptap.org/wasserwissen/5-gruende-fuer-leitungswasser/

anderen Getränken wird vor allem vom Transport zu uns bestimmt. Einweg-Kunststoffflaschen hatten bei Wasser 2019 einen Marktanteil von fast 60 Prozent.[89] Die gute Nachricht daran ist, dass diese Flaschen vergleichsweise oft recycelt werden – was besser klingt, als es ist, angesichts unserer generell schlechten Verwertungsquote bei Plastik. Unter den Blinden ist der Einäugige König ... Das Greenpeace-Magazin hat mal ausgerechnet, dass für Produktion und Vertrieb eines Liters Flaschenwasser drei weitere Liter Wasser verbraucht werden, plus ein Viertelliter Erdöl. Besonders ärgerlich ist das, weil es mit der klassischen Poolflasche – auch Perlenflasche genannt wegen der kleinen Erhebungen im Glas unterhalb vom Flaschenhals – eine wirklich intelligente Lösung gibt: Einheitsflaschen, die nach der Rückgabe in die nächstgelegene Abfüllanlage gebracht und wieder befüllt werden. Die Getränkeindustrie hat in den vergangenen Jahren viel Geld für Studien ausgegeben, die wahlweise den Getränkekarton feiern oder Einwegflaschen als gute Alternative schönrechnen. Glauben Sie dem kein Wort: Ob bei Saft, Milch oder Wasser, Pfandflaschen aus Glas sind die ökologisch beste Variante, vorausgesetzt, Sie trinken nicht in Hamburg Wasser aus Bayern oder in München Direktsaft aus dem Alten Land.

---

89 Die Studie des Umweltbundesamtes, aus der diese Zahl stammt, ist generell lesenswert zum Thema Getränkeverpackungen. https://www.umweltbundesamt.de/sites/default/files/medien/1410/publikationen/2021-08-04_texte_116-2021_mehrweggetraenkeverpackungen_2019.pdf

Es ist übrigens auch Unsinn, das Wasser vor dem Trinken zu filtern: Da holen Sie die ganzen Mineralien, mit denen Mineralwasserhersteller extra werben, sorgfältig raus. Entkalktes Wasser ist nur da wichtig, wo es gekocht wird und dabei Geräten zusetzen kann. Dann ist das Filtern auch wieder nachhaltig, weil Sie so die Chemie fürs Entkalken von Kaffeemaschine und Co. einsparen.

Kaffee als Klimaproblem

Womit wir bei unserem Lieblingsfrühstücksgetränk wären. Das Thema »Sind To-go-Becher der Untergang des Abendlandes oder zumindest der Treiber des Klimawandels?« wird seit Jahren heiß diskutiert. Selbstverständlich besitzen meine Kinder Mehrwegbecher, die Firma Recup mit ihrem Pfandsystem boomt – und dabei wird komplett verdrängt, dass das echte Ökoproblem gar nicht der Behälter ist, sondern das Getränk selbst.[90] Kaffee hat einen spektakulär schlechten Klimaabdruck. Insofern ist der wichtigste Schritt schon mal, nicht nur den Becher nicht wegzuwerfen, sondern vor allem den Kaffee.

Anders als beim Mineralwasser fallen die Umweltfolgen beim Kaffee weniger beim Transport an, obwohl er so weite Strecken unterwegs ist, sondern beim Anbau – und bei seiner Zubereitung.

Fangen wir mal auf der Kaffeeplantage an: Für eine

---

90 Trotzdem besteht der Umschlag dieses Buches, nebenbei erwähnt, aus dem Verschnitt von Kaffeebechern – Abfallverwertung, passend zum Thema ...

Tasse Kaffee sind im Anbau rund 140 Liter Wasser nötig. Immerhin ist das überwiegend Regenwasser, Kaffee wächst nur in regenreichen Gegenden. Aber der Klimawandel macht sich auch hier zunehmend bemerkbar. Wie schon im vorigen Kapitel erwähnt: Der Landverbrauch von Kaffee, auf Böden, wo zuvor Biotope dem Klima halfen, ist ein Problem. Und die Arbeitsbedingungen. Was wir in Deutschland trinken, stammt meist von Großröstereien. Der Kaffee wird billig eingekauft, alle weiteren Arbeitsschritte geschehen in Europa. Dabei wäre es nicht nur im Sinne der Wertschöpfung vor Ort sinnvoll, Kaffee am Ursprungsort zu rösten. Durch den Gewichtsverlust dabei wäre auch der Transport anschließend emissionsärmer. Fazit: Kaffee sollte immer aus fairem Handel stammen, wo sichergestellt ist, dass vom Preis genug bei den Erzeugerfamilien hängen bleibt.

Fast noch entscheidender jedoch ist, wie wir unseren Kaffee zubereiten, da kann der CO_2-Abdruck je nach Methode um den Faktor sechs variieren. 2019 wurden etwas über 13 Prozent des Kaffees bei uns aus Kapseln oder Pads gebrüht. Positiv daran ist, dass wenigstens nur so viel Kaffee verbraucht wird wie nötig. Aber der Energieaufwand ist unverhältnismäßig hoch, vor allem aber sind die Kapseln, egal ob aus Plastik oder Alu, eine Riesenökosauerei. Nestlé, mit Nespresso Marktführer in diesem Bereich, will seit 2022 klimaneutral sein, unter anderem durch den Einsatz von recyceltem Alu. Die Deutsche Umwelthilfe vermutet, dass es sich dabei größtenteils um Abfälle aus der Aluminiumproduktion handelt. Die würden aufgrund ihres Werts allerdings auch ohne Nestlé eingeschmolzen und als neuwertig genutzt – kein großer Gewinn für die Umwelt also. Dabei wäre Kaffeesatz eigentlich eine tolle Komponente im Biomüll, fürs Kompostieren. Aber wer fummelt den schon aus der Kapsel raus, bevor er die dann – hoffentlich – dem Recycling zuführt? Vermeintlich kompostierbare Kapseln aus Bioplastik sind auch keine Alternative: Hier haben wir es mit einem klaren Fall von Greenwashing zu tun. Der sogenannte Biokunststoff verrottet nicht schnell genug; diese Kapseln gehören in den Restmüll, weil es für diese Kunststoffart bei uns keinen Wertstoffzyklus gibt. Also lieber auf den guten alten Filterkaffee setzen ...

Tee ist übrigens auch nicht ohne in seiner Ökobilanz, aber immerhin viel besser als Kaffee. Für ein Kilogramm Teeblätter braucht man weniger als die Hälfte der Fläche wie für ein Kilogramm Kaffeebohnen. Und es bleibt mehr übrig: Aus 4 Kilogramm frisch gepflückten Teeblättern wird am Ende 1 Kilogramm loser Tee. Bei Kaffee schrumpft das Gewicht von der Bohne zum Kaffeepulver auf weniger als ein Sechstel zusammen. Auch die Herstellung ist weniger energieintensiv: Tee wird nach der Ernte gerollt und mit heißer Luft getrocknet. Die Verarbeitung des Kaffees ist aufwendiger: Trocknen, waschen, rösten, mahlen.

Der Getränke-Kompass

🛒 Wasser aus der Leitung schlägt alles in puncto Nachhaltigkeit. Und ist mit 0,2 Cent pro Liter (2021) im Schnitt etwa 65-mal billiger als das Wasser im Handel.

🛒 Wenn es doch abgefüllte Getränke sein sollen: Immer zu Pfandflaschen greifen. Und zu Anbietern, die nicht Hunderte Kilometer entfernt sitzen.

🛒 Kaffee und Tee sollten aus fairem Handel stammen. Adressen dazu gibt's ab Seite 279.

🛒 Kaffeekapseln sind in jeder Form schlecht für die Umwelt! Wer ökologisch korrekt Kaffee trinken möchte, bereitet ihn am besten mit Filter oder Frenchpress zu. Oder, noch besser, als Cold Brew.

Fertiggerichte

In meiner Kindheit gab es bei mir zu Hause keine Fertiggerichte. Meine Mutter war eine gute und begeisterte Köchin. Tütensuppen und Tiefkühlpizzen begegneten mir zum ersten Mal in den Studentenküchen meines Freundeskreises in München. Die schienen das alles ganz fein zu finden. Mir fehlte da möglicherweise die frühkindliche Prägung. Ich kochte fortan selbst und ignorierte die Regalreihen im Supermarkt, wo Produkte von Knorr, Maggi und Co. verkauft wurden.

2009 dann fragte mich Tim Mälzers Manager, ob ich mit Tim Mälzer gemeinsam eine neue Dokureihe für die ARD aus der Taufe heben wolle. In der ersten Folge sollte es um Fertiggerichte gehen, und zunächst war der Fokus der Redaktion stark darauf gerichtet, ob die Inhaltsstoffe dieser Produkte gesundheitsschädlich seien. Sind sie, teilweise, dazu später mehr. Was mich indes damals am meisten faszinierte, war, mit wie wenig »echten« Lebensmitteln man die Anmutung einer Mahlzeit schaffen kann.

Das zentrale Problem bei Fertiggerichten ist, dass Sie da etwas vollkommen anderes kaufen, als Ihnen die Verpackung suggeriert. Es gibt Instant-Hühnerbrühen, die komplett ohne Hühnerfleisch auskommen. Viele Tütensuppen enthalten minimalste Spuren des namensgebenden Gemüses. Ein Fleischgefühl wird erzeugt mit Geschmacksverstärkern, die unsere Umami-Rezeptoren austricksen, Aromen sorgen dafür, dass die Fett-Stärke-Zucker-Salz-Pampe so schmeckt wie das, was wir mit Chili con Carne oder Pilzrisotto eigentlich verbinden. Verdicker schummeln über große Mengen Wasser hinweg. Teure Zutaten werden durch Füllstoffe und Kniffe aus dem Chemiebaukasten ersetzt. Sie wollen wissen, wie Sie sich nachhaltig und dennoch bezahlbar ernähren? Lassen Sie diesen Kram weg!

Machen uns Fertiggerichte krank?

Seit meinen Recherchen für den Mälzer-Film hat sich viel verändert. Teilweise sind die Rezepturen tatsächlich besser geworden. Es gibt Hersteller, die sich wirklich bemühen, selber Fonds kochen, mit frischen Kräutern für Geschmack sorgen. Parallel sind aber auch die Täuschungsmethoden immer perfider geworden, ganz besonders beim Thema Geschmacksverstärker.

Früher wurde bei Fertiggerichten praktisch immer mit Glutamat nachgeholfen – eine Supersubstanz aus Industriesicht, weil man mit geringsten Mengen unsere Geschmacksnerven dazu bringt, »mmhhh« zu signalisieren. Dagegen würde jetzt erst mal nichts sprechen, guter Geschmack ist ja ohne Zweifel etwas Schönes. Allerdings gibt es durchaus Indizien dafür, dass Glutamat nicht gut für uns ist, mal ganz abgesehen davon, dass man uns auf diese Weise Füllstoffe als feine Zutaten unterjubeln kann. Als ich damals an der Mälzer-Doku arbeitete, interviewte ich den Kinderarzt Michael Hermanussen, der Hinweise gefunden hatte, dass Glutamat in unserem Gehirn gewissermaßen die Sättigungsbremse aushebelt und wir von glutamathaltigen Lebensmitteln mehr essen, als wir eigentlich müssten, um uns satt zu fühlen. Der Mediziner hatte belegt, dass in vielen Ländern Übergewicht zum Problem wurde, kurz nachdem Fertiggerichte ihren Platz auf den Speisezetteln gefunden hatten. Er hat seine Forschung allerdings später nicht mehr weitergeführt, weil er keine Mittel dafür auftreiben konnte.

Hier sind wir bei einem zentralen Problem: Was in unseren Fertiggerichten verkocht wird, ist relativ schlecht erforscht. Es gibt beispielsweise keine fundierten Studien dazu, was Verdicker in unserem Körper auslösen. Ein Molkerei-Experte, den ich mal am Telefon hatte, erklärte mir, er würde seine Kinder nichts essen lassen, was Verdickungsmittel enthält. Zitieren lassen wollte er sich damit nicht – schließlich waren Molkereiunternehmen seine Auftraggeber, und mit denen wollte er es sich nicht verscherzen. Die meisten Fruchtjoghurts und Frischkäsezubereitungen verdanken ihre cremige Konsistenz Carragen, Johannisbrotkernmehl und Co. Diese Substanzen machen in winzigen Dosen Wasser quasi schnittfest. Es erscheint mir logisch, dass das für unsere Verdauung nicht ideal ist. Aber unsere Universitäten sind heutzutage auf Drittmittel angewiesen, die aus der Industrie kommen. Selbst wenn diese Gelder, sagen wir mal, nur ein Viertel des Budgets ausmachen – auch mit den restlichen drei Vierteln wird das Institut dann lieber nicht Themen bearbeiten, die der Industrie nicht gefallen.

Was schmeckt da so erdbeerig?

Fast wäre es mir einmal gelungen, bei einem der großen Aromen-Hersteller zu drehen – am Tag vor unserem Besuch hat die Firma dann aber abgesagt; es war der Geschäftsleitung doch nicht wohl bei dem Gedanken, sich in die Töpfe schauen zu lassen ... aber immerhin hatte ich zuvor einen Recherchebesuch absolvieren dürfen, und der war auf leicht gruselige Weise eindrucksvoll.

Unser Geschmack lässt sich relativ leicht überlisten. Die Aromen von Lebensmitteln bestehen aus vielen Komponenten, aber meist reichen schon ein oder zwei charakteristische Teile, und unser Gaumen vermutet Erdbeeren, wo in Wahrheit nur etwas Chemie schmeckt. Die Benennung dieser künstlichen Aromen ist ein Wunderwerk des Lebensmittelrechts. Ich habe in meinem Freundeskreis mal den Test gemacht, was wir typischerweise unter dem Begriff »natürliches Aroma« verstehen würden. Einheitliches Feedback war, dass es sich da mutmaßlich um eine Art Konzentrat aus der natürlichen Zutat handeln müsste. Der Gesetzgeber hingegen versteht darunter nur, dass das Ausgangsmaterial natürlich sein muss, also beispielsweise Holz oder ein Schimmelpilz. Daraus werden einzelne Aromakomponenten gewonnen, die geschickt kombiniert nach Erdbeere schmecken. Wenn das Aroma tatsächlich aus der Erdbeere gewonnen wird, heißt das auf der Zutatenliste »natürliches Erdbeeraroma«. Sie haben beim ersten Lesen jetzt nur Bahnhof verstanden und mussten noch mal nachlesen? Kein Wunder, das ist auch wirklich kompliziert und verfolgt eindeutig nicht den Zweck, uns beim Einkauf gut zu informieren.

Als ich damals in der Aroma-Hexenküche zu Besuch war, durfte ich erstaunliche Dinge probieren. Intensives Hühnersuppenaroma. Einen Traum von Himbeere. Satte Butter. Alles aus dem Labor und komplett ohne die echten Lebensmittel. Lebensmittelhersteller haben zuweilen tatsächlich die Dreistigkeit, das als besonders nachhaltig zu verkaufen: Wo kämen wir denn hin, wenn alle Menschen echte Vanille würden essen wollen, so viel kann man ja weltweit gar nicht anbauen. Mein Rat wäre trotzdem, generell gar nichts zu kaufen, wo Aromen auf der Zutatenliste auftauchen, das ist ausnahmslos ein Zeichen dafür, dass da schlechter gekocht wurde als bei Ihnen zu Hause!

Die Tricks der Industrie

Auf vielen Convenience-Produkten findet sich vorn auf der Packung der Hinweis »ohne geschmacksverstärkende Zusatzstoffe«. Das ist allerdings leider keine gute Nachricht, sondern fast immer ein Hinweis auf besonders perfide Irreführung. Hier befinden wir uns wieder mal in den Abgründen europäischer Lebensmittelgesetzgebung. Die unterscheidet zwischen Zusatzstoffen und Zutaten. Ersteres sind Stoffe, die eine E-Nummer tragen, also beispielsweise die Salze der Glutaminsäure, besser bekannt als »Glutamat«. Es gibt aber eine Menge Lebensmittel, die von Natur aus Glutaminsäure enthalten – deshalb macht Parmesan unsere Nudeln so würzig, und Soßen schmecken mit einem Teelöffel Tomatenmark runder, in beidem ist Glutaminsäure enthalten. Nachdem immer mehr Menschen keine Produkte mit Glutamat kaufen wollten, ist die Industrie dazu übergegangen, den geschmacksverstärkenden Bestandteil aus Lebensmitteln zu konzentrieren. Im Prinzip funktioniert das mit jeglicher eiweißhaltigen Zutat – Soja, Weizen, Milch, Hefe ... Extrakte daraus übernehmen den Job des Glutamats. Weil das aber keine Zusatzstoffe im Sinne des Lebensmittelgesetzes sind, sondern Zutaten, dürfen die Hersteller damit werben, dass »keine geschmacksverstärkenden Zusatzstoffe« enthalten sind, obwohl der Hefe- oder Weizenextrakt nur zu diesem Zweck in der Tütensuppe oder der Gulaschzubereitung enthalten ist. Die Wirkung im Körper dürfte ähnlich sein wie bei Glutamat: Wir essen zu viel, und wir essen Füllkram statt hochwertiger Lebensmittel. Es gibt keine Erfahrungswerte, was in unserem Körper passiert, wenn wir die Glutaminsäure aus 1000 Litern Milch, konzentriert auf einen Teelöffel, essen. Es gibt auch keine Studien dazu. Im Zweifel würde ich die Finger von allem lassen, was Geschmacksverstärker enthält.[91]

Das Wechselspiel zwischen Industrie und Kundschaft hat etwas vom berühmten Wettlauf zwischen Hase und Igel. Als ich vor einiger Zeit mal die Messe »Food Ingredients«

---

91 Eine Liste mit Tarnbegriffen, unter denen sich Glutaminsäure verbergen kann, finden Sie auf Seite 277 f.

besuchen konnte – dort kauft die Industrie ihre Zauber-
mittelchen ein –, war praktisch immer die wichtigste Wer-
beaussage, dass man irgendeinen Stoff nicht deklarieren
muss. Besonders perfide fand ich ein Verdickungsmittel,
das als »the next hot shit« angepriesen wurde: Dafür wurde
die weiße Schicht unter der Haut von Zitrusfrüchten ge-
friergetrocknet und fein vermahlen. Dieser Stoff funk-
tionierte gut als Verdicker und hatte für Hersteller den
extremen Charme, dass er auf der Zutatenliste als »Zitrus-
extrakt« auftauchen durfte. Beim Kaufen löst das ein woh-
liges Vitamingefühl aus; in Wirklichkeit ist es aber einfach
das, was wir beim Schälen wegwerfen …

Die Ökobilanz von Fertig-Food

Man könnte jetzt natürlich positiv denken und sich über
eine Verwertungsmöglichkeit für diese Abfälle freuen.
Nur muss uns gleichzeitig immer bewusst sein, dass diese
Stoffe den Zweck haben, etwas vorzutäuschen, was im Produkt gar nicht vorhanden ist. Mit einer kleinen Menge
des Zitrus-Abfall-Pulvers schaffte man eine Konsistenz wie
von Birnenpüree, mit ein paar Tropfen Aroma wäre man
bei einem Fruchtdessert, das zur Not komplett ohne die
Frucht auskommen könnte.

Das Problem bei der Erstellung von Ökobilanzen ist bei
Fertiggerichten besonders groß: weil wir ja nie so genau
wissen, welche Arbeitsschritte in dem fertigen Produkt
stecken. Keine Ahnung, welchen energetischen Aufwand
man betreiben muss, um den Zitrus-Verdicker herzustel-

len. Oder einen funktionierenden Geschmacksverstärker aus Hefe. Oder ein überzeugendes Erdbeeraroma. Es
gibt auch keine Daten darüber, was im Laufe der Produk-
tionskette sonst noch anfällt. Weder erfahren wir, wo die
Zutaten erzeugt wurden, noch wie weit und mit welchem
Verkehrsmittel sie transportiert wurden. Es bleibt unklar,
was wie lange und auf welche Weise gelagert wurde. Selbst
wenn man sich die Mühe macht, die Zutatenliste Posten
für Posten durchzukalkulieren – und schon das ist schwierig, weil wir bei den meisten Bestandteilen ja gar nicht die
genaue Menge kennen –, bleibt ein großes schwarzes Loch
beim kompletten Liefer- und Herstellungsprozess.

Der Fertiggerichte-Kompass

🛒 Je länger die Zutatenliste, desto schlechter – das spricht
in der Regel für viel Trickserei. Auch ein hoher Wasseranteil ist ein Warnsignal. Augen auf bei allen Inhaltsstoffen,
mit denen Ihre Großmutter nicht gekocht hätte.

🛒 Rechnen Sie nach, wie viel von den namensgebenden
Zutaten tatsächlich enthalten ist – oft nur eine halbe
Erdbeere pro Joghurt.

🛒 Nicht nur Glutamat ist ein Geschmacksverstärker. Auch
Hefeextrakt und Co. haben geschmacksverstärkende
Wirkung. Weil das aber laut Gesetz »Zutaten« sind und
keine Zusatzstoffe, kann auf der Vorderseite der Packung

dennoch werbewirksam stehen, dass das Gericht ohne geschmacksverstärkende »Zusatzstoffe« produziert wurde. Eine Auswahl von Tarnbegriffen gibt's ab Seite 277.

🛒 Viele Fertiggerichte enthalten versteckte Zucker. Mehr dazu auf Seite 278. Entscheidend ist der Gesamtzuckergehalt laut Nährwerttabelle.

🛒 Gerne werben Hersteller mit irreführenden Begrifflichkeiten: »Ohne Konservierungsstoffe laut Gesetz« bedeutet keineswegs, dass der Hersteller auf deren Einsatz netterweise verzichtet hat, sondern dass er die gesetzlich gar nicht zusetzen darf.

🛒 Biofertiggerichte dürfen auch Zusatzstoffe enthalten, aber deutlich weniger als konventionelle Gerichte. Glutamat ist im Biobereich verboten, dafür findet sich aber oft Hefeextrakt.

🛒 Was eindeutig gegen die Köche aus der Industrie spricht: Bei Fertiggerichten fällt in der Regel viel Verpackungsmüll an.

Teil 3

Ihr Kompass durch den Kennzeichnungsdschungel

In einer idealen Welt würden wir auf jeder Verpackung einfach klare Informationen finden: Wo kommt mein Produkt her? Unter welchen Bedingungen wurde es erzeugt? Welche Umweltschäden wurden bei seiner Herstellung und seinem Transport angerichtet? Klingt ganz einfach... und wäre es ehrlich gesagt auch. Ich recherchiere nun schon so lange am Thema Lebensmittel und stelle immer wieder fest, dass die Erzeuger in aller Regel sehr präzise Angaben dazu machen können, wenn man nachfragt.

Doch an dieser Stelle beginnt das Problem: Wo keiner fragt, bleiben wichtige Informationen zur Produktherkunft oder zu den Haltungsbedingungen im Dunkel. Siegel sind ein Marketinginstrument. Deshalb ist es wichtig, dass Sie wissen, was sich hinter welcher Bezeichnung verbirgt. Bis wir irgendwann vielleicht von unserer Politik in Sachen Produktinformation tatsächlich eine ideale Welt beschert bekommen.

Biosiegel

Seit 2020 ist das EU-Biosiegel auf allen verpackten Bio-Lebensmitteln aus der EU Pflicht. Die Kriterien sind gewissermaßen der Mindeststandard für Bio-Lebensmittel. Zusätzlich kann Bio-Ware außerdem das deutsche Bio-Siegel oder die Siegel privater Bio-Verbände tragen. Deren Kriterien sind teilweise strenger, als beim EU-Bio-Siegel.

VERGLEICH BIOSIEGEL	★*	Bioland	Naturland	demeter
	staatlich	privat	privat	privat
Zahl der Mitglieder	–	ca. 8700	ca. 4500	ca. 2600
Kontrollfrequenz	1 ×/Jahr	1 ×/Jahr	1 ×/Jahr	1 ×/Jahr
Einsatz von Gentechnik	bis 5 %	nein	nein	nein

* EU-Biosiegel

Regionalsiegel

Wie schon gesagt – »regional« ist kein gesetzlich geschützter Begriff. Und grundsätzlich ist die Definition ja auch komplex: Für mich in München beispielsweise ist ein Käse aus Tirol sehr viel weniger weit unterwegs gewesen, als wenn er aus Mainfranken gekommen wäre, obwohl das immer noch Bayern wäre.

Die österreichische Supermarktkette Spar hat seit einigen Jahren ein Programm, in dem Produkte von Erzeuger:innen aus einem Umkreis von 30 Kilometern angeboten werden. Welche das sind, erfährt man gleich am Eingang. So viel Transparenz finde ich vorbildlich!

Generell gilt: Was konkret beworben wird, muss stimmen. Wenn am Eierregal steht, dass die Eier oder Kartoffeln von einem bestimmten Hof 25 Kilometer entfernt stammen, dann kann ich mich darauf verlassen, andernfalls wäre das juristisch zu ahndender Betrug. Irgendein schwammiges Werbeversprechen wie »heimisch« oder »aus der Region« hingegen lässt viel Interpretationsspielraum.

Am besten gefällt mir aktuell das sogenannte »Regionalfenster«, mit dem deutschlandweit mittlerweile rund 5500 Produkte ausgezeichnet sind – eine freiwillige Kennzeichnung, die von einem unabhängigen Verein vergeben wird. Die »Region« kann hier ein Bundesland, ein Landkreis oder eine gewachsene Region sein.

REGIONALE SIEGEL	REGION	HERKUNFT BEI OBST /GEMÜSE
Regional – Wo kommt es her? – Wo wurde es verarbeitet? – Wie hoch ist der regionale Anteil? Neutral geprüft durch: Kontroll GmbH www.regionalsiegel.de	Muss klar und nachvollziehbar abgegrenzt sein, durch Landkreise, Regierungsbezirke, Bundesländer, einen Kilometerradius um einen Ort oder die Angabe eines Naturraumes	100%
GESICHERTE QUALITÄT BADEN-WÜRTTEMBERG	Baden-Württemberg	100%
GEPRÜFTE Qualität BAYERN	Bayern	100%
Geprüfte QUALITÄT HESSEN	Hessen	100%
GEPRÜFTE QUALITÄT NRW	Nordrhein-Westfalen	100 %
GESICHERTE QUALITÄT RHEINLAND-PFALZ	Rheinland-Pfalz	100%
GESICHERTE QUALITÄT SAARLAND	Saarland	100%
Geprüfte Qualität Schleswig-Holstein	Schleswig-Holstein	100%
GEPRÜFTE QUALITÄT AUS THÜRINGEN	Thüringen	100%
REGIOportal	Schlüssige individuelle Definitionen je nach Region	100%

HERKUNFT BEI VERARBEITETEN LEBENSMITTELN WIE WURST	FUTTERMITTEL AUS DER REGION?	HERGESTELLT IN DER REGION?
Hauptzutat und wertgebende Zutaten jeweils zu 100%, insgesamt 51% der Gesamtmasse	Nicht verpflichtend, optional ist eine Auslobung regionaler Futtermittel möglich.	in der Regel ja
mindestens 90%, ohne Wasser und Kochsalz	>50%% aus betriebseigener Erzeugung	ja, sehr wenige Ausnahmen
genannte Zutaten 100%, Anteil am Gesamtprodukt zu mind. 60%	mind. 50% bei Rindern, Schweinen, Lämmern und Gehegewild bei Geflügel: nein	ja
Monoprodukte zu 100%, sonst 100% der Hauptzutat, mind. 80% des Gesamtproduktes	Rindermast: 50% aus dem Betrieb	ja, wenige Ausnahmen bei der Verarbeitung
mindestens 80% der Hauptzutat aus NRW	nach Möglichkeit	ja
es werden keine verarbeiteten Produkte angeboten	51% aus betriebseigener Erzeugung	ja
mindestens 90%, ohne Wasser und Kochsalz	51% aus betriebseigener Erzeugung	ja, sehr wenige Ausnahmen
Milcherzeugnisse: 95% Fleischwaren: 60%, die Hauptzutat muss aus der Region sein	nach Möglichkeit	ja
90% des Gesamtprodukts	nein	ja
unterschiedlich	in der Regel ja	in der Regel ja

EU-Ursprungs- und Qualitätszeichen

Die drei täuschend ähnlichen EU-Siegel sagen leider etwas vollkommen Unterschiedliches aus. Nur das rote Siegel »geschützte Ursprungsbezeichnung« weist tatsächlich den Weg zu einem regionalen Produkt.

Im Moment tragen fast 1600 Produkte eines der drei Siegel. Die vollständige Liste gibt es hier:

https://ec.europa.eu/info/food-farming-fisheries/food-safety-and-quality/certification/quality-labels/geographical-indications-register/

Welche deutschen Produkte dazugehören, erfahren Sie auf einer Karte des BMEL:

https://www.bmel.de/DE/themen/landwirtschaft/agrarmaerkte/geschuetzte-bezeichnungen.html

EU-SPEZIALITÄTEN-GÜTEZEICHEN			
Name	Geschützte Ursprungs-bezeichnung	Geschützte geografische Angabe	garantiert traditionelle Spezialität
Kommt das Produkt aus der namens-gebenden Region?	ja	nein	nein
Was bedeutet es genau?	Erzeugung, Verarbeitung und Herstellung eines Erzeugnisses muss in einem bestimmten geografischen Gebiet nach einem aner-kannten und festgelegten Verfahren erfolgen.	Mindes-tens ein Verarbeitungs-schritt – Erzeugung, Verarbeitung oder Herstel-lung – muss in der Region stattfinden.	Hier muss nur die Zusammen-setzung oder das Ver-arbeitungs-verfahren traditionell sein.

Fleischkennzeichnung

Besonders verwirrend ist die Lage bei Fleisch und weiteren tierischen Produkten: Mehrere Tierwohlkennzeichnungssysteme mit voneinander abweichenden Klassifizierungen, die Biosiegel der EU und der deutschen Bioverbände, Handelsklassen, Goldmedaillen – was das konkret für das Schwein im Stall bedeutet, ist ohne Studium des Lebensmittelrechts kaum nachvollziehbar. Wer ahnt schon, dass Weidemilch von Kühen stammen kann, die über 80 Prozent ihrer Zeit im Stall verbringen, völlig legal? Oder wie winzig klein der Platz eines ausgewachsenen Masttiers in vermeintlich höherwertigen Haltungsstufen immer noch ist?

Nach der Bundestagswahl 2021 hat das Bundesministerium für Ernährung und Landwirtschaft mit Cem Özdemir zum ersten Mal seit 16 Jahren einen grünen Minister. Seine Amtsvorgänger:innen aus der Union haben sich jahrelang an einem staatlichen Tierwohlkennzeichen abgearbeitet, ohne Ergebnis. Jetzt steht zumindest fest, dass es eine verpflichtende Kennzeichnung geben soll, nicht nur ein freiwilliges Siegel. Wie genau das aber aussehen wird, war bei Drucklegung dieses Buches noch nicht klar.

So lange bleibt es bei den verschiedenen Systemen, die alle eins gemeinsam haben: Nur die jeweils höchste Haltungsstufe sichert ein Mindestmaß an Tiergerechtigkeit.

Wer sicher sein möchte, Fleisch, Milch und Eier von richtig glücklichen Tieren zu kaufen, muss einen Schritt weiter gehen und bei vertrauenswürdigen Einkaufsquellen kaufen, wo es detaillierte Informationen über konkrete Haltungsbedingungen gibt. Wer diese Mühe scheut, hat mit den höchsten Klassen und den Biosiegeln zumindest eine Hilfe.

Güteklassen bei Fleisch

Fleisch wird in 4 Güteklassen eingeteilt, vorwiegend bestimmt durch den Fett-, Knochen- und Knorpelanteil.

1. Güte: z. B. Rippenbraten (Rind), Rippenstück und Schinken (Schwein), Keule (Kalb), Rücken und Keule (Schaf)
2. Güte: z. B. Mittelbrust (Rind), Kamm und Bruststück (Schwein), Rücken und Kamm (Kalb), Bug (Schaf)
3. Güte: z. B. Brustkern und Kamm (Rind), Bauch (Schwein), Hals und Bauch (Kalb), Hals und Brust (Schaf)
4. Güte: z. B. Querrippenstück (Rind), Kopf (Schwein), Kopf (Kalb)

Daneben gibt es etwa bei Schweinefleisch eine Unterteilung nach dem Magerfleischanteil, in die Klassen S, E, U, R, O und P, wobei S die höchste Klasse ist.

Die Güteklassen beim Fleisch sagen nichts über die Qualität der Erzeugung oder über die Lebensbedingungen der Tiere aus. Auch sogenanntes PSE-Fleisch (pale = blass, soft = weich und exudative = wässrig) wird dadurch nicht ausgewiesen. Dieses Phänomen entsteht durch erhöhte Milchsäureausschüttung, die durch Stress beim Schlachtvorgang ausgelöst wird. Das Fleisch verliert später beim Garen viel Wasser und wird hart und zäh.

Rindfleisch wird in verschiedene Kategorien eingeteilt:

- Kalbfleisch (V) stammt von Tieren, die maximal 8 Monate alt sind.
- Jungrindfleisch (Z) bezeichnet Fleisch von Kälbern zwischen 8 und 12 Monaten.
- Jungbullenfleisch (A) ist das Fleisch von ausgewachsenen, jungen, männlichen, nicht kastrierten Tieren, die weniger als 2 Jahre alt sind.
- Bullenfleisch (B) wird Fleisch von ausgewachsenen, männlichen, nicht kastrierten Tieren genannt, die älter als 2 Jahre sind.
- Als Ochsenfleisch (C) wird Fleisch von ausgewachsenen, männlichen, kastrierten Tieren bezeichnet.
- Färsenfleisch (E) nennt man Fleisch von ausgewachsenen weiblichen Tieren, die noch nicht gekalbt haben.
- Kuhfleisch (D) ist Fleisch von ausgewachsenen weib-

lichen Tieren, die bereits gekalbt haben – dieses
Fleisch kommt vorwiegend als Hackfleisch in den
Handel und wird in der Regel nicht explizit so aus-
gewiesen, sondern heißt schlicht »Rindfleisch«.

TIERWOHL-KENNZEICHNUNGS-SYSTEME IM HANDEL	Haltungsform 1 Stallhaltung / 2 Stallhaltungplus / 3 Außenklima / 4 Premium (haltungsform.de)	FÜR MEHR TIERSCHUTZ / tierschutzlabel.info Einstiegsstufe
Wer steckt dahinter?	Die Gesellschaft zur Förderung des Tierwohls in der Nutztierhaltung mbH, ein branchenübergreifendes Bündnis der deutschen Fleischindustrie, darunter die vier großen Einzelhandelsketten und der Großschlachter Tönnies	Deutscher Tierschutzbund – Vertreter:innen der beteiligten Interessensgruppen (Wissenschaft, Landwirtschaft, Vermarktung, Handel und verschiedene gesellschaftliche Gruppen) sind über einen Labelbeirat sowie in Facharbeitsgruppen organisiert
Wie viele Betriebe gibt es?	ca. 12000	ca. 500
Welche Kategorien gibt es?	1: Stallhaltung 2: Stallhaltung Plus 3: Außenklima 4: Premium	Einstieg Premium
Kriterien	https://www.haltungsform.de/	https://www.tierschutzlabel.info/tsl-stufen
Bewertung	Erst ab Stufe 4, die weitgehend den Biokriterien entspricht, kann von echtem Tierwohl die Rede sein.	Nur in der Premium-Stufe, die weitgehend den Biokriterien entspricht, kann von echtem Tierwohl die Rede sein.

HALTUNGS-BEDINGUNGEN FÜR LEGEHENNEN	BESATZDICHTE	AUSSTATTUNG DES STALLS	FREIFLÄCHE	MAXIMALE BETRIEBSGRÖSSE	MAXIMALE KAPAZITÄT	SCHNABELKÜRZEN
Konventionelle Haltung	9–12 Hennen/ m² ³	mindestens ¹/₃ Scharraum, 15 cm Sitzstange/ Henne	–	–	6000 Hennen/Stall	freiw. Verzicht seit 2017
* (EU-Biosiegel)	6 Hennen/m²	mindestens ¹/₃ Scharraum, 18 cm Sitzstange/ Henne	4 m²/Henne	230 Legehennen/ha Betriebsfläche	3000 Hennen/Stall	nicht zulässig
Bioland	6 Hennen/m²	mindestens ¹/₃ Scharraum, 18 cm Sitzstange/ Henne	4 m²/Henne	nicht geregelt	3000 Hennen/Stall 6000 Hennen/ Gebäude	nicht zulässig
Naturland	6 Hennen/m²	mindestens ¹/₃ Scharraum, 18 cm Sitzstange/ Henne	4 m²/Henne	–	3000 Hennen/Stall	nicht zulässig
demeter	6 Hennen/m²	mindestens ¹/₃ Scharraum, 18 cm Sitzstange/ Henne	4 m²/Henne mit schützenden Strukturen wie Bäumen, Büschen oder Unterständen, Schlechtwetterauslauf	150 Meter Abstand zwischen den einzelnen Ställen	3000 Hennen/Stall pro 50 Legehennen 1 Hahn	nicht zulässig

* EU-Biosiegel

HALTUNGS-BEDINGUNGEN FÜR MILCHKÜHE	STALLFLÄCHE	ANBINDEHALTUNG	FREIFLÄCHE	MAXIMALE BETRIEBSGRÖSSE	ENTHORNUNG	KÄLBERHALTUNG
Konventionelle Haltung	keine Vorschrift	ja	–	keine Vorgabe	ja	Einzelboxen zulässig
* (EU-Biosiegel)	6 m²/Kuh	in Ausnahmefällen möglich	4,5 m²/Kuh, wenn kein Weidegang möglich (Bsp. Nässe oder Trockenheit)	2 Kühe/ha	nicht routinemäßig, aber auf Antrag möglich	keine Einzelboxen nach der ersten Lebenswoche, kein Milchaustauscher
Bioland	6 m²/Kuh	zeitlich begrenzt für einzelne Tiere aus Sicherheits- und Tierschutzgründen mit Genehmigung möglich bei Sommerweide plus 2-mal wöchentlich Auslauf außerhalb der Weidezeit	4,5 m²/Kuh	2 Kühe/ha	nur mit Ausnahmegenehmigung mit Betäubung möglich	mindestens 1 Tag bei der Mutter, 3 Monate Vollmilch
Naturland	6 m²/Kuh	in Ausnahmefällen möglich	4,5 m²/Kuh	2 Kühe/ha	nicht routinemäßig, aber auf Antrag möglich	empfiehlt Säugen in den ersten Tagen
demeter	6 m²/Kuh	in Ausnahmefällen möglich, jedoch nur mit Weidegang und Auslauf	4,5 m²/Kuh	2 Kühe/ha	nicht zulässig	empfiehlt Säugen in den ersten Tagen

*EU-Biosiegel

HALTUNGSBEDINGUNGEN FÜR MASTHÄHNCHEN	BESATZDICHTE	AUSSTATTUNG DES STALLS	FREIFLÄCHE	MAXIMALE BETRIEBSGRÖSSE	MAXIMALE KAPAZITÄT	MINDESTSCHLACHTALTER
Konventionelle Haltung	33 kg/m², in Ausnahmen bis 42 kg/m² – ein schlachtreifes Huhn wiegt 1-1,2 kg	–	–	Die Düngeverordnung regelt indirekt den Tierbesatz, indem sie die anfallenden Gülle- und Mistmengen auf 230 kg Stickstoff/ Hektar Betriebsfläche begrenzt.	–	keine Begrenzung, üblich sind 32-35 Tage
*	10 Hühner/m²	Sitzstangen, mind. ⅓ der Stallfläche eingestreuter Scharrraum	2 m²/Tier	580 Tiere/Hektar	4800 Tiere	70 - 81 Tage
Bioland	10 Hühner/m²	Sitzstangen, mind. ⅓ der Stallfläche eingestreuter Scharrraum	4 m²/Tier	max. 1600 qm Stallfläche je Betrieb	4800 Tiere pro Stall/ Herde, 9600 Tiere pro Gebäude	81 Tage
Naturland	10 Hühner/m²	Sitzstangen, mind. ⅓ der Stallfläche eingestreuter Scharrraum	4 m²/Tier, Schlechtwetterauslauf	280 Tiere/Hektar – das entspricht 170 kg Stickstoff/ Hektar	4800 Tiere pro Stall, 16000 Tiere pro Betrieb	81 Tage
demeter	6 Hühner/m², bei Bruderhähnen 8/m²	Sitzstangen, mind. ⅓ der Stallfläche eingestreuter Scharrraum	4 m²/Tier	280 Tiere/Hektar	3000 Tiere pro Stall	81 Tage

* EU-Biosiegel

HALTUNGS-BEDINGUNGEN FÜR MASTSCHWEINE	BESATZDICHTE	AUSSTATTUNG DES STALLS
Konventionelle Haltung	je nach Gewicht 0,5–1 m²/Schwein	Vollspaltenboden erlaubt
* (EU-Biosiegel)	je nach Gewicht 0,8–1,3 m²/Schwein systematisches Kupieren der Schwänze nicht erlaubt	max. 50% Spaltenboden, eingestreute Liegefläche
Bioland	je nach Gewicht 0,8–1,5 m²/Schwein Kupieren der Schwänze und Abschleifen der Zähne nicht erlaubt	Stroh im Stall, getrennte Liege- und Kotflächen, keine Vollspaltenböden
Naturland	je nach Gewicht 0,8–1,5 m²/Schwein Kupieren der Schwänze und Abschleifen der Zähne nicht erlaubt	max. 50% Spaltenboden, eingestreute Liegefläche, Wühlmöglichkeit
demeter	je nach Gewicht 0,8–1,5 m²/Schwein Kupieren der Schwänze und Abschleifen der Zähne nicht erlaubt	max. 50% Spaltenboden, eingestreute Liegefläche
NEULAND	je nach Gewicht 0,5–1,6 m²/Schwein, Schwänze kupieren nicht erlaubt maximal 950 Tiere/Betrieb	kein Spaltenboden, bodendeckende Einstreu, getrennte Funktionsbereiche

* EU-Biosiegel

FREIFLÄCHE	SCHLACHTALTER	MUTTERSAUEN	FERKELAUFZUCHT
–	keine Vorgabe, i.d.R. 160–180 Tage	Fixierung im Kastenstand noch bis 2035 unbegrenzt, danach nur noch 5 Tage	Absetzen der Ferkel nach 21–28 Tagen
je nach Gewicht 0,6–1,0 m²/ Schwein	keine Vorgabe	keine Fixierung im Kastenstand	Absetzen der Ferkel frühestens nach 40 Tagen, Gruppensäugeverfahren (mit mehreren Sauen) zulässig
je nach Gewicht 0,6–1,2 m²/ Schwein	keine Vorgabe	keine Fixierung im Kastenstand	Absetzen der Ferkel frühestens nach 40 Tagen, Gruppensäugeverfahren (mit mehreren Sauen) zulässig
je nach Gewicht 0,6–1,2 m²/ Schwein	250 Tage, 110–130 kg Schlachtgewicht	Sauen müssen in Gruppen gehalten werden und dürfen nur zur Geburt kurzzeitig fixiert werden	Ferkel müssen mindestens 40 Tage natürliche Milch bekommen, bevorzugt von der Muttersau
je nach Gewicht 0,6–1,2 m²/ Schwein	keine Vorgabe	keine Fixierung im Ferkelschutzkorb	Ferkel müssen mindestens 40 Tage natürliche Milch bekommen, bevorzugt von der Muttersau
je nach Gewicht 0,3–0,8 m²/ Schwein	keine Vorgabe	Fixierung im Ferkelschutzkorb maximal 10 Tage	Absetzen der Ferkel frühestens nach 35 Tagen

HALTUNGSBEDINGUNGEN FÜR MASTPUTEN	BESATZDICHTE	AUSSTATTUNG DES STALLS
Konventionelle Haltung	3 Hennen/m² 2,5 Hähne/m² Schnäbelkürzen erlaubt	Beschäftigungsmaterial, eine Strukturierung des Stalls wird empfohlen
*	max. 21 kg Lebendgewicht/m² Schnäbel dürfen nicht beschnitten werden	Sitzstangen, Einstreu, Scharrbereich
Bioland	1,5 Hennen/m² 1,2 Hähne/m², Schnäbel dürfen nicht beschnitten werden	verschiedenen Strukturelementen, angeschlossener Wintergarten oder befestigter Laufhof, erhöhte Ebenen im Stall
Naturland	2 Hennen/m² 1,5 Hähne/m² Schnäbel dürfen nicht beschnitten werden	Sitzstangen, Strohballen
demeter	max. 21 kg Lebendgewicht/m² Schnäbel dürfen nicht beschnitten werden	$2/3$ Scharrfläche, Sitzstangen für $1/3$ der Tiere, Strukturelemente

* EU-Biosiegel

FREIFLÄCHE	MAXIMALE BETRIEBS-GRÖSSE	MAXIMALE KAPAZITÄT	MINDEST-SCHLACHTALTER
nicht vorgeschrieben wenn eine Freifläche vorhanden ist, darf die Besatzdichte erhöht werden	–	–	keine Vorgabe, In der Regel 98 Tage (Hennen) 10-15 kg Schlacht-gewicht 133 Tage (Hähne) 20-22 kg Schlacht-gewicht
10 m²/Tier	–	2500	140 Tage
10 m²/Tier	max. 1600 m² Stallfläche/ Betrieb	2500 Tiere/ Stall 5000 Tiere/ Gebäude	100 Tage (Hennen) 140 Tage (Hähne)
10 m²/Tier Schlechtwetterauslauf	–	2500 Tiere/ Stall	105 Tage (Hennen) 9-12 kg Schlacht-gewicht 140 Tage (Hähne) 14-18 kg Schlacht-gewicht
10 m²/Tier Wo es keinen Schlechtwetterauslauf gibt, dürfen im Stall nur 16 kg Pute/m² gehalten werden	–	1000 Tiere/ Stall	140 Tage

HALTUNGS-BEDINGUNGEN FÜR MASTRINDER	BESATZDICHTE	AUSSTATTUNG DES STALLS
Konventionelle Haltung	pro Mastrind (ab 600 kg) 3 m² Stallfläche als Richtwert	Beton- oder Vollspaltenboden, Einstreu nicht vorgeschrieben
(EU-Biosiegel) *	pro Mastrind (ab 350 kg) mind. 5 m²	Mindestens die Hälfte der Stallfläche darf nicht aus Spaltenböden oder Gitterrosten bestehen, Anbindehaltung bei Kleinbetrieben mit Ausnahmegenehmigung möglich.
Bioland	pro Mastrind (ab 350 kg) mind. 5 m² Stallfläche, max. 2 Rinder/Hektar Betriebsfläche	Stroh- oder Sägemehl-Einstreu, Vollspalten sind verboten.
Naturland	pro Mastrind (ab 350 kg) mind. 5 m² Stallfläche, max. 2 Rinder/Hektar Betriebsfläche	Ausreichend Bewegungsraum, ein trockener, weicher und mit natürlicher Einstreu versehener Liegeplatz im Stall.
demeter	pro Mastrind (ab 350 kg) mind. 5 m² Stallfläche, max. 2 Rinder/Hektar Betriebsfläche	Mindestens die Hälfte der Stallfläche darf nicht aus Spaltenböden oder Gitterrosten bestehen.
NEULAND	1 m² Stallfläche/100 kg	Anbindehaltung verboten, Stroh, kein Vollspaltenboden

* EU-Biosiegel

FREIFLÄCHE	KÄLBERHALTUNG	TRANSPORT ZUM SCHLACHTHOF
Nicht vorgeschrieben	Milchaustauscher zulässig	keine Vorgabe
pro Mastrind (ab 350 kg) mind. 3,7 m²	Milchaustauscher nicht zulässig	keine Regelung
Weidegang im Sommerhalbjahr vorgeschrieben ab 12 Monate (Alter)	3 Monate Muttermilch	maximal 4 Stunden und 200 km
so oft wie möglich Weidegang	90 Tage Muttermilch	maximal 4 Stunden und 200 km
pro Mastrind (ab 350 kg) mind. 3,7 m²	Milchaustauscher nicht zulässig	Transport so kurz wie möglich, max. 200 km
1,2 m²/100 kg ständig zugänglicher Auslauf, 120 Weidetage/Jahr	Kälber bleiben 6-8 Monate bei der Kuh	maximal 4 Stunden und 200 km Fahrzeuge eingestreut

Eier-Kennzeichnung

Jedes in der EU verkaufte Ei muss eine Nummer tragen.

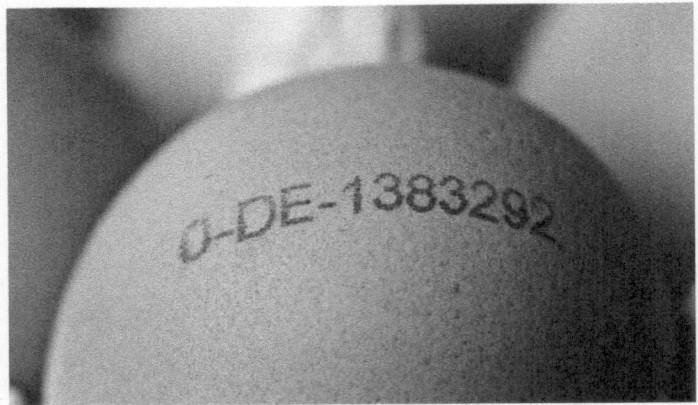

Die Zahl vorn informiert über die Haltungsform (Kriterien siehe Tabelle). Die folgenden Buchstaben geben Auskunft über den Herkunftsstaat. Dabei ist übrigens die Information auf dem Ei relevant – das Staatenkürzel auf dem Karton besagt nur, wo die Eier verpackt wurden. Das ist meist identisch, aber nicht immer. DE steht hier für Deutschland.[92]

---

92 Die weiteren Kürzel: AT = Österreich, BE = Belgien, BG = Bulgarien, CY = Zypern, CZ = Tschechien, CH = Schweiz, DK = Dänemark, EE = Estland, ES = Spanien, FI = Finnland, FR = Frankreich, GR = Griechenland, HR = Kroatien, HU = Ungarn, IE = Irland, IT = Italien, LT = Litauen, LU = Luxemburg, LV = Lettland, MT = Malta, NL = Niederlande, PL = Polen, PT = Portugal, RO = Rumänien, SE = Schweden, SI = Slowenien, SK = Slowakei.

Die nächsten beiden Zahlen zeigen, aus welchem Bundesland Ihr Frühstücksei stammt. Für Deutschland ist das folgende Zahlenkennung:

01 = Schleswig-Holstein	10 = Saarland
02 = Hamburg	11 = Berlin
03 = Niedersachsen	12 = Brandenburg
04 = Bremen	13 = Mecklenburg-
05 = NRW	Vorpommern
06 = Hessen	14 = Sachsen
07 = Rheinland-Pfalz	15 = Sachsen-Anhalt
08 = Baden-Württemberg	16 = Thüringen
09 = Bayern	

Die restlichen Ziffern bezeichnen den Betrieb.[93]

---

93 Auf dieser Seite können Sie die Betriebe nachschlagen: https://www.was-steht-auf-dem-ei.de/index.php

KENNZEICHNUNG VON EIERN		
1	Ökologische Erzeugung	Hier dürfen im Stall höchstens sechs Tiere pro Quadratmeter leben, insgesamt nicht mehr als 3000. Ihr Stall ist mit Sitzstangen ausgestattet, mit einer Länge von mindestens 18 cm pro Tier. Wenigstens auf einem Drittel der Fläche sind Stroh, Holzspäne oder Sand eingestreut. Außerdem stehen jeder Henne mindestens vier Quadratmeter Auslauf zur Verfügung. Die Tiere erhalten ausschließlich Futter aus ökologischem Landbau. Noch mehr Platz haben Legehennen übrigens, wenn auf der Packung das Siegel des Bioverbandes Demeter prangt: Da sind sogar nur 4,4 Hennen pro Quadratmeter Stallfläche erlaubt.
2	Freilandhaltung	Neun Tiere pro Quadratmeter im Stall sind zulässig. Dieser muss ebenfalls Sitzstangen haben und zu einem Drittel eingestreut sein. Außerdem haben die Hennen tagsüber Auslauf im Freien, wie beim Bioei müssen auch hier jeder Henne mindestens vier Quadratmeter zur Verfügung stehen.
3	Bodenhaltung	Wie bei der Freilandhaltung dürfen neun Tiere pro Quadratmeter Bodenfläche gehalten werden, insgesamt maximal 6000 Hennen. Allerdings bekommen diese Hennen keinen Auslauf. Sie leben in einem geschlossenen Stall. Es gibt Nester auf mehreren Etagen, wo die Hennen ihre Eier ablegen können, und Sitzstangen. Auch hier ist mindestens ein Drittel des Stalls eingestreut, damit die Tiere am Boden scharren können. Der Stall kann bis zu 4 solcher Ebenen übereinander haben, dann sind 18 Tiere pro Quadratmeter Grundfläche erlaubt.
4	Käfighaltung	Pro Quadratmeter dürfen 12,5 Hennen gehalten werden, in sogenannter Kleingruppenhaltung. Eine Gruppe besteht aus bis zu 60 Hennen, die in großen Hallen in Käfigen leben. Umgerechnet bedeutet das, dass einem Huhn 0,0008 Quadratmeter Käfigfläche zustehen. Das ist ein bisschen mehr als ein DIN-A4-Blatt. Seit 2012 dürfen in der EU Legehennen nur noch in sogenannten ausgestalteten Käfigen gehalten werden, mit einem Legenest, Einstreu und Sitzstangen. Die Käfige müssen mindestens 50 Zentimeter hoch sein. Eine ausgewachsene Henne ist 30 bis 40 Zentimeter groß – viel Platz zum Strecken bleibt da nicht …

Fisch-Siegel

Fisch sollte kein Lebensmittel für alle Tage sein – außer er kommt aus regionaler, nachhaltig betriebener Zucht.

Die gängigen Siegel unter der Ägide des WWF sind unter Experten schwer umstritten. Gar nicht aufgelistet habe ich hier die diversen »Delfin-sicher«-Auszeichnungen. Die sind im Grunde alle nicht wirklich aussagekräftig, weil neben Delfinen, wie weiter vorn geschildert, noch eine ganze Reihe weiterer Meeresbewohner unter der industriellen Großfischerei leiden.

VERGLEICH SIEGEL FISCH	KRITERIEN
	Entstanden auf Initiative von Unilever und dem WWF: kein überfischter Bestand gutes Nachhaltigkeitsmanagement keine Beschädigung des Ökosystems des Meeres
	Ebenfalls auf Initiative des WWF entstanden, zertifiziert Zuchtfisch: Futter aus nachhaltigen Quellen Keine Überfütterung Reduktion des Medikamenteneinsatzes Begrenzung der Abwässer Sozialstandards für die Arbeiter
	Zertifiziert nur Aquakulturen: Ökologische muss von nicht ökologischer Zucht angemessen getrennt sein. Nicht-Biofutter ist nur begrenzt zugelassen, die Behandlung mit Antibiotika muss dokumentiert werden. Hormonbehandlung zur Fortpflanzung ist nicht gestattet. Transport ist den körperlichen Bedürfnissen der Tiere anzupassen. Betäuben vor dem Schlachten ist Pflicht
	Aquakultur: keine Fischerei für Fütterungszwecke keine Gentechnik und chemische Zusätze im Futter geringere Besatzdichte
	Wildfang: keine umweltschädigenden Fangmethoden wie Grundschleppnetze Vermeidung von Beifang Sozialstandards für Fischer
	nur pflanzenfressende Fische wie Karpfen nur in natürlichen und naturnahen Gewässern, keine Plastikbecken keine Pestizide im Wasser Transport und Schlachtung der Fische ohne unnötige Belastungen und Stress Vor dem Schlachten müssen die Fische betäubt werden.

2018 forderten 66 Organisationen und Wissenschaftler eine Überarbeitung der Standards, weil die nicht streng genug seien.
Grundschleppnetzfischerei wird zertifiziert, obwohl sie den Meeresboden zerstört.

Gentechnisch verändertes Soja als Futter zulässig

Interessant an den Kriterien ist aus meiner Sicht, dass Zuchtfische zur Schlachtung überhaupt transportiert werden – bei regional arbeitenden Fischteichen ist das nicht üblich!

Getarnte Geschmacksverstärker

Wie schon im Fertiggerichte-Kapitel geschildert, können sich geschmacksverstärkende Zutaten oder Zusatzstoffe hinter vielen Bezeichnungen verbergen. Von ihrer chemischen Funktion her unterscheiden sie sich praktisch nicht: Sie bestehen aus möglichst hochkonzentrierter Glutaminsäure, die für Pfützchenbildung am Gaumen und Umami-Geschmack sorgt.

1. Zusatzstoffe

Die müssen laut EU-Vorschrift entweder mit ihrer E-Nummer oder mit ihrer Funktion als Geschmacksverstärker auf der Zutatenliste stehen. Die gängigen sind:

- E 620 Glutaminsäure
- E 621 Mononatriumglutamat
- E 622 Monokaliumglutamat
- E 623 Calciumdiglutamat
- E 624 Monoammoniumglutamat
- E 625 Magnesiumdiglutamat

Auch Restaurants oder Kantinen, die mit diesen Zusatzstoffen arbeiten, müssen das auf der Karte oder dem Aushang angeben.

2. Zutaten

Jetzt wird's tricky – denn es kann durchaus auf der Packung »ohne geschmacksverstärkende Zusatzstoffe« draufstehen, und trotzdem ist ein Geschmacksverstärker enthalten – denn die Glutaminsäure kann wie gesagt aus vielen Lebensmitteln gewonnen werden. Diese Begriffe auf der Zutatenliste weisen darauf hin:

- Aroma
- Würze
- Speisewürze
- Hefeextrakt
- Sojawürze

- Sojaextrakt
- fermentierter Weizen
- Weizenextrakt
- Gerstenextrakt
- Milcheiweißprodukt

In der Gastronomie sind all diese Zutaten nicht angabepflichtig.

Getarnter Zucker

Wer auf Zucker verzichten möchte, hat es gar nicht so leicht – denn auch der segelt oft unter anderer Flagge. Hier hilft der Blick auf die Nährwerttabelle, da muss die Gesamtmenge angegeben sein.

In der Zutatenliste kann versteckter Zucker unter diesen Begriffen auftauchen:

- Apfelsüße
- Dextrin
- Dextrose
- Dicksaft
- Fruchtextrakt
- Fruchtpüree
- Fruchtsaftkonzentrate
- Fruchtsüße
- Fruktose
- Fruktose-Glukose-Sirup
- Fruktose-Sirup
- Gerstenmalz
- Gerstenmalzextrakt
- Glukose
- Glukose-Fruktose-Sirup
- Glukosesirup
- Honig
- Inulin
- Joghurtpulver
- Karamellsirup
- Laktose
- Magermilchpulver
- Maltodextrin
- Maltose
- Malzextrakt
- Molkenerzeugnis
- Molkenpulver
- Oligofruktose
- Oligofruktosesirup
- Polydextrose
- Raffinose
- Saccharose
- Süßmolkenpulver
- Traubensüße
- Vollmilchpulver
- Weizendextrin

Besser Einkaufen: Adressen

Nicht jeder hat das Glück, den freundlichen Biobauern um die Ecke zu haben oder den total vertrauenswürdigen Metzger. Deshalb liste ich hier eine Reihe von Einkaufsquellen auf, die das Prinzip der nachhaltigen Lebensmittelversorgung meinen Recherchen nach gut umsetzen. Ohne Anspruch auf Vollständigkeit, und nicht jede Anlaufstelle ist bundesweit sinnvoll – aber alle haben sie gemeinsam, dass sie sich um einen schonenden Umgang mit Ressourcen bemühen.

Crowdfarming

Bei Obst und Gemüse gibt es verschiedene Konzepte. Solidarische Landwirtschaften etwa beruhen auf einer Art Genossenschaftsprinzip und erwarten teilweise auch Mithilfe auf dem Feld. Crowdfarming hingegen bedeutet in der Regel, dass Erzeuger:innen die klassischen Handelswege umgehen und ihre Produkte direkt vermarkten – der weltweite Hofladen, sozusagen.

www.crowdfarming.com
Die Plattform organisiert die Direktvermarktung europäischer Höfe. Dort findet man zahlreiche Betriebe, die ihre Erzeugnisse kistenweise direkt zu uns schicken. Sehr unterstützenswert, und die Ware ist unvergleichlich frischer!

www.gebana.de
Fairtrade-Plattform und Online-Shop, ursprünglich aus der Schweiz, die sich besonders um mehr Wertschöpfung im globalen Süden bemüht – die in Burkina Faso produzierten getrockneten Mangos sind eine Wucht!

www.naranjasdelcarmen.com
Ich habe dort schon vor Jahren einen Baum »adoptiert« und sichere mit den Orangen aus Valencia meine Vitamin-C-Versorgung im Winter.

www.oekokiste.de
Es gibt mittlerweile auch viele regionale Abo-Systeme, aber auf der Seite der Ökokiste findet man in ganz Deutschland Anbieter, die wöchentlich oder auch in anderen Intervallen erntefrisches Obst und Gemüse, aber auch andere Lebensmittel nach Hause liefern. Und neuerdings kann man dort auch gezielt rein regional zusammengestellte Kisten mit Saisonobst und -gemüse bestellen.

www.solidarische-landwirtschaft.org
Auf der Seite des Netzwerks Solidarische Landwirtschaft
sind fast einhundert Höfe und Initiativen in ganz
Deutschland aufgelistet. Mit diesem System schafft man
Planungssicherheit für die Betriebe – und gerade mit
Kindern ist es toll, weil man einen Bezug zur Entstehung
unserer Nahrung entwickelt und ein Gefühl dafür, was
wann Saison hat.

Crowdbutchering

Gerade bei Fleisch finde ich es besonders wichtig,
genau zu wissen, wie mein Sonntagsbraten erzeugt
wurde. Und mir gefällt der Gedanke, dass grundsätzlich
nur Tiere geschlachtet werden, bei denen zu diesem
Zeitpunkt bereits für das komplette Tier der Absatz
gesichert ist.

Kleiner Wehrmutstropfen ist hier natürlich das Thema
Versand – der muss gekühlt erfolgen, was nie ideal ist
und für Abfall sorgt. Allerdings werden auch Ihre Super-
markteinkäufe bis zur Fleischtheke gekühlt …

Bei diesen Plattformen funktioniert das:

www.kaufnekuh.de
Die Plattform vermarktet mittlerweile alle Fleischsorten
und manchmal sogar nachhaltig erzeugten Fisch.

www.biohof-hausberg.de

Der niederbayerische Biohof bietet Rinder- und Schweineleasing an – hier kauft man ein Ferkel oder Kalb und bezahlt die Futterkosten. Der Bauer zieht es auf und schlachtet es dann, wenn die Kundschaft es möchte. Dafür gibt's dann das komplette, zerlegte Tier. Ein Konzept für Menschen mit großen Kühltruhen.

www.kuhteilen.ch

Die Mutter aller Crowdbutchering-Plattformen vertreibt Rinder, Schweine und Hühner in der Schweiz.

www.wild-auf-wild.de

… ist zwar keine Crowdbutchering-Plattform, aber trotzdem eine gute Adresse: Hier kann man nach Postleitzahlen sortiert in den Reihen des Deutschen Jagdverbandes nach Fleisch direkt vom Jäger suchen.

www.frischgefischt.de

Nachhaltig in Nord- und Ostsee gefangener Fisch, unter Beachtung von Schonzeiten, zu fairen Preisen für handwerklich arbeitende Fischer:innen. Bis jetzt beliefert das Start-up nur Restaurants in Norddeutschland, mittelfristig soll es aber auch Fisch für alle zu bestellen geben.

Regional Einkaufen

… ist angesichts der vielen Marketingtricks manchmal gar nicht so einfach. Gut, dass es Initiativen gibt, die sich um transparente Herstellungsbedingungen und Warenströme bemühen:

www.frischepost.de
Eine Art Ökokiste mit Produkten, die maximal 150 Kilometer um Hamburg erzeugt worden sind. Leider aktuell nur noch in der Hansestadt vertreten, die Münchner Dependance (mit bayerischen Lebensmitteln) musste wieder schließen.

www.marktschwaermer.de
Bundesweit über 120 Initiativen organisieren die Direktvermarktung lokaler Erzeuger:innen, mit kurzen Wegen für die Waren und die Kundschaft.

www.regioapp.org
Eine hilfreiche App des Bundesverbandes der Regionalbewegungen e.V. Sie weist den Weg zu Hofläden, Direktvermarktern und Bauernmärkten, aber auch zu Restaurants, die mit regionalen Zutaten kochen.

www.regiothek.de

Der Gründer nennt sein Projekt »eine Art Wikipedia für ehrliches Essen« und präsentiert Erzeuger:innen aus der Region, die regional oder fair oder beides produzieren. Bislang mit Schwerpunkt in Ostbayern und rund um Augsburg, aber mit der Ambition zu wachsen.

Die Regionalwert AG

Die Idee stammt aus der Öko-Hauptstadt Freiburg, gibt es mittlerweile aber auch in Hamburg und etlichen weiteren Orten, leider ohne zentrale Webseite. Dort kann man Aktien kaufen und sich damit an Höfen aus der Region, aber auch generell am Absatz nachhaltig erzeugter Produkte beteiligen – und erhält bevorzugten Zugriff auf die Produkte.

Und außerdem:

www.teekampagne.de

Fair gehandelte Biotees, bei deren Anbau, Ernte, Verpackung und beim Transport besonders auf Nachhaltigkeit geachtet wird.

www.segelwerk.org

Okay, das ist jetzt echt für Spezialisten – aber ich finde die Idee, Kaffee mit dem Segelschiff zu transportieren und so die Umweltschäden durch Containerschiffe zu vermeiden, großartig!

www.steamcoffee.de
Kleiner Fair-Trade-Kaffee-Anbieter, dessen Arbeit ich
besonders überzeugend finde. Und Steamcoffee koope-
riert zum Teil auch mit dem Segelwerk.

www.platanenblatt.de
Hier investieren Sie in Olivenöl auf der griechischen
Insel Lesbos und helfen damit nicht nur den Bauern bei
der Direktvermarktung, sondern fördern zugleich
Gemeinwohlprojekte auf der Insel, die durch die inter-
nationalen Flüchtlingsströme so schwer gebeutelt wurde.

Meine liebsten Essensretter

… sind zum Teil nur in manchen Regionen oder einzelnen Orten aktiv. Aber sie verdienen Aufmerksamkeit, und
vielleicht finden sie ja Nachahmer.

www.etepete-bio.de, www.ruebenretter.de &
www.querfeld.bio
Die Obst- und Gemüsekisten dieser Anbieter kann man
im Abo bestellen und erhält Erzeugnisse, die zu groß,
zu klein oder zu krumm waren, aber ansonsten von
einwandfreier Qualität sind.

The Good Food
Kölner Restesupermarkt, der Lebensmittel mit abgelaufe-
nem Mindesthaltbarkeitsdatum verkauft.

Keep Banana

… verkauft in der Münchner Innenstadt Eis aus Restbeständen vom Großmarkt, neben Bananen etwa auch aus vollreifen Aprikosen, Kirschen oder Blaubeeren. Das Obst ist gerettet, und das Eis schmeckt dank des Reifegrades besonders aromatisch.

www.bananenbrot.com

… rettet ebenfalls Bananen und backt daraus ein sehr feines Bananenbrot.

www.rettergut.de

Das Berliner Start-up hat anfangs Schokolade gerettet – wenn in der Produktionsstraße der Industrie von Vollmilch auf Bitter gewechselt wird, fällt ein Mix an, den die Betreiber für Mix-Schokolade nutzen. Inzwischen gibt's auch ein Erfrischungsgetränk aus krummen Gurken oder Fruchtpapier aus Obst, das die Schönheitsanforderungen des Handels nicht geschafft hat.

www.knoedelkult.de

Die Konstanzer Firma weckt Serviettenknödel aus Brotresten ein. Mittlerweile gibt's auch Nudeln und Kekse aus übrig gebliebenem Brot.

www.knaerzje.de

…verwertet ebenfalls Brot und braut daraus Bier.

www.toogoodtogo.de und **www.resq-club.de**
Hier bieten Restaurants oder Bäckereien kurz vor Ladenschluss Speisen zu reduzierten Preisen an, die sie voraussichtlich nicht mehr verkaufen können.

www.restegourmet.de
Sehr praktische App, wo man seine Reste im Kühlschrank eingeben kann und dazu passende Rezepte geliefert bekommt.

https://mundraub.org/
Die größte deutschsprachige Plattform für Orte mit Obstbäumen, Obststräuchern, Nüssen und Kräutern. Hier darf man sich bedienen. Und kann weitere Fundorte selbst eingeben.

www.lebensmittelwertschätzer.de
Die Datenbank erfasst abgelaufene Lebensmittel, Brot vom Vortag und Ähnliches rund um Osnabrück und vernetzt die Anbieter mit der Kundschaft.

Mehr wissen

… ist immer besser als unwissend bleiben. Weil sich gerade beim Thema Nachhaltigkeit schnell viel verändern kann, möchte ich hier noch ein paar gute Adressen für weiterführende Informationen auflisten. Vorneweg meine eigene Webseite:

www.meinkonsumkompass.de
Dort gibt es nicht nur Links zu meinen Filmen über
Lebensmittel oder nachhaltigen Konsum, sondern
auch – fast – jede Woche einen neuen Blogartikel zum
Thema.

www.lebensmittelklarheit.de
Seit 2011 liefert dieses Portal detaillierte Informationen
über Zutatenlisten, Inhaltsstoffe und Kennzeichnungsrichtlinien, betreut vom Verbraucherzentrale Bundesverband und gefördert vom Bundesministerium für Ernährung und Landwirtschaft. Dort kann man sich über ein
Formular auch über irreführende Bezeichnungen oder
Produktmängel beschweren.

www.utopia.de
Nachhaltigkeitsplattform, die über alle Bereiche des
Konsumalltags informiert.

www.oekotest.de
Beste Informationsquelle, wenn man Tests zu Inhaltsstof-
fen, Zutaten und den Umweltfolgen der Herstellung von
Produkten aller Art sucht.

www.label-online.de

Eine Seite des Bundesverbands kritischer Verbraucherin-
nen und Verbraucher »Die Verbraucherinitiative e. V.« –
hier kann man sich über Siegel und Label informieren
und erhält eine Bewertung in Sachen Unabhängigkeit,
Transparenz und Zuverlässigkeit.

Open Food Facts

Diese App scannt den Barcode von verpackten Lebensmitteln und liefert Informationen über Nährwert,
Inhaltsstoffe und den CO_2-Fußabdruck. Es handelt sich
dabei um eine offene Datenbank, die davon lebt, dass
möglichst viele Nutzer sie füttern. Ohne Anspruch auf
Vollständigkeit, aber sie wächst und bietet beim Einkauf
hilfreiche Infos.

CodeCheck

Noch besser und umfassender finde ich diese App:
Quer durch die ganze Produktpalette, auch jenseits
von Lebensmitteln, erhält man hier einen wunderbaren
»Übersetzungsservice« für das Chemie-Kauderwelsch auf
Inhaltsstoff-Listen, plus Bewertung, welche Stoffe man
lieber meiden sollte und warum.

Dank

Vieles, was ich über Lebensmittel weiß, stammt aus meiner langjährigen Tätigkeit als Dokumentarfilmerin. Diese Filme sind immer Teamarbeit: Mein Kameramann Oliver Biebl macht nicht nur tolle Bilder, sondern ist beim Dreh immer ein wichtiger Sparringpartner. Mein Cutter Christian Bobsien stellt mir als erster Zuschauer viele Fragen, die den Blick aus Thema schärfen. Und meine Produzentin Dagmar Biller macht die Filme überhaupt erst möglich, durch ihre immer konstruktive Unterstützung und ihr Herz für Verbraucherthemen. Ohne die drei und das Team von Tangram International gäbe es dieses Buch nicht.

Besonderer Dank gilt meiner Freundin Bettina – meine erste Leserin, die mir geholfen hat, das komplexe Thema Lebensmittelkonsum verständlich aufzubereiten, mit hilfreichen Vorschlägen und klugen Fragen.

Meine Kinder Jakob und Theresa sind inzwischen keine Kinder mehr. Sie sind genau die kritischen Verbraucher:innen geworden, die ich mir so dringend wünsche, im Kampf um die Rettung unserer Erde. Ihre Anregungen und ihre Kritik – und die zwei sind sehr kritikfreudig … – sind immer eine große Bereicherung. Danke, dass es Euch gibt!

Register

Bildnachweis

Lebensmittelkennzeichnungen

Aquaculture Stewardship Council (ASC), London: 274

Bioland e.V., Mainz: 250, 261, 262–263, 264, 266, 268

Demeter e.V., Darmstadt: 250, 261, 262-263, 264, 266, 268

Deutscher Tierschutzbund e.V., Bonn: 260

EU-Bio-Logo, Generaldirektion Landwirtschaft und ländliche Entwicklung der Europäischen Kommission, Brüssel: 250, 261, 262-263, 264, 266, 268

EU-Spezialitäten-Gütezeichen, Generaldirektion Landwirtschaft und ländliche Entwicklung der Europäischen Kommission, Brüssel: 255

Haltungsform.de – Gesellschaft zur Förderung des Tierwohls in der Nutztierhaltung mbH, Bonn: 260

Marine Stewardship Council (MSC), London: 274

Naturland – Verband für ökologischen Landbau e.V., Gräfelfing: 250, 261, 262–263, 264, 266, 268

NEULAND Fleischvertriebs GmbH, Bergkamen: 264, 268

Qualitätssiegel der Länder Baden-Württemberg, Bayern, Hessen, Nordrhein-Westfalen, Rheinland-Pfalz, Saarland, Schleswig-Holstein, Thüringen: 252

Regionalfenster Service GmbH, Bad Nauheim: 252

Regioportal, Bundesverband der Regionalbewegung e.V., Feuchtwangen: 252

Sonstige Abbildungen

Icon Einkaufswagen: Shutterstock/Sergey Cherednichenko

Ei (270): Adobe Stock/klick61

Unsere Leseempfehlung

176 Seiten
Auch als E-Book
erhältlich

Klimawandel, Artensterben, Ressourcenausbeutung: Wir wissen längst, dass ein Einfach-Weiter-So nicht in Frage kommt. Aber wo sollen wir angesichts der unüberschaubaren Problemlage überhaupt anfangen? Und ist es nicht viel zu kompliziert, in der Hektik des Alltags in den Umweltmodus zu schalten? Dass das Gegenteil der Fall ist, beweist Nachhaltigkeitsexpertin Katharina Schickling in diesem kompakten Ratgeber. Von genialen Upcycling-Tipps etwa für Gemüseabfälle bis hin zum simplen Do-It-Yourself-Reinigungsmittel finden sich darin 100 leicht umsetzbare Tipps und Tricks für alle Lebenslagen.